ऑपरेशन ब्लू स्टार
का
सच

ऑपरेशन ब्लू स्टार का सच

लेफ्टिनेंट जनरल के.एस. बराड़

प्रकाशक

प्रभात प्रकाशन प्रा. लि.

4/19 आसफ अली रोड, नई दिल्ली–110002

फोन : 23289777 • हेल्पलाइन नं. : 7827007777

इ–मेल : prabhatbooks@gmail.com ❖ वेब ठिकाना : www.prabhatbooks.com

संस्करण

2025

अनुवाद

जसविंदर कौर बिंद्रा

मूल्य

चार सौ रुपए

मुद्रक

नरुला प्रिंटर्स, दिल्ली

———— ★ ————

OPERATION BLUE STAR KA SACH
by Lt. Gen. K.S. Brar

Published by **PRABHAT PRAKASHAN PVT. LTD.**
4/19 Asaf Ali Road, New Delhi-110002

ISBN 978-93-86231-41-3

₹400.00

उन ज्ञात व अज्ञात व्यक्तियों

को

ऑपरेशन ब्लू स्टार के दौरान

जिनकी जानें गईं।

आरंभिक शब्द

इस प्रकार के पुस्तक की असल परीक्षा भी यही है कि यह विवाद तथा अंतःपरीक्षण की प्रक्रिया आरंभ करे, पर स्वस्थ व ईमानदारी भरी धीमी, न कि तीखी व कटाक्ष भरी।

मनुष्य अकसर खुद को, एकदम अचानक ही किसी ऐतिहासिक लहर के शिखर पर बेहद नाजुक हालत में खड़े देखता है। एक सैनिक लीडर की जिंदगी में ऐसे मौके बहुत ज्यादा नहीं आते। यह एक वरदान है, क्योंकि सैन्य घटनाएँ अधिकतर मनुष्यों के खून तथा कुरबानी से लिखी जाती हैं। विद्रोह तथा आतंकवाद हमेशा ही सैन्य सूझ-बूझ से परामनुष्य (सुपरमैन) की माँग करते रहे हैं और विद्रोह, विरोधी काररवाइयों की गतिशीलता इनकी कानूनी मान्यता तथा न्यायिकता संबंधी संशय का असहनीय बोझ लाद देती हैं, विशेषतः जब सैन्य शक्ति का इस्तेमाल अपनों के विरुद्ध ही किया गया हो। 5 जून, 1984 की रात को कुछ ऐसा ही हुआ, जब भारतीय सेना को सिखों के अत्यंत पवित्र स्थान हरिमंदिर साहब अमृतसर को, विभिन्न सशस्त्र जुनूनियों के समूहों से आजाद करवाने का कार्य अपने हाथों में लेना पड़ा। स्वार्थी अकाली (सिख) राजनीतिज्ञों का एक नायक तथा अनेक बदनसीब, बेगुनाह यात्री, बेवजह ही आमने-सामने होनेवाली गोलाबारी का शिकार हो गए। सशस्त्र-बल के ये समूह सिख राजनीति में लोकनायक की प्रसिद्धि पानेवाले जनरैल सिंह भिंडरावाले के वफादार थे, जिनके चुँधिया देनेवाले प्रभाव ने पंजाब की घटनाओं का केंद्र-बिंदु ही बदलकर रख दिया था।

1947 में ब्रिटिश शासन की समाप्ति के साथ ही विविधता से भरपूर भारत के अनेक बेमेल हिस्सों में राजनीतिक प्रभुसत्ता हासिल करने के लिए भारी संघर्ष आरंभ हो गया। यह साठ के दशक की बात है, जब सिख किसानों ने देश के विभाजन के भारी हादसों से सँभलकर तथा हरित क्रांति की खुशहाली से भरपूर होने के पश्चात्, सत्ता में हिस्सेदारी लेने के लिए दृढ यत्न करना आरंभ किया। बेशक सिख इतिहास सिर्फ 400 या इसी के आसपास वर्षों तक फैला हुआ है, मगर एक ओर अपने सम्मान तथा गौरव तथा दूसरी ओर स्वयं के बचाव के लिए सिखों को दोफाड़ करने की कहानी इससे भी बहुत पुरानी है। पिछले कुछ दशकों में पंजाब का उलझा ताना-बाना अलग-अलग हितों की ओर से सत्ता के लिए चलाई जाती चालों का ही प्रस्तुतीकरण है, जिसमें केंद्र तथा प्रांत दोनों स्थानों की राजनीतिक प्रभुत्ताओं ने अपने शुद्ध स्वार्थ से इस राजकीय हेराफेरी द्वारा कम योगदान नहीं किया। असलियत यह है कि महाराजा रणजीत सिंह की मौत के पश्चात् कोई मजबूत संस्था या संगठन अस्तित्व में नहीं आया था, जिसने लंबे अरसे तक सिख हितों का प्रतिनिधित्व किया हो।

आंतरिक उठा-पटक अकालियों की राजनीति की प्रमुख विशेषता रही है, जो सभी लक्ष्यों की प्राप्ति के लिए सिखों का प्रतिनिधित्व करने का दावा करते आए हैं। राजनीतिक सत्ता प्राप्त करने के लिए उन्होंने धर्म की मौलिक मान्यता को तोड़-मरोड़ दिया। भिंडरावाले तथा सिमरनजीत सिंह मान जैसे आंशिक अपराधी इसका स्वाभाविक परिणाम रहे हैं। 5 जून को जो घटनाएँ घटीं, वे भयानकता के ऐसे दुर्भाग्यपूर्ण मील का पत्थर हैं, जिनसे भविष्य में हर कीमत पर बचने की आवश्यकता है, वरना ऐसा न हो कि आगामी दावानल विशाल मनुष्यता के लिए बेइंतहा दुख का कारण बने और एक बार फिर भारतीय राज्य की बरबादी का कारण बनकर सामने आए।

दौलत, कत्ल, बाहुबल तथा प्रचार साधनों के उपयोग ने भारतीय राजनीति को धीरे-धीरे और अप्रत्यक्ष तौर से प्रदूषित किया है। यही कारण था कि इंदिरा गांधी के नेतृत्व में भारत सरकार ने स्वयं को एक ज्वालामुखी की चोटी पर बैठा महसूस किया और अंत में खुद को महाप्रलय से बाहर निकालने

के लिए भारतीय सेना के जवानों का सहयोग लेना पड़ा। ठीक उसी पल से जब सेना को यह आदेश मिला, नाटक के सभी पात्र अच्छी तरह से जानते थे कि यह एक ऐसी स्थिति है, जिससे बचना चाहिए था। हिंदू तथा सिखों के सबसे पवित्र स्थल को सैन्य शक्ति का सामना करना पड़ा, जबकि वहाँ किसी में भी किसी भी प्रकार के संघर्ष की सूझ-बूझ नहीं थी, उनके सामने थी सैन्य शक्ति, जो हथियारबंद तथा सैन्य ढंग से प्रशिक्षित थी।

इस प्रकार की सैनिक कारवाई के लिए जिस प्रकार की सूक्ष्म तथा विस्तृत योजना की आवश्यकता होती है, वह अपने आप में एक विशाल व्यवहार द्वारा प्राप्त होती है। इस मामले में विशेष स्थितियों ने इसे सैनिक इतिहास में सबसे उत्तेजक कारवाई बना दिया। इसमें विभिन्न सैन्य टुकड़ियों में ही नहीं, बल्कि अर्द्धसैनिक बलों, पुलिस तथा नगर प्रशासन जैसे सभी विभागों में बेहद तालमेल की आवश्यकता थी। ऐसी सैनिक कारवाइयों में योजना के मौलिक तथ्यों को सत्तात्मक दबाव सदा ही नुकसान पहुँचाता है। मैं समझता हूँ कि इन सभी बातों को उस व्यक्ति के द्वारा विस्तार से बयान किए जाने की आवश्यकता है, जो इस अनहोनी भरे फैसले के आरंभ से लेकर अंत तक इस प्रक्रिया से गुजरा हो।

ऐसी सैन्य कारवाई को व्यावहारिक सच देना कोई आसान बात नहीं थी। असल में कोई भी कारवाई उस रूप में पूर्णता प्राप्त नहीं कर पाती, जिस तरह उसकी योजना बनाई गई हो। घटनाक्रम में जिस प्रकार से तरह-तरह के मोड़ आए, उनके अध्ययन तथा आनेवाली पीढ़ियों के लिए लिखित रूप देने की आवश्यकता है, ताकि सच्चाई टूटे-घिसे प्रत्यक्ष-अप्रत्यक्ष की रेत में दबकर न रह जाए। बेशक अंत में सैन्य कारवाई ने ही हरिमंदिर साहिब को साफ किया और जख्मी हुई धार्मिकता को बचाया, तो भी इसमें शक की कोई बात नहीं कि अधिकतर लोग अभी भी कल्पित कहानियों तथा अर्द्धसत्य पर विश्वास करते जा रहे हैं। तथ्यों की सच्चाई जानकर इन मन-कल्पित कहानियों का भाँडा फोड़ने की जरूरत है। बहुत सारी गलत तथा असत्य निर्मितियों का मुँह तोड़ने की जरूरत है, जो हरिमंदिर साहब में किए गए सेना के बहादुरी भरे

कार्यों को गंदा कर रही हैं। राष्ट्र उस ऋण को उतारने के लिए कम-से-कम इतना तो कर ही सकता है कि वह देश की आन-बान तथा अखंडता को बचानेवाले सैनिकों की कुरबानियों को महत्त्वपूर्ण माने। आइए, हम सभी पहले से योजनाबद्ध किए गए अनगिनत कत्ल, बेशुमार नाजायज संपत्ति तथा शस्त्र, जो हरिमंदिर साहब से मिले, आदि घिनौनी हरकतों की ओर आँखें खोलकर देखें। भयंकर कारनामे, जो उन लोगों की छत्रच्छाया के अधीन 5 जून, 1984 तक अंजाम दिए गए, जो संत होने की पवित्रता के दावेदार थे, मैंने उन्हें अब खुली आँखों से देखा ही जाना चाहिए। मैंने इन पृष्ठों पर आँखों देखी तथा खुद भोगी घटनाओं को इस प्रकार से बयान करने की कोशिश की है, ताकि इतिहास को रहस्य बना देने की प्रक्रिया पर विराम लगे।

एक दशक या इसके आसपास का समय गुजर जाने के बाद ही शायद समकालीन इतिहास को लिखित रूप देने का प्रयत्न करना उचित समय होता है। यही वह समय होता है, जब व्यक्ति अपने अंदर झाँकने का लुत्फ ले सकता है, क्योंकि तब तक उसकी भावुकता घटनाओं के संबंध में उतर चुकी होती है। अतीत को याद करने का सबसे अच्छा ढंग यह है कि घटनाओं का विवरण उसी प्रकार ही दिया जाए, जिस प्रकार वे घटी हों और उनकी पृष्ठभूमि में बाद में घटनेवाली घटनाओं का जायजा लिया जाए। मैंने ऐसा ही किया। मैं महसूस करता हूँ कि सच्चाई को प्रत्यक्ष रूप से सामने आना चाहिए। यह इसलिए भी महत्त्वपूर्ण है, क्योंकि ब्लू स्टार काररवाई का प्रभाव आज तक पंजाब की छवि को धुँधला कर रहा है।

मैं जानता हूँ कि बहुत सारे लोग मेरी राय तथा टिप्पणियों से असहमत होंगे, मगर फिर भी इस प्रकार की पुस्तक की असली परीक्षा यही है कि यह विवाद तथा आत्म-निरीक्षण की प्रक्रिया आरंभ करे, जैसा कि मुझे उम्मीद है, स्वस्थ व ईमानदारी भरी, तीखी या कटाक्ष भरी नहीं।

मुंबई

—लेफ्टिनेंट जनरल के.एस. बराड़

(रिटायर्ड)

अनुक्रम

1

भूमिका

भारत के लोगों को ऐसी प्रतिज्ञा करने की जरूरत है कि आगे से फिर कभी भी किसी धर्मस्थान को शस्त्र-भंडार नहीं बनने दिया जाएगा, न ही ऐसी पनाहगाह, जिसकी कोख से हिंसा तथा अपराध जन्म ले सकें। धार्मिक स्थान सदा ही विश्वास तथा भाईचारे के गढ़ बने रहने चाहिए, न कि सांप्रदायिक नफरत या एक-दूसरे को मारने के श्रेणीगत जंग के।

जून 1984 के उस बदनसीब दिन को बीते हुए, आठ वर्ष से ऊपर हो गए हैं, जब सेना को अमृतसर के ऐतिहासिक हरिमंदिर साहब के अंदर अड्डा बनाए बैठे जरनैल सिंह भिंडरावाले तथा सैकड़ों सहयोगियों को बाहर निकालने के लिए इस पावन धार्मिक स्थान में दाखिल होने का आदेश दिया गया था।

हरिमंदिर साहब के पाँचवें सिख गुरु श्री गुरु अर्जन देव ने सोलहवीं सदी में बनवाया था। यह सिखों के लिए उतना ही पवित्र स्थान है, जितना मुसलमानों के लिए मक्का और काबा। मगर 1984 में इसने एक प्रकार से किले का रूप ग्रहण कर लिया और इस प्रकार मोरचाबंदी कर ली, जैसे युद्ध के समय की जाती है। एकदम हथियारों से लैस उत्तेजित और किसी लक्ष्य की

प्राप्ति के जुनूनी लोगों ने इन मोरचों को सँभाला हुआ था। एक अलग सिख राज्य, खालिस्तान स्थापित करने के लक्ष्य के लिए वचनबद्ध, गुमराह हुए अतिवादियों ने पहले ही हिंसा की अनगिनत कारवाइयों द्वारा बेचैनी तथा खौफ फैला रखा था। उन्होंने सिखों के पवित्र धर्मग्रंथ श्री गुरुग्रंथ साहिब के आगे यह कसम ली थी कि अपने लक्ष्य की प्राप्ति के लिए वे हर प्रकार की कुरबानी के लिए तैयार रहेंगे। उनका लीडर जरनैल सिंह भिंडरावाला, कम-से-कम देखने में प्रभावशाली तथा जादुई अंदाज में एक उच्च स्तरीय पैगंबर जैसी शख्सियत वाला था। उसका एक साथी रिटायर्ड मेजर जनरल (सुबेग सिंह) था, जो एक शातिर तथा युद्ध का अनुभव रखनेवाला व्यक्ति था। अभी कुछ वर्ष पूर्व तक उसने केश काटे हुए थे तथा दाढ़ी तराशी हुई थी, मगर अब अचानक ही वह बड़े आराम से खुली दाढ़ी तथा केसरी पगड़ीवाला धार्मिक सिख बन गया था। सरकारी फौज के हरिमंदिर साहब में दाखिल होने की सूरत में अपनाए जानेवाले पैंतरे इसके ही दिमाग की उपज थे।

मैंने भिंडरावाला को पहले कभी भी नहीं देखा था और हम दोनों में एक बात यह साझी थी कि हम दोनों मोगा के निवासी थे। उसका पुश्तैनी गाँव रोड़े और मेरा गाँव पत्तो हीरा सिंह। बीच में कुछ किलोमीटर की ही दूरी है और हम दोनों की जात 'बराड़' है। दूसरी ओर सुबेग, जब मैं 1950 में देहरादून सैनिक स्कूल का विद्यार्थी था। 1971 में बाँगलादेश के युद्ध के दौरान एक बार फिर हमारा आमना-सामना हुआ, जब हम दोनों ढाका की ओर बढ़ रहे थे। वह उस समय ब्रिगेडियर था और मैं लेफ्टिनेंट कर्नल। एक फौजी होने के नाते मैंने सदा उसका सम्मान किया, बेशक कुछ अन्य कारणों से उसकी पेशेवर जीवन-यात्रा अचानक समाप्त हो गई।

पिछले कुछ वर्षों में मैं अकसर ब्लू स्टार सैनिक कारवाई संबंधी बहुत सारे प्रश्नों के जवाब देता रहा हूँ, जो अकसर जीवन के विभिन्न क्षेत्रों से जुड़े लोग मुझसे पूछते रहे हैं। कॉकटेल पार्टियों में औपचारिक बातचीत के समय या गंभीर चर्चा के दौरान भी। इनमें से कुछ प्रश्न जिज्ञासा प्रकृति वाले होते और कुछ नुक्ताचीनी तथा मीन-मेख निकालने वाले अंदाज के।

ब्लू स्टार ऑपरेशन के तुरंत पश्चात् कुछ पुस्तकें भी प्रकाशित होकर सामने आईं, जो कि मार्क टुल्ली, सतीश जैकब, कुलदीप नय्यर, खुशवंत सिंह आदि की थीं। कुछ अन्य लेखकों ने इस काररवाई के अलग-अलग पक्षों पर तथा तत्पश्चात् पंजाब के उन काले दिनों में होनेवाली बरबादी पर चर्चा की थी। इसके अलावा, इस विषय पर अखबारों में कई लेख, संपादकीय तथा चुटकुले भी प्रकाशित हुए। सरकार ने एक नीति-पत्र (White-paper) भी जारी किया। इस सबके बावजूद, लगता है कि अभी भी बहुत सारे लोगों के मन में धुंध, भ्रम तथा तोड़-मरोड़ कर पेश की गई सच्चाइयों ने ही जगह बनाई हुई है। इसका कारण शायद यह हो सकता है कि उस समय सिख मानसिकता बुरी तरह से जख्मी हो चुकी थी और सिख आबादी का एक बहुत बड़ा हिस्सा भावुक तौर पर उत्तेजित था। ऐसे समय में अनपढ़ों के बारे में क्या कहना, प्रौढ़ तथा बुद्धिमान लोग भी अफवाहों, अतिकथनी तथा जान-बूझकर फैलाई गई झूठी तथा गलत खबरों-सूचनाओं को सच मान लेते हैं।

इससे संबंधित नीचे कुछ ऐसे प्रश्न दिए गए हैं जो अकसर लेखक से पूछे जाते रहे हैं। नुक्ताचीनी भरी कुछ वैसी बातें भी हैं, जो उसके खिलाफ की जाती रही हैं। मैंने इनमें से प्रत्येक नुक्ते या खास विषय की इस पुस्तक में उचित चर्चा की है—

- स्वयं सिख होने के नाते, मैंने अपने अफसरों के आदेशों का पालन क्यों किया, जिन्होंने मुझे अतिवादियों को बाहर निकालने के लिए पवित्र हरिमंदिर साहब में दाखिल होने का काम सौंपा था?
- क्या सेना को इतनी जल्दबाजी करने के बजाय खुफिया जानकारी एकत्रित करने तथा योजनाबद्ध तरीके से काम करने के लिए और समय की माँग नहीं करनी चाहिए थी? इस हकीकत की इस बात से तुलना की जाती है कि फील्ड मार्शल (उस समय जनरल) एस.एच.एफ.जे. मानेकशॉ को मार्च 1971 में जब पूर्वी पाकिस्तान में घुसने के लिए कहा गया तो उन्होंने प्रधानमंत्री इंदिरा गांधी से यह कहा कि वे केवल दिसंबर 1971 में ही ऐसा करने के लिए

तैयार होंगे। क्या यह ठीक है कि श्रीमती इंदिरा गांधी ने इस विशेष मामले में वास्तविक काररवाई से पहले, तैयारी के लिए सेना प्रमुख की और समय की माँग को ठुकरा दिया था।

- काररवाई 5 जून, 1984 को ही करने की ऐसी क्या मजबूरी थी, जबकि 3 जून को गुरु अर्जुन देव का शहीदी दिवस था और निश्चित तौर पर हरिमंदिर साहब के कॉम्पलेक्स क्षेत्र में बड़ी तादाद में यात्रीगण आए हुए थे। क्या सिखों को सबक सिखाने के इरादे से इस तारीख को जान–बूझकर चुना गया था?
- हमने हरिमंदिर साहब का सिर्फ घेरा ही क्यों न डालकर रखा, जिससे अंदर घिरे लोग भूखमरी के कारण आत्मसमर्पण करने के लिए मजबूर हो जाते?
- क्या पारंपरिक ढंगों का सहारा लेने के बजाय यह कार्य इस प्रकार से भी पूरा किया जा सकता था कि थोड़े से कमांडो छिपकर अंदर दाखिल होते और भिंडरावाले तथा अन्य लीडरों पर काबू पा लेते।
- क्या हमने मारक गैस तथा रासायनिक हथियारों का इस्तेमाल सिर्फ इसलिए किया गया था, क्योंकि यह काररवाई किसी विदेशी ताकत के खिलाफ नहीं, बल्कि अपने ही लोगों के खिलाफ की जा रही थी, इसलिए क्या टैंकों तथा तोपों का प्रयोग करना आवश्यक था?
- सरकारी वक्तव्य है कि सेना जब 5 से 6 जून की रात को गुरु रामदास सराय में दाखिल हुई तो अकाली लीडर जी.एस. टौकड़ा तथा एच.एस. लोंगोवाल ने आत्मसमर्पण कर दिया था, जबकि उनका यह कहना सही नहीं है। फिर कौन–सी बात सही है?
- क्या अकसर लगाए जाते इन इलजामों में कोई सच्चाई है कि ब्लू स्टार ऑपरेशन के दौरान, हमारी सेना ने पवित्र धार्मिक स्थान को बेवजह नुकसान पहुँचाया और धार्मिक मर्यादाओं तथा भावनाओं की ओर कोई ध्यान नहीं दिया?

इस पुस्तक में मैंने सच्चाई को प्रकट करने के लिए कुछ मिथ्या बातों

को तोड़ने तथा कुछ यों ही उभरकर आए तथ्यों को ईमानदारी से नकारने की कोशिश की है। हरिमंदिर साहब में काररवाई की कमान मेरे हाथों में होने के कारण मैं इस स्थिति में हूँ कि इस विषय पर जो कुछ भी पहले लिखा जा चुका है, उसकी तुलना में पाठक को ठोस, वास्तविक यथार्थ से अवगत करा सकूँ। इसके अलावा जो कुछ किया गया, उसे करने की अपनी मजबूरियों से भी अवगत करा सकूँ, क्योंकि दूसरे या तीसरे पक्ष की ओर से दिए गए वक्तव्यों तथा ब्योरों की सीमाएँ होती हैं, क्योंकि वे प्रथम स्रष्टा नहीं होते।

इस पुस्तक को लिखने का निश्चय करने से पहले मुझे इस दुविधा से दो-चार होना पड़ा कि कहीं इससे सिखों को लगे जख्मों में से कुछ जख्म फिर से उखड़ तो नहीं जाएँगे? मेरा अंतर्मन जानता था, ऐसा नहीं होगा। यदि सत्य प्रभावशाली ढंग से सिद्ध हो गया तो हो सकता है कि संशय के उलट, कुछ गलत धारणाओं को ध्वस्त करने में सफलता मिल जाए और साथ ही जख्मों पर मलहम लगाने में भी मदद मिल जाए। मेरे मन में सिख जाति के लिए बहुत सम्मान है और मुझे स्वयं सिख होने पर गर्व भी है। सिखों ने राष्ट्र पर बहुत उपकार किए हैं, विशेषकर 1965 तथा 1971 के भारत-पाकिस्तान युद्धों दौरान, और यदि इस जाति के साथ बहुत सावधानीपूर्ण व्यवहार किया जाए तो यह हमेशा ही हमारे देश की सबसे बड़ी शक्ति बनी रहेगी। लैपिन ग्रफिन ने अपनी पुस्तक 'महाराजा रणजीत सिंह तथा सिख' में सिख चरित्र के बारे में जो कुछ लिखा है, उसे यहाँ दुहराना बिल्कुल भी अप्रासंगिक नहीं होगा—

> "सिख हर समय एक जैसे ही होते है—शांति में, लड़ाई में, बैरक में या मैदानों में, हमेशा एक-से। सदा हँसमुख, अच्छे मूड में, धैर्यवान, बढ़िया घुड़सवार, परिश्रमी सैनिक, गोली खाते समय भी उतने ही स्थिर, जितना धावा बोलते समय उत्सुक। मगर जब उनका अपना स्वाभिमान या स्त्री जाति की इज्जत दाँव पर लगी हो तो वे आपा खोने लगते हैं और बेखौफ हो, कत्ल करने से भी नहीं डरते। वे अपनी बेइज्जती बरदाश्त नहीं कर सकते, बदला लेने के मौके की तलाश में रहते हैं और इससे निकलनेवाले परिणामों की

> भी वे परवाह नहीं करते। जब वे उत्तेजित हों तो उनमें दस हाथियों जितना बल होता है, उन्हें रोक पाना मुश्किल होता है। जोश की आग भड़क जाने पर अपना दिमागी संतुलन कायम नहीं रख पाते और अपने द्वारा किए जानेवाले व्यवहार के परिणाम की परवाह भी नहीं करते। आप उन्हें तोड़ सकते हों, मगर झुका नहीं सकते। जब वे अपनी रौ में हों तो उन्हें सिर्फ समझदारी, हमदर्दी भरे व्यवहार तथा प्रेरणा से ही काबू किया जा सकता है। उनके खिलाफ उठाया गया कोई भी दमनकारी कदम उनके स्वभाव को और भी कठोर बना देता है। यदि समझदारी से उन्हें समझाया जाए तो वे बहुत आसानी से माफ भी कर देते हैं सब कुछ भूल जाते हैं और जो एक पल पहले दुश्मन हों, उनके साथ खड़े होने को तैयार हो जाते हैं।''

ऑपरेशन ब्लू स्टार की काररवाई देश की एकता तथा अखंडता को कायम रखने के लिए की गई थी और इसे शायद अत्यंत दुखदायी, नाजुक तथा एहसानफरोशी वाला ऐसा कार्य माना जा सकता है, जो संसार में किसी भी सेना द्वारा किया गया हो। नैतिक तथा शारीरिक बहादुरी की इतनी बड़ी माँग एक सैनिक से कम ही की गई है। वह सिर्फ दिए गए आदेशों का पालन करता है, चाहे ये आदेश कितने भी गैर-मुनासिब क्यों न हों। एक सैनिक मरने की कसम खाता है, ताकि देश जीवित रहे और यह सिद्धांत मुझे कभी भी इतना प्रासंगिक नहीं लगा, जितना ब्लू स्टार ऑपरेशन के समय हमारे जवानों तथा अफसरों के रवैये को व्यक्त करते समय लग रहा है। उस समय लेफ्टिनेंट जनरल के. सुंदर जी (जो बाद में चीफ ऑफ आर्मी स्टाफ बने) ने ठीक ही कहा था, ''हम गुस्से से नहीं, बल्कि उदासी से अंदर गए थे। हमारे होंठों पर प्रार्थना थी और दिलों में विनम्रता थी।''

ऐसे समय में न किसी की हार होती है और न ही जीत और न ही किसी को इनाम की ललक। यह एक फर्ज है, जिसे निभाना पड़ता है। भारत के लोगों को यह प्रतिज्ञा करने की आवश्यकता है कि आगे से फिर कभी भी

किसी धार्मिक स्थान को शस्त्र-भंडार नहीं बनने दिया जाएगा, न ही ऐसी पनाहगाह, जिसकी कोख से हिंसा तथा अपराध जन्म ले सकें। धार्मिक स्थान सदा ही विश्वास तथा भाईचारे के गढ़ बने रहने चाहिए न कि सांप्रदायिक नफरत या एक-दूसरे को मारने वाली श्रेणीगत जंग के।

मुझे उम्मीद है कि जून 1984 को घटी घटनाओं को जब अंतिम रूप में भारतीय इतिहास के अभिलेखागार में स्थान दिया जाएगा तो यह पुस्तक एक प्रकार से सजीव चित्रण प्रस्तुत करने में सहायता करेगी।

□

2

पंजाब में उलझे ताने-बाने की पृष्ठभूमि

आठवें दशक के आरंभ में पंजाब में अत्यधिक बेरोजगारी थी। इसका कारण यह था कि जमीनें आर्थिक रूप में लाभदायक नहीं रही थीं, जिस कारण किसानों को अपनी गुजर-बसर के लिए कमाई के दूसरे साधनों की ओर झाँकना पड़ रहा था। परिणामस्वरूप बेचैनी की एक लहर उठ खड़ी हुई, विशेष कर नौजवानों में, जो अंत में उन लालसाओं के आसानी से ही शिकार बन गए, जो उपजीविका के बदलते साधन के तौर पर 'हिंसा तथा आतंकवाद' मुहैया कराते थे।

इस अध्याय में मेरा इरादा पंजाब के उस पूरे मसले के मूल में तथा उसके पूरे इतिहास में जाने का नहीं है, जिसका परिणाम ब्लू स्टार कारवाई के रूप में सामने आया। कारण यह है कि इस विषय पर पहले भी बहुत कुछ लिखा जा चुका है। एक पेशेवर सैनिक के नाते मैं राजनीति में पैर मारने के बजाय स्वयं को फौजी अमले के घेरे तक ही सीमित रखना चाहूँगा। मगर जब तक मैं उन कुछेक घटी बड़ी घटनाओं की संक्षेप में पृष्ठभूमि बयान नहीं करूँगा,

जो उथल-पुथल के दौरान पंजाब में घटीं, तो अगले अध्यायों की शृंखला में से एक कड़ी छूट जाएगी।

पंजाब में 1947 के विभाजन के समय से ही असंतोष तथा अनबन का माहौल कम या अधिक मात्रा में ही चला आ रहा था। लगता था कि सिख आबादी के एक बहुत बड़े हिस्से से मन में यह भय घर कर गया था कि हिंदू मत धीरे-धीरे सिखों की शिनाख्त मिटाता जा रहा है और कुछ सिख लीडर, विशेषकर मास्टर तारा सिंह, यह प्रचार करने लगे थे कि सिखों को एक अलग कौम माना जाए। इसके साथ ही पंजाबी बोलने वाला राज्य, जिसे आमतौर पर पंजाबी सूबा कहा जाता था, स्थापित किया जाए।

अकालियों की यह माँग थी कि पंजाबी को राजभाषा बनाया जाए और यह गुरमुखी शब्दों में लिखी जाए, परंतु राज्यों के पुनर्गठन का कमीशन जो प्रधानमंत्री पं. नेहरू ने 1950 में बनाया था, इस बात के पक्ष में नहीं था। नेहरू को यह विश्वास हो गया था कि अकालियों की माँग सांप्रदायिक है, इस कारण स्वीकार नहीं की जा सकती थी। अकालियों की माँगों के रद्द होने से उनकी ओर से उलटी प्रतिक्रिया हुई और उन्होंने रोष में आकर पूरे राज्य में मोर्चे (आंदोलनकारी प्रदर्शन) आरंभ कर दिए। भारी तादाद में भक्तजन रोज अकाल तख्त पहुँचकर प्रार्थना करने तथा अपनी योजनाओं के लिए आशीर्वाद प्राप्त करने के लिए पहुँचने लगी। काफी देर तक इस मामले को टालने के बाद 4 जुलाई, 1955 को पुलिस ने पहली बार हॉस्टल-क्षेत्र में अकाली दल तथा शिरोमणि गुरुद्वारा प्रबंधक कमेटी के दफ्तरों पर छापे मारे और बड़े पैमाने पर गिरफ्तारियाँ कीं। संयोग से हॉस्टल-क्षेत्र और हरिमंदिर साहब तथा अकाल तख्त के मध्य एक पक्की सड़क है, जो इन्हें एक-दूसरे से अलग करती हैं। अकालियों के हुजूम को छिन्न-भिन्न करने के इरादे से चलाए गए अश्रुगैस के कुछ गोले स्वाभाविक ही परिक्रमा में जा गिरे, जहाँ लगभग तीस वर्ष के पश्चात् इतिहास ने स्वयं को दोहराया, बेशक कहीं बड़े पैमाने पर, जैसा कि अगले पन्नों में प्रस्तुत किया गया है।

साठ के दशक का दौर एक ऐसा समय था, जब अकाली दल के भीतर

तीखी गुटबाजी की लड़ाई हो रही थी और यह दो गुटों में बँट गया—अकाली दल (मास्टर) तथा अकाली दल (संत)। पहले अकाली दल का अध्यक्ष मास्टर तारा सिंह और दूसरे का लीडर संत फतेह सिंह था। बेशक संत अकाली दल को जाट-सिख किसानों की भारी स्वीकृति हासिल थी तो भी उस समय मास्टर तारा सिंह की तूती ज्यादा बोलती थी और वह पंजाबी सूबे का प्रचार करते हुए कई आंदोलन छेड़कर सिख जनता की भावनाओं को भड़काने में सफल रहा था।

इस बार आंदोलनकारी इस हद तक चले गए कि उन्होंने अकाल तख्त में ही अपना दफ्तर बना लिया। इससे पहले वे खुद को हॉस्टल-क्षेत्र तक ही सीमित रखते रहे थे। अप्रैल, 1960 में मुख्यमंत्री प्रताप सिंह कैरों ने मास्टर तारा सिंह को गिरफ्तार करने का फैसला कर लिया। तूफान ढीला पड़ने के बजाय और भी तेज हो गया और पचास हजार से अधिक सिखों ने गिरफ्तारियाँ दीं। संत फतेह सिंह ने नवंबर, 1960 में यह घोषणा कर दी कि वे मरणव्रत रखेंगे। 18 दिसंबर को उन्होंने अपना मरणव्रत आरंभ कर दिया।

दूसरी ओर कैरों ने, जो एक राजनीतिज्ञ था, मास्टर तारा सिंह को रिहा करने का फैसला कर लिया, जिन्होंने अपनी रिहाई के तुरंत बाद यह वक्तव्य दिया कि संत फतेह सिंह के बाद वे मरणव्रत रखेंगे। संत फतेह सिंह ने 9 जनवरी, 1961 को अपना व्रत तोड़ दिया, मगर अपने वचन का पालन करते हुए मास्टरजी ने, जो रावलपिंडी में पले-बढ़े एक स्कूल मास्टर थे, 15 अगस्त, 1961 को आजादी के दिन बड़े धूमधाम से अपना व्रत आरंभ कर दिया। उनका इरादा केंद्र पर और भी ज्यादा दबाव डालने का था और उन्होंने यह प्रण लिया कि वे अपना व्रत तभी तोड़ेंगे, जब पंजाबी सूबे की माँग मंजूर कर ली जाएगी, परंतु पं. नेहरू की दृढता तथा मजबूती के सामने, वे उस दृढता को कायम न रख पाए जिसके बल पर उन्होंने वह धमकी दी थी। इस कारण वे अंतिम कुरबानी न कर पाए।

स्पष्ट है कि मास्टर तारा सिंह ने यह फैसला कर लिया था कि पंजाबी सूबा ऐसा मसला नहीं है जिस पर जान की बाजी लगाई जाए। उन्होंने पहली

अक्तूबर 1961 को छियालिस दिनों के बाद अपना मरणव्रत तोड़ दिया। अपने प्रण से पीछे हट जाने के कारण उन्हें शिरोमणि गुरुद्वारा प्रबंधक कमेटी तथा अकाली दल से निकाल दिया गया। 'पंज प्यारों' ने उन्हें यह सजा दी कि वे पाँच दिन के लिए हरिमंदिर साहब में आनेवाले श्रद्धालुओं के जूते साफ करें। इसके बाद मास्टर तारा सिंह ने अपनी बाकी की जिंदगी शर्मिंदगी की हालत में गुजारी और नेतृत्व अंततः संत फतेह सिंह के हाथ में आ गया। बहरहाल, नेहरू 1964 में अपनी मृत्यु के दिनों तक पंजाबी सूबे की माँग के पक्के विरोधी रहे।

दो वर्ष के पश्चात्, 1966 में नेहरूजी की बेटी प्रधानमंत्री इंदिरा गांधी ने अकालियों के पंजाबी सूबे की माँग मान ली और पंजाब को भाषा के आधार पर बाँटा गया। हुआ यह कि 1966 के पंजाबी सूबे के मोर्चा के फलस्वरूप जो पंजाब राज्य बना, वह उससे काफी छोटा था, जिसकी योजना अकाली लीडरों ने बनाई थी, तो उस दिन से ही उनके लिए इस कठोर हकीकत को स्वीकार करना मुश्किल हो रहा था।

राज्य के विभाजन के बाद अगला ज्वलंत मुद्दा यह माँग थी कि चंडीगढ़ पंजाब को सौंपा जाए, जो इसकी राजधानी होगी, क्योंकि यह शहर मूल रूप से पंजाब के लिए ही निर्मित किया गया था। 1969 में यह मसला संत फतेह सिंह की ओर से दी गई आत्मदाह की धमकी से एक खतरनाक विस्फोटक स्थिति धारण कर गया। अकाल तख्त की नजदीकी इमारत की छत पर चिता तैयार कर ली गई और ऐन उस वक्त जब संत फतेह सिंह आग की लपटों में बैठने की तैयारी कर रहे थे, श्रीमती इंदिरा गांधी ने उनकी माँग के सामने घुटने टेक दिए। उन्होंने 1960 के शाह कमीशन का वह फैसला, जिसमें शहर की जनगणना के आधार पर चंडीगढ़ हरियाणा को दिया गया था, बदल दिया और उसके स्थान पर यह शहर पंजाब को इस शर्त पर देने का फैसला किया गया कि इसके बदले में अबोहर तथा फाजिलका, जो हिंदी बोलने वालों का बहुगिनती का इलाका है, हरियाणा को दे दिया जाए। इस फैसले का आधा हिस्सा अकालियों को स्वीकार नहीं था। वे राज्य की भरपूर

कपास उगाने वाली इस पट्टी को छोड़ने को तैयार नहीं थे। मगर यह फैसला कभी भी लागू न हो पाया और आज तक ज्यों-का-त्यों लटकता आ रहा है।

इसके बाद 1971 के हिंद-पाक युद्ध के बाद वह समय आया जब अकालियों का महत्त्व सापेक्ष रूप में कम हो गया था। इंदिरा गांधी की चामत्कारिक राजनीतिक सूझ-बूझ के फलस्वरूप पाकिस्तानी सेना की हार हुई और अब तक जो पूर्वी पाकिस्तान था, वह आजाद बाँगलादेश हो गया। श्रीमती इंदिरा गांधी अपनी प्रसिद्धि तथा प्रभाव के शिखर पर थीं। स्वाभाविक ही अकाली दुबके रहने के लिए मजबूर थे और इस घड़ी वे किसी मामले को उछाल नहीं सकते थे।

1978 के आनंदपुर साहब के प्रस्ताव ने अकालियों की अगली राजनीतिक चाल की घोषणा की। प्रस्ताव सिखों के गिले-शिकवों को दूर करने के लिए तैयार किया था और यह एक ऐसा दस्तावेज था, जिसमें भ्रामक शब्दों में आत्म-निर्णय की, सिख भाईचारे के आन की, राज्य को अधिक अधिकार देने की, पानी के बँटवारे की तथा अन्य कई छोटे-मोटे मसलों की बात की गई थी। इस प्रस्ताव को, जिसने बुनियादी तौर पर केंद्र तथा राज्यों के मध्य ताकत के विभाजन के असंतुलन को दूर करने की इच्छा से जन्म लिया था।

बहुत सारे आलोचकों ने इसे अलगाववादी कदम तथा देश के लिए खतरा समझा। बाद में सरकार ने केंद्र तथा राज्य के संबंधों तथा राज्यों के आपसी संबंधों के अलग-अलग पहलुओं पर विचार करने के लिए सरकारिया कमीशन बनाया। सरकारिया कमीशन की सिफारिशें अभी तक स्वीकार नहीं हुईं।

पंजाब की राजनीति का अगला महत्त्वपूर्ण मोड़ 1978 में हुआ निरंकारी झगड़ा था, जिसके फलस्वरूप रातोरात हिंसा तथा सरकारी आधिपत्य वाला आतंकवाद भड़क उठा। आठवें दशक के शुरू में पंजाब में अत्यधिक बेरोजगारी थी। इसका कारण यह था कि जमीन आर्थिक स्तर पर लाभदायी नहीं रही थी, जिस कारण सीमांती किसानों को अपने गुजारे के लिए कमाई के दूसरे साधनों की ओर झाँकना पड़ रहा था। परिणामस्वरूप बेचैनी की एक लहर

उठ खड़ी हुई, विशेषकर नौजवानों में, जो अंत में उन लालसाओं के आसानी से ही शिकार बन गए, जो 'उपजीविका' के बदले विकल्प के तौर पर हिंसा तथा आतंकवाद मुहैया कराते थे।

अगली बड़ी चोट, जिसने सिखों को और भी ज्यादा तोड़ दिया, वह 1982 में लगी। अपनी माँगों को उभारने तथा केंद्र की सरकार पर एक बशर और दबाव डालने की कोशिश में अकाली नेताओं ने दिल्ली पर धावा बोलने तथा दिल्ली में हो रहे अंतरराष्ट्रीय खेलों के बड़े आयोजन 'एशियाड' में गड़बड़ी पैदा करने की धमकी दी। बहुत सारे नुक्ताचीनी करनेवालों का विचार है कि इस पर सरकार ने जो हुंकार भरी, वह एक तीव्र प्रतिक्रिया थी। दिल्ली को सील कर दिया गया और तमाम सिखों की, जिनमें पार्लियामेंट के सदस्य, सेना के रिटायर्ड जनरल तथा भाईचारे के अन्य प्रसिद्ध लोग शामिल थे, हरियाणा की सीमा पर तलाशी ली गई। उनका अपमान किया गया और उन्हें दिल्ली में प्रवेश करने से रोका गया। जिस पर भी आंदोलनकारी होने या सुरक्षा के लिए खतरे का कारण होने की जरा सी भी भनक लगी उसे गिरफ्तार किया गया। स्वाभाविक था कि इससे सिखों का क्रोध और भी प्रचंड होता गया, क्योंकि वे खुद को दूसरे दर्जे के शहरी जैसा महसूस करने लगे थे।

अब आग और भी भड़कने लगी थी और अलग सिख होम लैंड का नारा नर्मवादी सिखों को और कुछ सिख बुद्धिजीवियों को भी भाने लगा था। इससे खालिस्तान की लहर को और भी बल मिला, जो सिखों के एक हिस्से की ओर से बहुत जोर-शोर से चलाई जा रही थी, विशेष करके भाईचारे के उन प्रभावशाली तथा अमीर लोगों की ओर से, जो अमेरिका, कनाडा तथा ब्रितानिया समेत दुनिया के अलग-अलग हिस्सों में रहते थे। इसके साथ ही पाकिस्तान ने भी सिख जाति के साथ वायदा किया कि वह आजादी प्राप्त करने के संघर्ष में उनकी मदद करेगा।

□

3

भिंडरावाला का चकाचौंध करता व्यक्तित्व तथा बढ़ता प्रभाव

भिंडरावाला अपने बढ़ते प्रभाव के शिखर पर पहुँच गया—उसे एक ऐसे योद्धा के रूप में देखा जाने लगा, जो अकेला ही भारत सरकार से लोहा ले सकता था। उसने स्वयं कहा था, ''सरकार ने कुछ ही दिनों में मेरे लिए वह कुछ कर दिया है जो मैं वर्षों में भी प्राप्त न करता।''

जरनैल सिंह भिंडरावाला ने सातवें दशक के अंतिम वर्षों में राजनीतिक क्षेत्र में पैर रखा। भिंडरावाला पतला छह फुट लंबा, प्रभावशाली व्यक्तित्व वाला शख्स था, जो प्रवचक के तौर पर प्रसिद्ध था। उसका जन्म देश-विभाजन के वर्ष 1947 में हुआ था। मोगा शहर के निकट रोडे में पला-चढ़ा वह एक जाट-सिख था, जो जवानी के आरंभिक वर्षों में ही कई-कई घंटे गाँव के गुरुद्वारे में बिताता और जल्दी ही उसे संपूर्ण गुरु ग्रंथ साहिब कंठस्थ हो गया और वह पाठ करने लगा। उसने अपनी आरंभिक शिक्षा एक मिशनरी स्कूल, दमदमी टकसाल से प्राप्त की, जिसे प्रचारकों को प्रशिक्षित करने में महारत हासिल है। भिंडरावाला दमदमी टकसाल में अपने दूसरे साथियों में से सबसे अधिक योग्य और प्रभावशाली होने के कारण, जल्दी ही एक 'संत'

और टकसाल का प्रधान बन गया। यह मुख्य स्थान अमृतसर से चालीस किलोमीटर दूर, चौक मेहता गुरुद्वारे में था।

अगले कुछ वर्षों में भिंडरावाले अपने ही दम पर एक प्रबल प्रभावशाली राजनीतिज्ञ तथा धार्मिक व्यक्ति बन गया। उस समय अकाली राजनीति में जिन तीन प्रमुख व्यक्तियों का बोलबाला था, वे थे—प्रकाश सिंह बादल, गुरचरन सिंह टौहड़ा (वे शिरोमणि गुरुद्वारा प्रबंधक कमेटी के अध्यक्ष भी थे।) तथा संत हरचंद सिंह लोंगोवाल। बादल ने पंजाब के मुख्यमंत्री के रूप में ज्ञानी जैल सिंह का स्थान लिया था। इन्हीं दिनों में कहा जाता है कि जैल सिंह ने अकाली पार्टी के 'तीन प्रधानों' को तोड़ने तथा खुद को सिखों के 'नए मसीहा' के रूप में आगे लाने के गहरे पैंतरे के साथ भिंडरावाला को सामने खड़ा किया। इसके बाद से पंजाब की राजनीति के रथ में एक नई शक्ति का संचार हुआ, जिसने राज्य के अंदर पहले से ही भड़के तथा अशांत वातावरण में नए झगड़ों में बढ़ोतरी की। मेरा इशारा निरंकारी संप्रदाय की ओर है, जो सही मायने में 1978 में उभकर सामने आई।

निरंकारी सिखों का एक ऐसा अपधर्मी समूह है, जिसका यह विश्वास है कि परमात्मा निराकार है। यह समूह गुरु गोविंद सिंह को आखिरी सिख गुरु नहीं मानता और वास्तव में यह दावा करता है कि उनके मत का प्रवर्तक तथा उसके उत्तराधिकारी ही असल में आगे के होनेवाले गुरु थे। सनातनी सिखों ने निरंकारियों की ओर से प्रचारित किए जा रहे दर्शन तथा धर्म-ग्रंथों का विरोध किया, उन्हें वे 'कुफ्र' समझते थे। इससे भावनाओं में उबाल आया और सनातनी सिखों तथा निरंकारियों के बीच तनाव बढ़ गया, विशेषकर नवंबर 1973 के आरंभ में जब सिख-प्रतिनिधिमंडल ने एक हुक्मनामा जारी कर निरंकारियों को पतित कह उनका निषेध कर दिया और सिखों को उनके साथ अपना सामाजिक मेल-जोल बंद करने का आदेश दे दिया।

13 अप्रैल, 1978 (बैशाखी के दिन) की बात है, जब अकाली सरकार ने निरंकारियों को अमृतसर शहर में सम्मेलन करने की अनुमति देकर खुद के लिए मुसीबत मोल ले ली। भिंडरावाला के नेतृत्व में प्रत्यक्ष रूप से नई बनी

पार्टी 'दल खालसा' को यह बात स्वीकार नहीं थी। यह पार्टी 'राज करेगा खालसा' के नारे लगाकर अपने मंतव्य का प्रचार करती थी और निरंकारियों के खिलाफ बड़ी शक्ति बनकर सामने आ खड़ी हुई थी। भिंडरावाला तथा उसके अनुयायी निरंकारियों के खिलाफ नारेबाजी करते हुए सम्मेलन-स्थल की ओर चल दिए। सम्मेलन में पहुँचकर जुलूस में शामिल एक व्यक्ति फौजा सिंह ने अपनी तलवार निकाल ली और निरंकारी गुरु बाबा गुरबचन सिंह पर हमला कर दिया। गुरु के एक अंगरक्षक ने तुरंत गोली मार कर फौजा सिंह को मार गिराया। उसके बाद आपस में लड़ाई छिड़ गईं, जिसमें बारह सिख तथा तीन निरंकारियों की जानें गईं। पंजाब में फैली अव्यवस्था तथा स्थिति की गंभीरता को देखते हुए भी केंद्र मूक बना तमाशा देखता रहा। इस मसले से आराम से निपटने का काम अकाली सरकार पर छोड़ दिया गया। अकाली दुविधा में पड़े रहे और विपत्ति के सिर उठाते ही उसे दबाने की दृढता दिखाने के बजाय उन्होंने इस मामले को हद से अधिक हाथ से निकल जाने दिया। दरअसल, भिंडरावाला तो निरंकारियों के कातिलों को सम्मानित करने के खुले आमंत्रण देने की हद तक चला गया। अकाली असमंजस में फँसे हुए थे। जहाँ तक निरंकारियों का संबंध था, बेशक अकाली सनातनी सिखों तथा भिंडरावाले की हिमायत करते थे, मगर उनके सामने जज के उस फैसले को मानने के अलावा और कोई चारा भी नहीं था, जिसने कत्ल के मुकदमे में निरंकारियों को स्व-रक्षा के आधार पर बरी कर दिया था। भिंडरावाले ने बदला लेने की कसम ली और अकालियों ने गुप्त रूप में उसकी हिमायत कर दी।

24 अप्रैल, 1980 को भिंडरावाला के अनुयायियों ने दिल्ली में निरंकारी गुरु बाबा गुरबचन सिंह का कत्ल कर दिया। इसके तुरंत बाद एक बार फिर से हिंसा भड़क उठी, जिसमें राज्य भर में बहुत सारे निरंकारियों की जानें गईं, परंतु भिंडरावाला अपने निकटतम विश्वासपात्रों के जत्थे के साथ, जो हथियारों से लैस होते थे, दिल्ली-मुंबई की सड़कों पर बेरोक-टोक-घूम रहा था। असल में हथियारों से लैस होने को भी उसके व्यक्तित्व के हिस्से के रूप में

स्वीकार कर लिया गया था। उसने बेरोजगार युवकों की टोलियों को अपने इर्द-गिर्द एकत्रित कर लिया था, जिन्होंने बाद में गाँवों में दहशत फैलाई तथा कई जुल्म किए।

सिर्फ निरंकारी ही इन अतिवादियों की समाज-विरोधी टोलियों का निशाना नहीं थे, उनकी हिट-लिस्ट में निरंकारियों के हिमायती तथा हमदर्दों के साथ-साथ असहमति रखने वाले कांग्रेसी तथा अकाली कार्यकर्ता भी शामिल थे। एक मुख्य निशाना जालंधर का 'हिंद समाचार' समाचार-पत्र समूह भी था, जिसके संपादक लाला जगत नारायण की 9 सितंबर, 1981 को गोली मार कर हत्या कर दी गई। वह प्रभावशाली दैनिक समाचार-पत्र भिंडरावाला की सख्त नुक्ताचीनी करता था और निरंकारियों के प्रति हमदर्दी रखता था। तीखी चोट मारनेवाले अपने संपादकीय लेखों में उसने पंजाब के सिखों में खालिस्तान के प्रति बढ़ रही सहमति के कारण और खौफ के बादलों को उभार कर पेश किया था, जो हिंदुओं के सिर पर मँडरा रहे थे। उसने सरकार को चेतावनी दी कि वह खालिस्तान के मामले को सरसरी तौर पर न ले और इस अलगाववादी लहर के हिमायतियों के प्रति सख्त काररवाई करे, जो उसकी राय में दिनों-दिन जोर पकड़ती जा रही थी और खतरनाक रूप लेती जा रही थी। जगत नारायण के कत्ल के पीछे भिंडरावाला के हाथ को पहचान लिया गया था। इस साजिश में उसकी हिस्सेदारी के कारण उसकी गिरफ्तारी के वारंट जारी हो गए। मगर भिंडरावाला ने पुलिस की आँखों में धूल झोंककर, चौक मेहता के गुरुद्वारे में घुसकर, सुरक्षित स्थान पर शरण ले ली। पुलिस तथा अर्द्ध-सैनिक बलों ने गुरुद्वारे को घेर लिया। उस समय पंजाब का मुख्यमंत्री दरबारा सिंह था, जो इस बात पर अड़ा रहा कि भिंडरावाला को गिरफ्तार अवश्य किया जाए। उसने तो पुलिस बल की सहायता के लिए सेना को बुलाने की भी कोशिश की थी।

केंद्र इस मामले में अभी कोई जल्दबाजी करने के मूड में नहीं था। इससे बड़े पैमाने पर हिंसा भड़क जाने का डर था, क्योंकि हजारों की संख्या में सिख भिंडरावाला को बचाने के लिए गुरुद्वारे में एकत्रित हो गए थे। कुछ

प्रमुख पुलिस अधिकारियों को उससे आत्मसमर्पण कर देने संबंधी बातचीत करने के लिए गुरुद्वारे के अंदर भेजा गया। फिर उसने एक धार्मिक सम्मेलन को संबोधित करने और पंजाब सरकार को खूब खरी-खोटी सुनाने के पश्चात् 20 सितंबर, 1981 को गिरफ्तारी दे दी। उसके धुआँधार भाषणों के कारण उसके अनुयायियों में खूब जोश भर गया, परंतु उसने कहा, जब पुलिस उसे गिरफ्तार करके ले जा रही हो, तब वे सभी एकदम शांत रहें। लेकिन उसकी गिरफ्तारी के साथ सारे राज्य में जबरदस्त हिंसा भड़क उठी। उसके पकड़े जाने के बाद अलग-अलग वारदातों में हिंदुओं के इक्का-दुक्का कत्ल होने लगे। गाड़ियों को पटरियों से उतारा गया, इंडियन एयरलाईन का एक जहाज अगवा कर पाकिस्तान में लाहौर ले जाया गया। पुलिस ने उस डिप्टी इंस्पेक्टर जनरल पर घातक हमला किया, जिसे भिंडरावाला की गिरफ्तारी के लिए भेजा गया था। इस प्रकार कानून व्यवस्था की हालत एकदम बिगड़ जाने के फलस्वरूप अंत में दरबारा सिंह की सरकार टूट गई। यह उस हादसे का पूर्वाभास था, जो अंत में 1984 में घटी।

पंजाब सरकार की ओर से भिंडरावाला को गिरफ्तार करने हेतु आखिरी कदम उठाए जाने के पश्चात् एक महीने के अंदर-ही-अंदर 14 अक्तूबर, 1981 को एक आश्चर्यचकित कर देने वाली घटना घटी। उस समय के गृहमंत्री ज्ञानी जैल सिंह ने पार्लियामेंट में यह घोषणा कि भिंडरावाला को रिहा किया जा रहा है, क्योंकि इस बात का कोई सबूत नहीं हैं कि लाला जगत नारायण के कत्ल में उसका हाथ है। यह किसी अदालत का फैसला नहीं था, बल्कि सरकार का फैसला था। उस समय यह अंदाजा आमतौर से लगाया जा रहा था कि जैल सिंह ने भिंडरावाला की रिहाई का निर्णय इस उम्मीद से लिया था कि उसकी गिरफ्तारी से भड़की हिंसा बंद हो जाएगी। मगर, जगत नारायण के कत्ल को अभी एक वर्ष भी पूरा नहीं हुआ था कि उसके पुत्र को गोली से उड़ा दिया गया और इस प्रकार अनेकों लोग अतिवादियों की गोलियों का निशाना बने। दिल्ली गुरुद्वारा प्रबंधक कमेटी के प्रधान एच.एस. मनचंदा, पुलिस का डी.आई.जी. ए.एस. अटवाल तथा अकाल

तख्त के रिटायर जत्थेदार ज्ञानी प्रताप सिंह। इसके अलावा, बहुत सारे धार्मिक स्थानों, विशेषकर हिंदू मंदिरों की बेइज्जती की गई। बर्बर कत्लों तथा वहशियत के इस पूरे दौर में पुलिस एकदम बेअसर सिद्ध हुई और बहुत कम मुजरिम पहचाने या गिरफ्तार किए गए। केंद्र की इन आशाओं पर पानी फिर गया था कि भिंडरावाला की रिहाई के पश्चात् राज्य में तनाव कम हो जाएगा।

सितंबर 1981 में भिंडरावाला की रिहाई के तुरंत बाद वह प्रभावशाली ढंग से ऊँचाई के शिखर को छूने लगा और आनेवाले वर्षों में जून 1984 में उसकी मृत्यु होने तक उसका प्रभाव जबरदस्त ढंग से बढ़ता ही गया। उसे एक ऐसे योद्धा के रूप में देखा जाने लगा जो अकेले ही भारत सरकार से लोहा ले सकता था। उसने स्वयं कहा, ''सरकार ने कुछ ही दिनों में मेरे लिए वह कर दिया जो मैं खुद वर्षों में जाकर प्राप्त करता।'' जिन्होंने अपनी स्वार्थ-सिद्धि के लिए भिंडरावाला को शिखर तक पहुँचाने में उसकी सहायता की थी, उन्हें जल्दी ही इस बात का एहसास हो गया कि वह उनके वश से बाहर हो गया था। उसके कारण हिंसा का सिद्धांत खतरनाक ढंग से फैलने लगा था। 1982 से 1984 तक भिंडरावाला अपनी चामत्कारिक शख्सियत द्वारा बड़े-बड़े सम्मेलनों को संबोधित करने के कारण पंजाब के सिखों में प्रसिद्धि की चोटी तक पहुँच चुका था। उसने गाँव-गाँव में घूम-घूम कर सिख नौजवानों को प्रेरणा दी कि वे गुरु गोविंद सिंह द्वारा चलाई गई 'खालसा' की महान् परंपरा को अपनाएँ। दाढ़ी-केश रखें, तंबाकू व शराब न पिएँ और नशीली वस्तुओं के सेवन से दूर रहें। गाँव-गाँव जाकर उसने हजारों स्त्री-पुरुषों को अमृत चखा था। उसने अपने अनुयायियों को उपदेश दिया कि वे अपनी बहादुरी को दिखाने के लिए खायती कृपाण के साथ-साथ रायफल या पिस्तौल भी साथ पहनें। वह हमेशा अपने साथ रिवॉल्वर रखता था और कारतूसों से भरी पेटी कमर पर बाँध कर रखता था।

वह दिल्ली दरबार की ओर से सिखों के साथ किए जाते पक्षपात तथा अलगाव की विस्तार से चर्चा करता और कायल करने के अंदाज में भविष्यवाणी करता कि, 'अगर सिखों ने 'हिंदू राज्य' की गुलामी का मिलकर विरोध न

किया तो समूची सिख जाति का भविष्य अँधेरे में होगा।' वह श्रोताओं को अद्‌भुत ढंग से बाँध लेता था। वह उनसे पवित्र प्रण लेता कि वे अपनी आन-बान को बनाए रखें और एक अलग सिख राज्य प्राप्त करने के लिए हर तरह की कुरबानी देने के लिए तैयार रहें। भिंडरावाला के टेप हर गाँव में मौजूद थे और उसका नाम सिख जाति के 'मुक्तिदाता' एक मसीहा का समानार्थी हो गया था। बुद्धिजीवियों सहित बहुत सारे सिख तो उसका इस प्रकार सम्मान करने लगे थे मानो वह उनका ग्यारहवाँ गुरु हो।

भिंडरावाला के निकटवर्ती सहायक, जो गुरुनानक निवास में रहते थे, वे थे—

- बलबीर सिंह संधू, जिसे भिंडरावाला ने खालिस्तान का सेक्रेटरी जनरल मनोनीत किया हुआ था। 32 नंबर का कमरा, जिसमें वह रहता था, वास्तव में खालिस्तान का हैडक्वार्टर कहलाता था।
- हरमिंदर सिंह संधू, जो प्रतिबंधित (बैनड-Banned) ऑल इंडिया सिख स्टूडेंट्स फेडरेशन (AISSF) का जनरल सेक्रेटरी था। वह काफी पढ़ा-लिखा था, फर्राटेदार अंग्रेजी बोलता था और भिंडरावाला के लिए दुभाषिए का काम करता था।
- रछपाल सिंह, जो भिंडरावाला का निजी सचिव था। वह भिंडरावाला के मुलाकातियों की समय-सारणी तथा अन्य व्यस्तताओं का ध्यान रखता तथा मिलने-जुलनेवालों की जाँच-पड़ताल करता था।

भिंडरावाला खुद 49 नंबर के कमरे में रहता था। संत लोंगोवाल तथा जी.एस. टौहड़ा इसी कॉम्पलैक्स-क्षेत्र में थोड़ा-सा आगे चलकर रहते थे। गुरुनानक निवास तथा गुरु रामदास सराय के अन्य बहुत सारे कमरे सिर्फ भिंडरावाले के अनुयायियों के ही नहीं, बल्कि कुछेक के नाम लिए जाएँ तो अपराधियों, स्मगलरों, भगोड़े फौजियों तथा नक्सलवादियों के रहने के लिए उपयोग में लाए जाते थे। कमरे काफी गंदे थे, जो विचित्र व डरावने लगते थे। शस्त्रों के भंडार निचली मंजिल के कमरों में बंद किए हुए थे। कत्लों की

योजना तथा कातिल दस्तों को उनकी जिम्मेवारी सौंपने का काम इसी इमारत क्षेत्र के भीतर ही होता था।

अब तक पंजाब के बहुत सारे इलाकों में गुरुद्वारे वास्तव में अतिवादियों के छिपने के अड्डे बन चुके थे। इन स्थानों पर पवित्रता नाम की कोई चीज नहीं रह गई थी, क्योंकि जो अपमान तथा खून-खराबा खुलेआम किया जा रहा था, उसकी योजना यहीं अंदर बैठकर की जाती थी।

कुछ समय पश्चात् केंद्र तथा उसके द्वारा लगाई गई इमरजेंसी के खिलाफ बड़े पैमाने पर अकाली आंदोलन आरंभ हो गया। इस मोरचे पर भिंडरावाला ने अकालियों की काफी मदद की, जिसकी उन्हें बेहद आवश्यकता भी थी। सिखों के बड़े-बड़े जत्थे रोजाना हरिमंदिर साहिब जाकर अरदास करते और 'राज करेगा खालसा' के नारे लगाते हुए बाहर निकलते और बाहर इंतजार कर रही पुलिस के सामने गिरफ्तार होने के लिए समर्पण कर देते। जेलों में कोई जगह नहीं बची थी और पुलिस के पास इसके अलावा और कोई चारा भी नहीं था कि वह इन जत्थों को कुछ देर हिरासत में रखने के बाद रिहा कर दे। शांति-कानून व्यवस्था लगातार बिगड़ती जा रही थी और कत्लों की गिनती बढ़ रही थी। बेगुनाह हिंदुओं को मारने-पीटने के साथ उन सिखों को भी खत्म किया जा रहा था, जो भिंडरावाला का विरोध करते थे। कई लोग तो सिर्फ इस कॉम्पलैक्स-क्षेत्र में ही नहीं, बल्कि हरिमंदिर-क्षेत्र के अंदर भी मारे गए और गुरुनानक निवास के पिछवाड़े के नाले में फेंकी गई लाशों का मिलना अब एक आम बात हो गई थी। मारे जानेवाले व्यक्ति अकसर वही होते थे जो भिंडरावाला के आदेश का उल्लंघन करने की हिम्मत करते थे।

सिखों का जो समूह यह महसूस करता था कि यदि इन सबको रोका न गया तो भाईचारे को और भी ठेस पहुँचेगी और वह सभी से अलग-थलग हो जाएगा, वह इस सारे घटनाक्रम की नुक्ताचीनी करता था। मगर इतना बल किसी में भी नहीं था, जो भिंडरावाला के सामने खड़ा हो पाता। लगभग इसी समय, केंद्र भी यह महसूस करने लगा था कि इस खून-खराबे को रोकने के

लिए अब कोई मजबूत कदम उठाना चाहिए। 15 दिसंबर, 1983 को दो अनहोनी घटनाएँ घटीं। पहली, बब्बर खालसा का करीब चालीस व्यक्तियों का जत्था, जो अकाली लीडर एच.एस. लोंगोवाल तथा जी.एस. टौहड़ा का वफादार था, उस कॉम्पलैक्स-क्षेत्र में आ गया। भिंडरावाला जिस ढंग से जो कुछ भी कर रहा था, बब्बर खालसा उसके खिलाफ था। संभव है कि भिंडरावाला को इस बात का आभास हो गया हो कि अब उसके अनुयायियों तथा बब्बरों के बीच आपसी लड़ाई तथा झड़प हो सकती थी। दूसरे, भिंडरावाला को यह भी शक हो गया हो कि किसी दिन कॉम्पलैक्स में से उसकी गिरफ्तारी का आदेश दे दिया जाएगा। 15 दिसंबर को उसने जी.एस. टौहड़ा को इस बात के लिए मना लिया कि उसे अकाल तख्त में चले जाने दिया जाए, क्योंकि भिंडरावाला का विचार था कि सरकार उसके खिलाफ पुलिस को वहाँ नहीं जाने देगी, क्योंकि ऐसा करके वह सिखों की भावनाओं को चोट पहुँचाने का खतरा नहीं लेगी। टौहड़ा कई प्रकार से एक बुजदिल आदमी था और वह भिंडरावाला की गिरफ्तारी को रोकने के लिए कुछ भी करने को तैयार था, क्योंकि उसे लगता था कि इस घड़ी में उसे भिंडरावाला के हिमायत की जरूरत थी। कारण यह था कि लोंगोवाल तथा बादल उसे कुछ-कुछ खदेड़ते जा रहे थे और शिरोमणि गुरुद्वारा प्रबंधक कमेटी के प्रधान के तौर पर उसके हक-अख्तियार धीरे-धीरे रिसते जा रहे थे। अकाल तख्त के जत्थेदार ज्ञानी कृपाल सिंह ने इस बात पर ऐतराज किया, क्योंकि अकाल तख्त में पहले कभी भी किसी ने निवास नहीं किया था। उसने कहा कि भिंडरावाला की ओर से ऐसा करना अपमानजनक होगा, क्योंकि जहाँ उसकी रिहायश होगी, उसके नीचे पहली मंजिल पर पवित्र गुरु ग्रंथ साहिब का रात के समय में 'सुखासन साहिब' होता है और 'बाणी' का उच्चारण होता है। भिंडरावाला ने जत्थेदार तथा दूसरे सिंह साहब की बात रद्द कर दी तो वे बेबस हो गए। उन्हें तो यहाँ तक यह भी धमकी दी गई कि यदि जरूरत पड़ी तो उनके स्थान पर अन्य किसी को जत्थेदार मनोनीत कर दिया जाएगा। लोंगोवाल ने भिंडरावाला की मिन्नत-चिरौरी की कि वह यह काम न करे, मगर कोई

असर न हुआ। उस दिन के बाद से लोंगोवाल तथा टौहड़ा की अनबन ही रही और भिंडरावाला को अकाल तख्त में डेरा जमा लेने की आज्ञा देने के लिए लोंगोवाल टौहड़ा को कभी माफ कर सके। लोंगोवाल यह दलेरी न कर पाए कि सिख इतिहास में संकट की इस घड़ी सरकार से सहायता की माँग करते।

आज पीछे की ओर देखने का कोई उचित कारण नजर नहीं आता कि सरकार इससे पहले भिंडरावाला को गिरफ्तार करने के लिए पुलिस को अंदर जाने का हुक्म देने में क्यों नाकामयाब रही। पुलिए बड़े आराम से गुरुनानक निवास में दाखिल हो सकती थी, क्योंकि यह हरिमंदिर कॉम्पलैक्स का हिस्सा नहीं है। स्पष्ट है कि उसने सिख भावनाओं के भड़क उठने के डर से ऐसा नहीं किया था, परंतु ये डर बेबुनियाद थे, क्योंकि भिंडरावाले के अनुयायी और कुछ अन्य लोग तो बेशक भड़क उठते, पर बहुसंख्यक सिखों को शायद कोई ऐतराज न होता। असल में यह काररवाई करने का उचित समय, तुरंत उसके पश्चात् था, जब 25 अप्रैल, 1983 को हरिमंदिर साहब माथा टेक कर बाहर निकल रहे पुलिस के डिप्टी इंस्पेक्टर जनरल ए.एस. अटवाल की गोली मार कर हत्या कर दी गई थी। यदि सरकार ने यह कोताही न की होती तो भविष्य में घटना प्रवाह एकदम अलग होता और ब्लू स्टार काररवाई करने की कभी जरूरत ही न पड़ती। खैर, वक्त को तो उलटा भला कहाँ किया जा सकता है।

अकाल तख्त में डेरा लगाकर भिंडरावाला गाँवों में चारों ओर अपना जादू चलाता जा रहा था। अकाली लीडरों तथा सिंह प्रतिनिधियों का जो प्रभाव था, वह असल में खत्म हो चुका था और अब सभी ओर भिंडरावाला की ही चलती थी। वह रायफल, गन तथा पिस्तौल लेकर अपने अंगरक्षकों के साथ हरिमंदिर साहिब में खुलेआम घूमता फिरता। देश के सभी हिस्सों से सिख उसका आशीर्वाद लेने और उसके भड़काऊ भाषण सुनने आते, जो वह आमतौर पर अपने हथियारबद्ध समर्थकों में घिरा, दोपहर के समय लंगर की इमारत की छत पर बैठकर देता था।

उसके उपदेश दिनोदिन विष भरे होते जा रहे थे और वह हिंदुओं-सिखों के बीच नफरत जगाने में सफल हो गया था। उसका मकसद यह था कि इतना अधिक सांप्रदायिक तनाव पैदा किया जाए कि पंजाब में रहनेवाले हिंदू डरकर भागने के लिए मजबूर हो जाएँ। उसे उम्मीद थी कि इसकी प्रतिक्रिया के फलस्वरूप देश के अन्य हिस्सों में सिखों के खिलाफ प्रतिक्रम होंगे और परिणामस्वरूप राज्य से बाहर रहनेवाले सिख पंजाब लौटने के लिए मजबूर हो जाएँगे। इस समय तक भिंडरावाला ने कुछ प्रमुख रिटायर जनरल तथा ब्रिगेडियरों को भी अपनी ओर आकर्षित कर लिया था। इन्हीं में से एक मेजर जनरल सुबेग सिंह (रिटायर्ड) उसका सैनिक सलाहकार बन गया। यही वह व्यक्ति था, जिसने इस पवित्र स्थान के अंदर तथा इर्द-गिर्द सुरक्षा-मोरचा बनाने की योजना बनाई थी। इतना ही काफी है कि इन अफसरों में से अधिकतर वे थे, जिन्हें या तो नौकरी से बर्खास्त किया गया था या नौकरी में पदोन्नति में बहुत पीछे धकेल दिया गया था। ये असंतुष्ट लोग थे, जिन्हें अपना उल्लू सीधा करना था। वे महसूस करते थे कि उनके साथ पक्षपात सिर्फ इसीलिए किया गया, क्योंकि वे सिख थे। इसी कारण वे आसानी से भिंडरावाला के सिखों के मौलिक अधिकारों पर हो रहे प्रवचनों के जाल में फँस गए।

मामला इस हद तक बिगड़ गया कि 26 जनवरी, 1984 को भारत के गणतंत्र दिवस के अवसर पर हरिमंदिर कॉम्पलेक्स क्षेत्र के अंदर एक इमारत पर खालिस्तान का झंडा लहराया गया। एक बार फिर सरकार हाथ पर हाथ धरे यह सबकुछ देखती रही और लोंगोवाल भी अपने रसूख का उपयोग करने में असफल रहे। भिंडरावाला ने स्वयं को लोंगोवाल से और भी ज्यादा दूर कर लिया और जल्दी ही इस प्रकार व्यवहार करने लगा जैसे वहाँ का असली हाकिम वही हो। उसके मुँह से निकली बात कानून थी और किसी की मजाल नहीं थी कि उसे चुनौती दे सके। उसके प्रचार के साथ हिंदू विरोधी भावनाएँ इस हद तक उत्तेजित हो गईं कि उसी वर्ष अप्रैल-मई तक पंजाब में से हिंदू, जिनमें अधिकतर व्यापारी/कारोबारी थे, बड़ी तादाद में वहाँ से कूच करने लगे। भिंडरावाला सरेआम इंदिरा गांधी का निरादर करता

तथा उन्हें गाली देता। अपने भाषणों में वह उनका नामकरण 'बामण की बेटी' के रूप में करता। पंजाब के कोने-कोने से सिख भिंडरावाला के पास फरियाद लेकर आने लगे। किसी अदालत या जिला अधिकारी के पास जाने के बजाय वे उसमें अपनी समस्याओं के समाधान ढूँढ़ने लगे। वह उसी समय आदेश दे देता, जो बाद में उससे संबंधित अधिकारियों तक पहुँचा दिए जाते, चाहे कोई डिप्टी कमिश्नर हो या पुलिस सुपरिंटेंडेंट। यहाँ तक कि उसके पास इस प्रकार के मामूली मामले भी आने लगे कि फलाँ की बिजली काट दी गई है, क्योंकि उसने बिल नहीं भरा था। पंजाब राज्य बिजली बोर्ड के कर्मचारी को उसी समय हिदायत दे दी जाती कि वह बिजली बहाल करे अन्यथा नतीजा भुगतने के लिए तैयार रहे। उसके हाथ में इतनी ताकत आ गई थी कि कोई भी उसके हुक्म को नजरअंदाज करने की जुर्रत नहीं कर सकता था। झगड़ों को निपटाकर फैसले करवाना, अफसरों के तबादलों के आदेश जारी करना, जुरमाना ठोकना, यहाँ तक कि शादी-ब्याह के मामलों में भी मध्यस्थता करना अब उसके लिए एक आम बात हो गई थी। उसकी तरफदारी हासिल करने वाले धनी लोगों से दान के रूप में बड़ी-बड़ी रकम की आस की जाती थी।

इसके साथ-साथ, हरिमंदिर के अंदर गुप्त रूप से हथियार जमा किए जा रहे थे और 'कार-सेवा' के लिए उपयोग में लाई जाने वाली गाड़ियों को इस काम के लिए प्रयोग में लाया जा रहा था। बदले की काररवाई के डर से पुलिस इन गाड़ियों की तलाशी लेने की हिम्मत नहीं कर सकती थी। पुराना अनुभव यह बताता था कि जिन पुलिस वालों ने भिंडरावाला के अनुयायियों तथा निकटवर्ती साथियों को गिरफ्तार किया था, उन्हें देर-सबेर ठिकाने लगा दिया गया था। इसके साथ ही बहुत तेजी से हरिमंदिर की सभी इमारतों की किलेबंदी की जा रही थी। भिंडरावाला को इस बात की कभी उम्मीद नहीं थी कि पुलिस हरिमंदिर साहब में घुस जाएगी। सुरक्षा मोर्चों का निर्माण, उसके अनुसार उन्हें अंदर घुसने में रोकने का काम करेंगे। किसी के लिए यह विश्वास करना एकदम मूर्खता होगी कि राज्य शासन चलाने वालों को

यह एहसास ही न हुआ कि आखिर हो क्या रहा है और सचमुच वे स्थिति की गंभीरता का अनुमान नहीं लगा पाए थे। हरिमंदिर साहब जानेवाले सभी श्रद्धालुओं को मोर्चाबंदी स्पष्ट नजर आती थी और इसी प्रकार भिंडरावाला के अनुयायी उसी की तरह के घुटनों तक लंबे चोगे पहने, हथियारबद्ध हो, इमारतों की छतों तथा आसपास के घेरे के अंतर्गत मुख्य ठिकानों पर पहरा देते नजर आते थे। इसके बावजूद कोई शासनाधिकारी हरकत में नहीं आया। अधिकारियों पर फर्ज से मुँह मोड़ने या कोताही बरतने जैसे दोष लगाना बहुत छोटी बात होगी और इसके लिए उन्हें माफ करना भी बेवकूफी होगी।

कुछ लोग सरकार की इस नजरअंदाजी का एक कारण यह समझते हैं कि इस पड़ाव पर भी स्थिति को सँभालने के प्रयास में, सरकार के प्रतिनिधियों तथा टौहड़ा के दरम्यान आखिरी पलों की गुप्त बातचीत चल रही थी। श्रीमती इंदिरा गांधी ने अकालियों की धार्मिक तथा राजनैतिक दोनों माँगों के बारे में नए सिरे से बातचीत करने का यत्न किया। धार्मिक माँगें प्रत्यक्ष रूप में साधारण थीं, जिनमें ऐसे छोटे-छोटे से मुद्दे भी शामिल थे, जैसे—

- अमृतसर को 'पवित्र शहर' का दरजा दिया जाए।
- हरिमंदिर साहिब से पवित्र बाणी का पाठ तथा कीर्तन आकाशवाणी या दूरदर्शन (नेशनल टेलीविजन नेटवर्क) से प्रसारित किया जाए या हरिमंदिर कॉम्पलैक्स के अंदर एक शक्तिशाली ट्रांसमीटर लगाया जाए।
- दिल्ली तथा अमृतसर के दरम्यान चलने वाली गाड़ी 'फ्लाइंग मेल' का नाम बदलकर 'गोल्डन टेंपल एक्सप्रेस' रखा जाए और
- एक ऐसा गुरुद्वारा कानून बनाए जाने की माँग थी जिसके अंतर्गत सारे देश के सभी ऐतिहासिक सिख गुरुद्वारे शिरोमणि गुरुद्वारा प्रबंधक कमेटी के पूर्ण नियंत्रण में आ जाए। (यह माँग स्वीकार करना अन्य की तुलना में अधिक कठिन था।)

दूसरी ओर, राजनीतिक माँगें अत्यधिक जटिल ढंग की थीं। बुनियादी तौर पर वे इन मुद्दों से जुड़ी हुई थीं।

- चंडीगढ़ को पंजाब की राजधानी बनाने का फैसला लागू किया जाए और इसके बदले में हरियाणा को अबोहर–फाजिलका देने के साथ संबंधित न किया जाए।
- नदियों के पानी का झगड़ा निपटाया जाए और राज्य को अधिक स्वायत्तता प्रदान की जाए।

बातचीत एक बार फिर से असफल रही। इस समय तक लोंगोवाल तथा टौहड़ा दोनों के ही वश में कुछ नहीं रहा था। भिंडरावाला का आधिपत्य पूर्ण रूप से स्थापित हो गया था। ऐसा प्रतीत होता था कि सभी भिंडरावाला के प्रति वफादारी निभा रहे हों और वह खालिस्तान से कम किसी समझौते के लिए तैयार नहीं था।

मई के आरंभ में किसी समय, तेजी से नजर आती बरबादी को महसूस करते हुए, लोंगोवाल तथा सिख धार्मिक प्रतिनिधियों ने भिंडरावाला को अकाल तख्त से बाहर आ जाने का 'हुक्मनामा' जारी करने के लिए पूरी तरह से ठान लिया था, जबकि बदले में उसने इन्हें एक जबरदस्त धमकी दे दी। यहाँ आकर मामला ठप्प हो गया। उसके पश्चात् कुछ धार्मिक प्रतिनिधियों ने मार दिए जाने के डर से अंदर–बाहर जाने के समय अपने साथ अंगरक्षक रखने शुरू कर दिए। उनकी लाचारी तथा उनके बदले व्यवहार को उदाहरण द्वारा स्पष्ट करने के लिए, पाठकों को इस बात को जानने में दिलचस्पी होगी कि 6 मई, 1984 को ऑपरेशन ब्लू स्टार से मुश्किल से एक महीना पहले हरिमंदिर साहिब के हेड ग्रंथी ज्ञानी साहिब सिंह ने हरिमंदिर साहिब के अंदर भिंडरावाला के छह निकटवर्ती साथियों का 'आनंद कारज' (विवाह) स्वयं करवाया था।

मई 1984 के अंत तक अकालियों ने देखा कि दहशत का फैलाव काबू से बाहर हो गया है। उन्हें अब इस बात में कोई शक नहीं रह गया था कि केंद्र के खिलाफ भिंडरावाला का पत्ता खेलने का पैंतरा उनके लिए भारी पड़ने लगा था। इस पड़ाव पर अब कोई और खेल या चाल चलने का समय

नहीं रह गया था। केंद्र के पास अपने तौर पर, अकाली लीडरों की लाचारी को अनुभव करते हुए हरकत में आने और वह भी जल्दी कुछ कर गुजरने के अलावा कोई और रास्ता बाकी नहीं रहा था, वरना उसका अपना पैदा किया दानव ही उसे भस्म कर देता।

दूसरी ओर, भिंडरावाला को पक्का यकीन था कि हरिमंदिर के अंदर उसका तथा उसके अनुयायियों से भिड़ने के लिए श्रीमती इंदिरा गांधी ने अंतिम रूप में यदि किसी का उपयोग किया भी तो वे पुलिस या अधिक-से-अधिक अर्द्धसैनिक बल, सीमा सुरक्षा बल (बी.एस.एफ) तथा केंद्रीय सुरक्षा पुलिस बल (सी.आर. पी.एफ.) को ही भेजेंगी। उसका यह भी विश्वास था कि पवित्र धार्मिक स्थल के अंदर दाखिल होने से पहले केंद्र हरिमंदिर कॉम्पलैक्स को घेरने हेतु पुलिस को भेजेगा। फलस्वरूप, इस कारवाई का पूर्वानुमान लगाते हुए उसने अपने इस मकसद संबंधी कैसेटों को सारे पंजाब में भेजा तथा अपने वचनबद्ध अनुयायियों से सदैव तैयार रहने का आदेश दे दिया। उसने घोषणा की कि जैसे ही पुलिस पवित्र स्थल पर हमला करे, इसे सिख जाति पर हमला समझा जाए। उसी पल उसके इशारे पर हजारों की तादाद में अनुयायी अमृतसर की ओर चल दें। विश्वास किया जाता है कि भिंडरावाला के अनुमान के अनुसार एक लाख जुनूनी लोग बाढ़ की तरह अमृतसर में दाखिल हो सकते थे और वे उन्हें अपने बहाव में बहाकर ले जा सकते थे। अंततः उसका खालिस्तान का सपना साकार हो जाता, जिसकी बागडोर उसके अपने हाथों में होती।

लेकिन जोड़-तोड़ करने में उससे कोई कमी रह गई थी और उसकी उम्मीदें महज सपना बनकर ही रह गईं। केंद्र सैनिक विकल्प पर विचार करने के लिए मजबूर हो गया था, क्योंकि—

- पुलिस बल में अतिवादी आ घुसे थे, जो कि स्पष्ट नजर आ रहा था। इस कारण पुलिस का मनोबल तथा दबदबा कम हो गया था।
- यह एहसास हो गया था कि पंजाब में राष्ट्रपति शासन लागू होने से अतिवादियों पर किसी भी प्रकार का कोई असर नहीं पड़ा था। हिंदू

मंदिरों पर छापा मारने, सरकारी ऑफिसों पर हमला करने, बैंक में डाका डालने, पुलिस पर गोली चलाने तथा बेगुनाहों को बेरहमी से मारने, जिसमें अधिकतर हिंदू होते थे जैसी बातें आम हो गई थीं। परिणामस्वरूप चारों ओर दहशत तथा खौफ का माहौल बना हुआ था।

फौजी काररवाई को वाजिब ठहराने वाली आखिरी बात लोंगोवाल का यह वक्तव्य था कि राज्य में अनाज को एक स्थान से दूसरे स्थान पर ले जाने से रोकने के लिए 3 जून, 1984 को राज्य-व्यापी मोर्चा लगाया जाएगा। मगर अधिसंख्यक सिख इस बात पर यकीन नहीं करते थे कि मोर्चे की घोषणा एक ऐसा मजबूत कारण था, जिसने केंद्र को इतना कठोर फैसला लेने के लिए उकसाया हो। अधिकतर लोग समझते हैं कि इस तूफान का भी मुकाबला किया जा सकता था। उनका मानना है कि अनाज को ढोने-ले जाने से रोकने के कारण कोई बहुत अधिक तबाही नहीं होनेवाली थी। मगर अंत में परदा उठा दिया गया था और केंद्र ने अंत में वह कदम उठाने का फैसला कर लिया, जिससे वह बहुत समय तक बचता आ रहा था।

भिंडरावाला ने अपनी योजनाओं को अंतिम रूप दे दिया था और वह अब अपने कमांड-मोर्चे में दाखिल होने के लिए मजबूर था। उसका यह अंदाजा गलत निकला कि केंद्र सिर्फ पुलिस बल का ही उपयोग करेगा। जिस बारे में उसे भरोसा था कि उसके अनुयायी इन बलों की कमर तोड़ देंगे और वे मैदान छोड़कर भाग जाने पर मजबूर हो जाएँगे, मगर जो घटनाएँ घटीं, उन्होंने उसकी उम्मीदों पर पानी फेर दिया।

□

4

योजनाओं का रेखांकन

बहुत कम जानकारी स्थानीय पुलिस तथा खुफिया साधनों से मिल रही थी। असल में, मिल रही जानकारी का बहुत हिस्सा दुर्भाग्य से नाकाफी, अप्रामाणिक तथा पुराना हो चुका था। हरिमंदिर कॉम्पलैक्स के अंदर जमे अतिवादियों की तादाद का अनुमान सभी का अलग-अलग था। वह भी अनुमानित अधिक और मेहनत से सही-सही खुफिया जानकारी का नतीजा कम।

संभवत: हरमंदिर साहिब में से अतिवादियों को बाहर निकालने के लिए सेना का उपयोग करने का फैसला श्रीमती इंदिरा गांधी की जिंदगी के सबसे मुश्किल फैसलों में से एक था, जो उन्होंने तब किया, जब उन्होंने स्वयं को इस फैसले को स्वीकृत करने के लिए सहमत कर लिया, क्योंकि तब उनके पास कोई और रास्ता बाकी नहीं रह गया था। संभवत: इस फैसले से उन्हें दुख भी पहुँचा होगा।

इस समय तक केंद्र निश्चित तौर पर यह जान गया था कि हरिमंदिर साहिब में हथियारों का भारी भंडार एकत्रित किया गया है, जिसमें कंधे पर रखकर चलाने वाले रॉकेट लांचरों (Rocket Launchers) सहित, बहुत सारे बेहद संवेदनशील हथियार शामिल हैं। इस बात का स्वाभाविक परिणाम यह

था कि यह काम अब पुलिस और अर्द्धसैनिक बल नहीं कर सकते, सिर्फ सेना ही ऐसी खतरनाक व अत्यंत नाजुक काररवाई करने में समर्थ थी, क्योंकि इसका निशाना संगठित रूप में तैयार किए गए उनके सुरक्षा मोर्चों का किला था, जिनमें कट्टर तथा भावुक उत्तेजना में आए अतिवादी तैनात थे। कम-से-कम जान का नुकसान या हरिमंदिर साहिब से हानि पहुँचाए बगैर अतिवादियों को बाहर निकालने के लिए काररवाई को व्यावहारिक रूप देने के लिए अत्यंत गहरे स्तर के सब्र, हौसले तथा सावधानी की जरूरत थी।

आखिरी फैसला लेने से पहले अन्य सभी जा चुके थे, सभी प्रकार की कोशिशें की जा चुकी थीं और इस बारे में कोई संदेह नहीं हो सकता कि श्रीमती गांधी ने अंत तक इस फैसले को टालने की बहुत कोशिश की थी। फैसला लेने तथा इसको व्यवहार में लाने तक के बीच के समय में विश्वास किया जाता है कि केंद्र तथा अकाली दल के प्रतिनिधियों के मध्य किसी स्वीकृति योग तथा सम्मान योग समझौते तक पहुँचने की कोशिश में आधी-आधी रात तक कई गुप्त-संधि वार्त्ताएँ हुईं। मगर अकाली लीडरों की ओर से अपने घोषित किए गए स्टैंड से एक इंच भी पीछे हटने की जिद दिखाने के कारण आखिरी समय में जो भी छोटी-मोटी उम्मीदें थीं, वे भी दम तोड़ने लगी थीं। मेरी धारणा है कि इस समय तक वे सभी भिंडरावाला के दूत बन चुके थे। अंत में फैसला हुआ और सेना को हरिमंदिर साहिब में दाखिल होने का आदेश दे दिया गया।

31 मई, 1984 की शाम थी, जब से इस काररवाई के साथ मेरा संबंध जुड़ा। उस समय मैं मेरठ में तैनात था और नौ इन्फैंट्री डिवीजन की कमान भी मेरे हाथ में थी। मेरी पत्नी और वे दिल्ली जाने की तैयारी कर रहे थे। दिल्ली से हम 1 जून, 1984 की शाम को मनीला, फिलीपाइंस पर एक महीने की छुट्टी पर जा रहे थे। वे मेरठ से चलने ही वाले थे कि मुझे हैडक्वार्टर से टेलीफोन पर पश्चिमी कमांड का संदेश मिला कि मैं आंतरिक सुरक्षा संबंधी एक कॉन्फ्रेंस के लिए अगले दिन (1 जून) सुबह नौ बजे चंडी मंदिर पहुँच जाऊँ। उस समय मुझे घटना की संपूर्ण जानकारी नहीं थी।

वे 31 मई की शाम कार से दिल्ली पहुँचे और अगले दिन सुबह इंडियन एयरलाइंस के जहाज से चंडीगढ़ पहुँचे। मेरी पत्नी हमारे नियत प्रोग्राम के अनुसार मनीला जाने के लिए आखिरी समय तक की तैयारियाँ मुकम्मल करने के लिए दिल्ली में ही रहीं। मेरी योजना चंडीगढ़ से शाम के जहाज द्वारा दिल्ली लौट जाने की थी। मुझे चंडी मंदिर 2 कोर के हैडक्वार्टर पहुँचकर यह मालूम हुआ कि मैं वापस नहीं जा पाऊँगा।

उन्हें सैनिक काररवाई के कंट्रोल रूम में ले जाया गया, जहाँ मैं लेफ्टिनेंट जनरल के. सुंदर जी से, जो उस समय पश्चिमी कमांड के मुख्य जनरल अफसर कमांडिंग थे। मुझे अपनी प्राथमिक हिदायतें उनसे लेनी थीं। मेरे साथ मौजूद थे—पश्चिमी कमांड के चीफ ऑफ स्टाफ लेफ्टिनेंट जनरल रणजीत सिंह दयाल और काररवाई की संरचना के लिए जिम्मेवार स्टाफ के कुछ अन्य सीनियर अफसर। सुंदरजी तथा दयाल दोनों ही बेहद अनुभवी इन्फैंट्री सेना के अफसर थे। सुंदरजी ने पाकिस्तान से 1965 की जंग में कुशलता से रेजिमेंट की एक बटालियन की कमान सँभाली।

दूसरी ओर, दयाल उस जंग में हिस्सा ले रही पैराशूट रेजिमेंट में एक नौजवान मेजर थे। असल में उन्होंने पाकिस्तान के अधीन कश्मीर में हाजीपुर के पास, जिसकी बहुत भारी सुरक्षा की जा रही थी, हमले का नेतृत्व किया था और इस पर कब्जा कर लेने में सहायक हुए थे। उनकी असाधारण किस्म की बहादुरी के लिए उन्हें महावीर चक्र से पुरस्कृत किया गया था। दी गई हिदायतों का संक्षेप सार था—

- जरनैल सिंह भिंडरावाला ने हरिमंदिर साहिब अमृतसर में विशेष कर, पंजाब के दूसरे गुरुद्वारों में आमतौर पर जो स्थिति पैदा कर दी थी, वह विस्फोटक हो गई थी और बहुत ही खतरनाक स्तर धारण कर चुकी थी। दरअसल देश की सुरक्षा गंभीर खतरे में थी।
- पंजाब में राष्ट्रपति शासन कोई भी प्रभाव डालने में बुरी तरह असफल हुआ था और प्रशासन वास्तव में लकवाग्रस्त हो गया था।
- अतिवादी पंजाब की पुलिस में घुस गए थे और पुलिस बल अपनी

शक्ति तथा प्रभाव खो बैठा था। इसके साथ ही उसका मनोबल बहुत गिर गया था, क्योंकि हाल में ही बहुत सारे पुलिस वाले कत्ल कर दिए गए थे।

- स्थिति को सुखद मोड़ देने तथा अकालियों के साथ शांतिपूर्ण समझौते पर पहुँचने के लिए केंद्र की ओर से किए गए अंतिम घड़ी के यत्न असफल हो गए थे।
- अकाली लीडर तथा धर्म-प्रतिनिधि अकाल तख्त खाली करवाने के लिए तथा हरिमंदिर-क्षेत्र की किलेबंदी बंद करने के लिए भिंडरावाला पर अपना प्रभाव डालने में असफल हो गए थे।
- संत लोंगोवाल ने राज्य के अंदर अनाज को ढोने को रोकने के लिए 3 जून, 1984 से राज्य भर में मोर्चा लगाने का नारा दे दिया था। इससे शांति व्यवस्था के और भी बिगड़ जाने की संभावना लग रही थी।
- श्रीमती इंदिरा गांधी ने बेहद असमंजस के बाद अंत में हरिमंदिर साहिब अमृतसर से और पंजाब के दूसरे गुरुद्वारों से अतिवादियों को बाहर निकालने के लिए सेना का सहयोग लेने का फैसला लिया गया था।
- 'आगे बढ़ो' का आदेश मिलते ही काररवाई जल्दी से जल्दी आरंभ कर देनी थी तथा संभावित तौर पर 48 से 72 घंटों के भीतर मुकम्मल भी कर देनी थी।
- हरिमंदिर साहिब में की जानेवाली काररवाई के लिए पुलिस तथा अर्द्धसैनिक बलों सहित सभी बलों की कमान लेखक के हाथों में रहनी थी और अपनी आरंभिक योजनाओं को 3 जून को अमृतसर में सुंदर जी के सामने पेश करना था।
- 9 इन्फैंट्री सेना की डिवीजन की लड़ाकू टुकड़ियों के अलावा, जो पहले भी मेरी सुपुर्दगी में थे, जरूरत के मुताबिक और भी शक्ति प्राप्त करवाई जा सकती थी।

- मुझे सौंपे गए कार्य को पूरा करते हुए निम्नलिखित मापदंड ध्यान में रखने थे—
    - (i) कम–से–कम बल प्रयोग करने की आवश्यकता थी।
    - (ii) कॉम्पलैक्स के भीतरी इमारतों, विशेषकर हरिमंदिर साहिब को नुकसान से बचाना था।
    - (iii) सुनिश्चित करना था कि काररवाई शुरू होने के पूर्व हरिमंदिर में मौजूद बेगुनाह यात्री बाहर आ जाएँ। यदि कुछ यात्री बाहर आने से इनकार करें, तो उन्हें काररवाई के दौरान, यदि संभव हो सके, तो अतिवादियों से अलग करना था।
    - (iv) काररवाई में हिस्सा लेने वाले सभी जवानों को हरिमंदिर की पवित्रता को बरकरार रखना था। उनका निजी व्यवहार ऐसा होना चाहिए था, जो निंदनीय न हो।
- जहाँ लेफ्टिनेंट जनरल आर.एस. दयाल, एम.वी.सी. को सेना कमांडर ने राज्य के अंदर नियत गुरुद्वारों में अतिवादियों को बाहर निकाले जाने की काररवाई की निगरानी का काम सौंपा, वहाँ लेफ्टिनेंट जनरल के. गौरीशंकर एम.वी.सी., जो कि (जालंधर स्थित) 11 कोर का जनरल अफसर कमांडिंग था, को सारे राज्य में हिंद–पाकिस्तान सीमाओं को सील करने का उत्तरदायित्व सौंपा गया, ताकि अतिवादियों तथा हथियारों की सीमा पार घुसपैठ को रोका जा सके और इस बात का ध्यान रखा जाए कि पाकिस्तान इस सैन्य स्थिति का फायदा उठाकर उन्हें किसी प्रकार नुकसान न पहुँचाए।
- जहाँ अतिवादियों को बाहर निकालने की काररवाई को 'ब्लू स्टार ऑपरेशन' का नाम दिया गया, वहाँ सीमाओं की नाकाबंदी की काररवाई को 'वुड रोज ऑपरेशन' का नाम दिया गया।

जल्दी ही कॉन्फ्रेंस समाप्त हुई और हम सभी इधर–उधर हो गए। लेखक ने तुरंत ही अपने प्रमुख स्टाफ अधिकारियों को, जो उस समय मेरठ

में थे, हिदायतें दीं कि मेरठ तथा जालंधर में स्थित उनके ब्रिगेड सड़क के रास्ते अमृतसर की ओर चल दे। दस्तों को अमृतसर में शांति व कानून व्यवस्था को बहाल रखने में नगर प्रशासन को सहयोग देने का कार्यभार दिया जाना था, जिसे आमतौर पर 'शहरी अधिकारियों की सहायता करना' कहा जाता है। नगर प्रशासन को ऐसा सहयोग लिखित रूप में विनती करने पर आमतौर पर तब दिया जाता है, जब बाढ़ तथा तूफान जैसे प्राकृतिक आपदाओं का सामना करना पड़े। तेल आपूर्ति, डाक तथा तार-संचार, बिजली पूर्ति आदि जैसी आवश्यक सेवाएँ बहाल रखने में सहायता की आवश्यकता हो। पुलिस बल के वश से बाहर हिंसा भड़क उठने की हालत में शांति व कानून व्यवस्था बहाल रखने के अलावा हड़तालों तथा बड़े पैमाने के आंदोलनों के समय आवश्यकता पड़ने पर भी ऐसा किया जाता है। इस समय मैंने अपने स्टाफ या दस्ता कमांडरों को इस प्रकार का कोई संकेत नहीं दिया था कि उन्हें अतिवादियों को बाहर निकालने के लिए हरिमंदिर साहिब में दाखिल होना पड़ेगा। ऐसा इसलिए किया, ताकि गैर-जिम्मेवार व्यक्तियों द्वारा फिजूल बातें करने तथा अफवाहें फैलाने की कोई संभावना न रहे, जिसके गंभीर परिणाम निकल सकते थे।

मेरठ तथा जालंधर में इन्फैंट्री सेना के दो ब्रिगेडों के अलावा, मेरा एक ब्रिगेड दिल्ली में था, मगर उसे अमृतसर नहीं भेज सकता था, क्योंकि इसकी राजधानी में ही किसी संभावित विस्फोटक स्थिति से निपटने के लिए आवश्यकता पड़ सकती थी, जो अमृतसर तथा पंजाब के दूसरे हिस्सों में उनकी आगामी कारवाइयों के फलस्वरूप पैदा हो सकती थी। इसके लिए मुझे इस कमी को पूरा करने के लिए पड़ोसी उत्तरी कमान से और भी फौजी दस्ते लेने पड़े थे। इन टुकड़ियों को अमृतसर के लिए रवाना होने के आदेश सैनिक हैडक्वार्टर से दिए जा रहे थे। सभी नियत दस्तों एवं टुकड़ियों को अधिक से अधिक 3 जून तक अमृतसर में अपने-अपने हेडक्वाटरों में एकत्रित हो जाना था। दस्तों तथा यूनिटों के कमांडरों को तुरंत अमृतसर पहुँच जाने का आदेश दिया गया था, जिससे उन्हें सौंपे जानेवाले संभावित कार्यभार

संबंधी आरंभिक वे प्रमुख हिदायतें दे दी जाएँ और वे तब तक योजनाओं की संरचना का काम आरंभ कर दें, जब तक कि उनके दस्ते पहुँचें।

उपर्युक्त वार्त्ता से यह स्पष्ट हो जाता है कि समाचार-पत्रों में प्रकाशित इस प्रकार की खबरों में कोई सच्चाई नहीं कि सेना को कई हफ्ते पहले हरिमंदिर साहिब की भीतरी मोर्चाबंदी के बारे में विस्तृत खुफिया जानकारी दी गई थी और वास्तव में, हमने उत्तर प्रदेश के मैदान में कहीं हरिमंदिर का एक बड़ा मॉडल खड़ा किया था, जहाँ असली कारवाई करने से पहले पूर्वाभ्यास किया गया था। इस बात का वास्तविकता से दूर तक का कोई वास्ता नहीं था। दूसरी ओर, हमारे हरिमंदिर में दाखिल होने से महज एक दिन पहले मुझे यह अवश्य मालूम हुआ था कि कुछ सप्ताह पहले केंद्र के कैबिनेट सचिवालय के अधीन विशेष सीमा बल के एक अर्द्धसैनिक बल ने आवश्यकता पड़ने पर हरिमंदिर साहिब से अतिवादियों को निकालने की कारवाई हेतु कुछ संभावित योजनाएँ तैयार की थीं। यह बात मुझे किसी अन्य ने नहीं, खुद इस फ्रंटियर के एक बड़े अधिकारी से पता चली थी, जो विशेष सीमा बल की उस उप-टुकड़ी की कमान सँभाले हुए, जो ब्लू स्टार ऑपरेशन के लिए उसके अधीन कार्यरत थी। इस तथ्य से भी नकारा नहीं जा सकता है कि केंद्र ने अवश्य यह अनुभव किया होगा कि हरिमंदिर साहिब की सफाई करने के कार्य के साथ सुनियोजित ढंग से बने सुरक्षा मोर्चों की किलेबंदी को भारी नुकसान पहुँचेगा, ऐसे में इतने विस्तृत तथा बड़े पैमाने वाले कार्य को सफलता से अंजाम देने में अर्द्धसैनिक बल असमर्थ रहेंगे।

1 जून

सुबह तड़के, मेरे डिप्टी ब्रिगेडियर एन.के. (निक्की) तलवार (ग्रेनेडियर रेजिमेंट का इन्फैंट्री अधिकारी) अपने प्रमुख स्टाफ अधिकारियों के साथ अमृतसर पहुँच गए और वहाँ सजे लौजर दस्ते—15 इन्फैंट्री डिवीजन के साथ तुरंत संपर्क कायम किया। बेशक इस डिवीजन के स्टाफ को कुछ कच्ची-पक्की सी जानकारी थी कि हम अमृतसर पहुँचने वाले हैं, मगर

डिवीजन में किसी को भी यह भनक तक नहीं थी कि उन्हें क्या उत्तरदायित्व सौंपा गया था। आरंभिक तालमेल कायम करने के पश्चात् डिवीजन के हैडक्वार्टर के मुख्य ब्लॉक में एक बड़ा कॉन्फ्रेंस हॉल झटपट मेरे स्टाफ को उपलब्ध करवाया गया और यह सारी काररवाई करनेवाला कमरा और तत्पश्चात् ब्लू स्टार काररवाई से संबंधित प्रत्येक सरगर्मी का केंद्र बना। यही वह स्थान था, जहाँ योजनाओं को उकेरा गया। सेना के कमांडरों के सम्मुख रखा गया, बार-बार संशोधित किया गया, विचार किया गया और उनकी सार्थकता को यहीं युद्ध स्तर पर खेल कर परखा गया। यही वह स्थान है, जहाँ हमारे साथ संबंधित किए जानेवाले पुलिस तथा अर्द्ध-सैनिक बलों के उच्च अधिकारियों को हिदायतें दी गईं और उनके साथ योजनाओं का तालमेल बैठाया गया। यह स्थान उच्च जिला अधिकारियों, खुफिया विभागों तथा हमारे बीच आपसी संपर्क व सूचना के विचार-विमर्श का भी ठिकाना बना। टेलीफोन की घंटियाँ लगातार बजतीं, हरिमंदिर साहिब के आसपास की हालत से संबंधित खबरें या सूचनाएँ आती रहतीं। रात-दिन बगैर ज्यादा आराम या राहत के लगातार कोई-न-कोई सरगर्मी चलती ही रहती। इस ऑपरेशन रूम के एक कोने में मेरा ऑफिस था, जहाँ मैंने लगभग अगले 96 घंटे लगातार गुजारे और जहाँ आधी-आधी रात तक काम होता रहा था। इस काररवाई की नजाकत/संवेदनशीलता तथा इसकी गोपनीयता को ध्यान में रखते हुए यहाँ आने-जानेवालों पर सख्त बंदिश थी।

मैं दोपहर के समय अमृतसर पहुँचा और स्थिति का जायजा लेने के पश्चात्, हरिमंदिर साहिब के बारे में जितनी अधिक-से-अधिक खुफिया जानकारी मिल सकती थी, प्राप्त करने के लिए सभी उपलब्ध साधनों के उपयोग के बारे में विचार करने लगा। मुझे भौगोलिक नोमिरदा के सभी ढके-छिपे व सूक्ष्म विवरण चाहिए थे, जैसे हरिमंदिर की ओर जानेवाले रास्ते कौन से हैं, भीतर कहाँ-कहाँ से जाया जा सकता है? हरिमंदिर के बाहर चारों ओर की इमारतों में हरिमंदिर से ऊँचे ठिकाने तथा अतिवादियों के छिपने के अड्डे कहाँ-कहाँ हैं। इसके अलावा मुझे एक मोटा-सा अंदाजा

यह भी चाहिए था कि हरिमंदिर तथा कॉम्पलैक्स क्षेत्रों, दोनों में अनुमानित कितनी संख्या में अतिवादी तथा शस्त्र होंगे। कॉम्पलैक्स के भीतरी मोरचों की संरचना किस प्रकार की हैं तथा भिंडरावाला, जनरल सुबेग सिंह, टौहड़ा तथा लोंगोवाल जैसी प्रमुख शख्सियतों के ठिकाने कहाँ हैं।

समूचे हरिमंदिर कॉम्पलैक्स का एक बड़ा चित्र बनवाकर जल्दी-जल्दी उसकी बड़े आकार की नकल तैयार करवाई गई, जिन पर प्राप्त होनेवाली छोटी-से-छोटी जानकारी अंकित कर ली गई। इस समय मुझे मालूम हुआ कि जहाँ हरिमंदिर साहिब के अंदर खूनी घटनाएँ घट रही हैं, वहाँ इसके आसपास के क्षेत्र में तनाव का वातावरण बना हुआ है। हरिमंदिर कॉम्पलैक्स के दायरे के बाहर तकरीबन 500 से 800 गज के साधन इमारतों के इलाके में भिंडरावाला के हथियारबंद अनुयायियों ने सत्रह तीन से चार मंजिल मकानों पर जबरदस्ती कब्जा किया हुआ था, जिनमें से ज्यादातर निवासियों को कानूनी तौर पर बाहर निकाल दिया गया था। इनमें से कुछ मकानों पर तो दो महीने पहले ही कब्जा किया गया था। इस दौरान इन्हें पूर्ण सुरक्षा के लिहाज से निगाह रखने तथा पूर्व चेतावनी देने वाले मोरचों की किलेबंदी में बदल दिया गया था। इन मोरचों में हल्की मशीनगनों तथा दूसरे स्वचालित हथियारों से लैस आदमी तैनात थे, जिन्होंने अपने हथियार हरिमंदिर को जाने वाले रास्तों तथा तंग गलियों की भूल-भुलैया के बीच खुले स्थानों पर सैट करके रखे हुए थे।

हैरानी की बात तो यह थी कि पुलिस का इंस्पेक्टर जनरल पी.एस. भिंडर, इन मकानों में से अपने शस्त्रों सहित प्रत्यक्ष नजर आते अतिवादियों को बाहर निकालने के लिए केंद्रीय सुरक्षा पुलिस बल या पुलिस को आदेश देने में असफल रहा था। जाहिर है कि वह मधुमक्खियों के छत्ते को छेड़ने के लिए तैयार नहीं था, और इस बाहरी किलेबंदी के निरंतर फैलते प्रसार को रोकने के लिए शांति व कानून व्यवस्था बनाए रखनेवालों की असफलता की बाद में सेना को भारी कीमत चुकानी पड़ी थी।

इस समय तक सी.आर.पी.एफ. (C.R.P.F.) ने भी इन इमारतों के क्षेत्र

के निकटवर्ती चौगिर्दा में दायरे के साथ-साथ की सड़कों तथा गलियों में मोरचे सँभाल लिए थे। कई हालातों में विरोधी दलों में साथ-साथ जुड़ी छतों तथा ऊपरी मंजिलों पर सचमुच आमने-सामने हथियार उठाए हुए थे।

कारवाई को कंट्रोल करने वाले कमरे में सूचनाएँ आ रही थीं कि हरिमंदिर के अंदर व बाहर भिंडरावाला के अनुयायी घात लगाकर सी.आर. पी.एंफ. के आदमियों पर रुक-रुक कर गोलियाँ चला रहे थे। तनाव बढ़ना शुरू हो गया था। इसके साथ ही सी.आर.पी.एफ. के जवान जवाब में गोलियाँ दाग रहे थे और यह रुक-रुककर होती गोलीबारी दोपहर से शाम के सात बजे तक जारी रही।

इस खास दिन दोनों तरफ से होती गोलीबारी में ग्यारह आदमी मरे थे। पहली जून की शाम तथा रात को अपना अधिकांश समय हम अमृतसर में आ रहे दस्तों की गतिविधियों की निगरानी करते ऑपरेशन रूम में ही बिताते। इसके साथ ही हरिमंदिर साहिब के गहरे गुप्त सर्वेक्षण संबंधित एक योजना को रेखांकित किया गया।

2 जून

पुलिस तथा गुप्तचर विभाग के बड़े अधिकारियों के साथ अनौपचारिक मुलाकातों से दिन की शुरुआत हुई। इन मुलाकातों का मकसद स्थिति का जायजा लेना था। मैं शब्द 'अनौपचारिक' पर जोर देता हूँ, क्योंकि जिला प्रशासन को बेशक अपने साधनों से यह सूचना मिल गई थी कि मेरे सैनिक नगर अधिकारियों की सहायता के लिए अमृतसर की ओर बढ़ रहे थे, तो भी अभी तक हमसे न कोई सरकारी तौर पर माँग की गई थी और न ही पुलिस तथा अर्द्धसैनिक बल को अभी तक पूरी तौर से सेना के सुपुर्द किया गया था। जब हमने सारे राज्य में और विशेष कर अमृतसर में शांति व कानून व्यवस्था की बिगड़ती स्थिति के बारे में विस्तृत विचार-विमर्श किया, तब प्रतीत हुआ कि उन्हें इस संभावना की रत्ती भर भी शंका नहीं थी कि हम जल्दी ही हरिमंदिर साहिब में प्रवेश करनेवाले हैं।

मुझे इस संबंध में काफी कुछ पता लग गया था कि भिंडरावाला के हथियारबंद अनुयायियों ने हरिमंदिर साहिब के अंदर तथा इसके इर्द-गिर्द किस स्तर पर सुरक्षा की तैयारी की हुई थी। एक मोटे अनुमान अनुसार, हमें बताया गया कि तकरीबन 1500 अतिवादियों के अंदर होने की संभावना है, जिनमें से तकरीबन 500 सचमुच पक्के वफादार तथा इस लक्ष्य से पूरी तरह जुड़े हुए हैं।

हरिमंदिर साहिब के अंदर मौजूद यात्रियों की संख्या के बारे में मेरा अनुमान था कि यह एक से दो हजार के बीच की कोई भी हो सकती है। बेशक अगले दिन 3 जून को गुरु अर्जुन देव का शहीदी गुरुपर्व था। सामान्य स्थिति में हरिमंदिर के अंदर यात्रियों की तादाद हजारों में होती थी और किसी गुरुपर्व इत्यादि के समय संख्या और भी कई गुना बढ़ जाती थी, मगर इस वर्ष हरिमंदिर के भीतर पनप रही हिंसा तथा मारधाड़ के चलते अतिवादियों तथा अर्द्धसैनिक बलों के मध्य रुक-रुककर चलती गोलीबारी के फलस्वरूप फैली दहशत तथा असुरक्षा की भावना के कारण यात्रियों की संख्या काफी कम थी। जहाँ तक श्रद्धालुओं का संबंध था, उनके लिए भी यह सख्त रुकावट का कारण थी। बहुत कम श्रद्धालुओं ने अपनी तथा अपने परिवारों की जान हथेली पर रखने की हिम्मत की थी।

एक योजना की रूपरेखा तैयार करने के लिए भी इस पड़ाव पर जितने आवश्यक ब्योरे की जरूरत थी, उसके मुकाबले में बहुत कम जानकारी स्थानीय पुलिस तथा गुप्त साधनों से प्राप्त हो रही थी। असल में, इस जानकारी का अधिकतम हिस्सा दुर्भाग्य से नाकाफी, अप्रामाणिक तथा पुराना पड़ चुका था। हरिमंदिर साहिब कॉम्प्लैक्स के अंदर डटे हुए अतिवादियों की संख्या का अनुमान सभी का अलग-अलग था। सही-सही गुप्त जानकारी का परिमाण काफी कम था। अतिवादियों के कब्जे में हथियारों की तादाद का अनुमान 200-250 के लगभग था, जिनमें से बड़ी संख्या 12 बोर की गनें, 303 की रायफलें, पिस्तौल तथा रिवॉल्वर थे और थोड़े-से स्वचालित हथियार (हल्की मशीन गनें तथा कार्बाइनें)। काररवाई के पश्चात् जो कुछ अंत में हाथ लगा, वह एक बिल्कुल अलग ही कहानी है।

इमारत कॉम्पलैक्स के अंदर की सभी इमारतों की किलेबंदी की गई थी, सिवाय रिमंदर के अमृत सरोवर के मध्य है। प्राप्त जानकारी के अनुसार अधिकतर मोरचेबंदी स्पष्ट नजर आती थी और छतों, मुँडेरों तथा ऐसे ढाँचे पर थी, जहाँ से सभी तरफ देखा जा सके तथा गोलियों की मार के अधीन आनेवाला क्षेत्र स्पष्ट नजर आ सके। तहखानों, जमीन के नीचे रास्तों तथा ऐसे स्थानों पर, जो प्रत्यक्ष नहीं थे, के मोरचों के बारे में कोई जानकारी प्राप्त नहीं थी। मुझे उम्मीद थी कि गुप्तचर विभाग के माध्यमों को अब तक इसकी नजदीकी तथा विस्तृत जानकारी हो गई होगी, विशेषकर इसलिए भी कि यह मोरचेबंदी अचानक से रातों-रात नहीं की गई थी, बल्कि पिछले दो-तीन महीनों में बनी थी। अधिक उम्मीद इसलिए भी थी कि इस दौरान यात्री श्रद्धालु लोग हरिमंदिर में मनमरजी से आते-जाते रहे थे। सिर्फ पिछले कुछ दिनों से ही हरिमंदिर साहिब में आनेवाले यात्रियों की सावधानी से जाँच-पड़ताल की जा रही थी और भिंडरावाले के हथियारबंद गारद तथा संतरियों ने उनकी गतिविधियों को शक की नजर से देखना शुरू कर दिया था।

इसी प्रकार प्रमुख अकाली लीडरों के वर्तमान ठिकानों के बारे में सूचना भी अस्पष्ट तथा पुरानी थी। पिछले कुछ दिनों से अंदर जाने पर बहुत भारी पाबंदी लगी हुई थी। इसके अलावा, यह बात सभी जानते थे कि यदि कोई पुलिसिया या सूहिया हरिमंदिर के दायरे में घात लगाकर घूमते हुए पहचाना गया तो वह अपनी मौत को आवाज देगा; परंतु यह भी माजूल था कि जनरल सुबेग सिंह के अलावा भिंडरावाला तथा उसके निकटवर्ती सहायक व अंगरक्षक अकाल तख्त की पहली मंजिल पर डेरा जमाए बैठे थे और अकाली लीडर टौहड़ा तथा लोंगोवाल कॉम्पलैक्स क्षेत्र में गुरुनानक निवास में थे।

अधिक समय गँवाए बिना दिन के बाकी समय गुप्त सर्वेक्षण की एक योजना तैयार की गई। मैं 350 इन्फैंट्री ब्रिगेड के कमांडर ब्रिगेडियर डी.वी. राव को (इन्हें हरिमंदिर साहिब में काररवाई का कार्यभार सौंपा गया था) आदेश दिया कि हरिमंदिर कॉम्पलैक्स के अंदरूनी क्षेत्र का गुप्त सर्वेक्षण किया

जाए और बहुत होशियारी के साथ बिना अपने इरादों को प्रकट किए हुए अधिक-से-अधिक संभव जानकारी प्राप्त की जाए। अभी तक हमने यह अनुभव कर लिया था कि अंदर से अतिवादियों को बाहर निकालने की कारवाई शुरू करने से पहले, हरिमंदिर के घेरे को मजबूत करने के लिए इन्फैंट्री सेना की एक बटालियन से काम लेने की आवश्यकता है। उस समय की स्थिति के अनुसार इन्फैंट्री सेना की एक बटालियन के बराबर सी.आर.पी.एफ. द्वारा डाला गया घेरा काफी नहीं था और अतिवादी आराम से खिसककर अंदर-बाहर आ-जा सकते थे। इन्फैंट्री सेना की एक बटालियन, 12 बिहार को इस उत्तरदायित्व के लिए नियत किया गया। कमांडिंग अफसर लेफ्टिनेंट कर्नल के.एस. रंधावा ने अपने गुप्तचर दल के साथ मिलकर सी.आर.पी.एफ. के कमांडेंट से संपर्क कायम किया, ताकि जानकारी को हासिल करते समय जो कमी-बेशी रह गई हो, उसके पुनर्गठन का अंदाजा लगाया जा सके। साथ ही एक और बटालियन, 10 गारद, जो हरिमंदिर क्षेत्र के भीतर कारवाई करने के लिए नियत दलों में से एक था, के एक अधिकारी को यह कार्यभार सौंपा गया ताकि वह दाँव-पेचों से संबंधित अन्य जानकारियों के साथ ही, मोरचों की संरचना तथा उनके वार करने की सामर्थ्य के बारे में अधिक-से-अधिक जानकारी एकत्रित करे, क्योंकि कारवाई की योजना पर विचार करने के लिए इसकी तुरंत आवश्यकता थी। एक सिख नौजवान अधिकारी, कप्तान जसबीर सिंह रैना ने इस पवित्र स्थान पर अपनी श्रद्धा के फूल अर्पित करने आए श्रद्धालु का स्वाँग रचकर हरिमंदिर साहिब के अंदर जाने के लिए अपनी सेवाएँ पेश कीं। उसने परिक्रमा की, अकाल तख्त के सामने से निकलकर हरिमंदिर साहिब के अंदर गया, जहाँ बाणी का पाठ व कीर्तन हो रहा था। फिर लंगर, शिरोमणि गुरुद्वारा प्रबंधक कमेटी के दफ्तरों तथा कॉम्प्लैक्स क्षेत्र की ओर बाहर आ गया। उसने तकरीबन एक घंटा अंदर बिताया। सारा समय वह रास्ते में कहीं खड़े होकर, रुककर या मोरचाबंदी में कोई विशेष दिलचस्पी दिखाकर कोई पूछताछ करने या अन्य किसी शक को पैदा करने के प्रति पूर्णतः सावधान रहा, तो भी उसने चलते-चलते इधर-उधर गहरी नजर डाल ही ली थी। बाहर

आकर उसने मुझे भरोसे में लेकर बताया कि उसने भाँप लिया था कि वह जितनी भी देर अंदर रहा, उसका पीछा किया गया था और चौकस संतरियों ने उसकी प्रत्येक हरकत पर नजर रखी थी।

सौभाग्य से वह ठीक-ठाक बाहर आ गया था और मैं इस बात को स्पष्ट तौर पर स्वीकार करूँगा कि उपर्युक्त हालत में भी वह कुछ बेहद खास तथा फायदेमंद जानकारियाँ लेकर लौटा था। इस बहादुर, बेहद समर्पित अफसर ने बाद में अपनी बटालियन की, जब वह अंत में हरिमंदिर में दाखिल हुई, प्रधान उप-टुकड़ी के लिए स्काउट के तौर पर कार्य करने के लिए स्वयं को पेश किया।

वह दहशत गर्दों के एक गुप्त मोरचे से स्वचालित हथियारों की गोलियों की बाड़ का पहला शिकार बना, जिसके परिणामस्वरूप जल्दी ही उसकी एक टाँग को काटना पड़ा। इस बारे में और कुछ बातें आगे के पृष्ठ में की जाएँगी। फिलहाल, मैं इस जवान को अपने कर्त्तव्य पालन के प्रति इतनी लगन देख उसे सलाम करता हूँ।

एक अन्य गश्ती टोली पर, जिसे हरिमंदिर की ओर जानेवाले भिन्न-भिन्न रास्तों के बारे में जानकारी हासिल करने के लिए भेजा गया था, दो रामगड़ियाँ बुर्जों की छत पर (इन दो बुर्जों के बारे में कहा जाता है कि ये महाराज रणजीत सिंह ने बनवाए थे) बनाए मोरचों से और गुरु रामदास सराय के पूर्व की ओर स्थित बहुत ऊँची पानी की टंकी से घात लगाकर गोलियाँ चलाई गई थीं। इस गश्ती टोली ने अपने आपको बचा लिया और जो जानकारी वह लेकर आई, उससे निश्चय ही कुछ पल तो मैं फिक्रमंद हुआ, क्योंकि मुझे यह ज्ञान हो गया कि यदि हम हरिमंदिर क्षेत्र में पैर रखने से पहले इस मोरचाबंदी से न निपटे तो भारी जान-माल का नुकसान उठाना पड़ेगा।

2 जून को शाम को देर से, जब इन योजनाओं की रूपरेखा तैयार की जा रही थी, जिन पर अगली सुबह सेना कमांडर लेफ्टिनेंट जनरल सुंदर जी. के साथ विचार होना था, मुझे मालूम हुआ कि रात को आठ बजे टेलीविजन पर प्रधानमंत्री इंदिरा गांधी राष्ट्र को संबोधित करेंगी। पूर्ण उत्सुकता के साथ,

मैंने टेलीविजन खोला, ताकि उन्हें सुन सकूँ। क्या वह देश को उस काम के लिए तैयार कर रही थीं, जो हम करनेवाले थे।

श्रीमती गांधी को देर हो गई। लाखों दर्शक जब बेसब्री से उनका भाषण सुनने के इंतजार में बैठे थे तो टी.वी. वालों ने इस खामोशी को तोड़ने के लिए दो गीत सुनवाएँ—'सारे जहाँ से अच्छा हिंदोस्ताँ हमारा' और 'सरस्वती वंदना'। हम कुछ लोग, जिन्हें मालूम था कि क्या हो रहा है, सोच रहे थे कि देर हो जाने का कारण यह तो नहीं कि किसी सम्मानित समझौते पर पहुँचने की कोशिश में अकाली लीडरों के प्रतिनिधियों के साथ अंतिम घड़ी की बातचीत चल रही हो। अंत में श्रीमती गांधी ने रात को नौ बजकर पंद्रह मिनट पर अपना प्रसारण आरंभ किया। वे दुखी और थकी हुई लग रही थीं और उनका गला भर्राया हुआ था।

श्रीमती गांधी ने पंजाब में बहुत तेजी से शांति व कानून व्यवस्था की बिगड़ती स्थिति के साथ इस हकीकत का जिक्र किया कि समाज विरोधी लोग धर्मस्थानों पर जा बैठे हैं, जहाँ से वे सारे राज्य में दहशत फैला रहे हैं और हिंसा की गंभीर वारदातों को अंजाम दे रहे हैं। उन्होंने एक बार फिर अकाली लीडरों से अपील की कि वे शांतिपूर्ण समझौता स्वीकार कर लें। उन्होंने कहा कि बेशक उन्होंने अधिकतर अकालियों की माँगों को स्वीकार कर लिया है, जब भी कोई मुनासिब समझौते का समय आया, उन्होंने नई माँगों की माँग रख दी। यह दुर्भाग्य की बात है कि वे रुकावटें दूर करने के लिए सहृदय इच्छा नहीं रखते और अब हालात सुलह-सफाई के बिंदु से आगे निकल गए हैं, क्योंकि अकाली तिकड़ी (बादल, टौहड़ा तथा लोंगोवाल) ने असल में अपने अधिकार-अख्तियार भिंडरावाला के हवाले कर दिए हैं। उन्होंने अकाली लीडरों से बहुत जोरदार तथा जोश भरी अपील की कि वे राज्य में अनाज की ढुलाई को रोकने के लिए अगले दिन (3 जून) शुरू होनेवाला अपना मोरचा वापस ले लें। उन्होंने तो स्पष्ट शब्दों में इस हद तक कह दिया कि पंजाब में घिनौनी वारदातें तथा देश के टुकड़े करनेवाली अलगाववादी लहर के प्रति सरकार अब और ज्यादा खामोश तथा स्थिर

तमाशाई नहीं बनी रह सकती। श्रीमती गांधी ने इस वाक्य से अपना प्रसारण बंद किया—

> "आइए, हम एक मुट्ठी बनें और लहू बहाने के बजाय नफरत बहाएँ।"

बेशक उन्होंने अपने प्रसारण में सेना बुलाने के बारे में अपने फैसले का कोई जिक्र नहीं किया था, मगर अब किसी के मन में इस बारे में कोई शंका बाकी नहीं रह गई थी।

असल में श्रीमती गांधी के प्रसारण से कुछ देर पहले हमें हमारी हिदायतें मिल चुकी थीं और शायद अधिकतर लोग इस बारे में जागरूक नहीं थे कि जिस समय उनका भाषण चल रहा था तो एक इन्फैंट्री 12 बिहार के जवान मार्च कर चुके थे और हरिमंदिर क्षेत्र के बाहरी घेरे के साथ-साथ सी.आर.पी.एफ. की चौकियों को मजबूत करने के लिए हरिमंदिर साहिब की ओर बढ़ रहे थे।

टी.वी. पर संदेश प्रसारण के तुरंत बाद आकाशवाणी से ऐलान हुआ कि पंजाब में 'नगर अधिकारियों की सहायता' के लिए सेना को बुला लिया गया है। साथ-ही-साथ यह सूचना भी दी गई कि लेफ्टिनेंट जनरल रणजीत सिंह को तुरंत ही पंजाब के राज्यपाल का सुरक्षा सलाहकार मनोनीत कर दिया गया है। जब 'नगर अधिकारियों की सहायता' के लिए सेना बुलाई गई, तो उस समय की प्रचलित परंपरा को त्याग कर सरकार ने पुलिस तथा अर्द्धसैनिक बलों को समूचे रूप में सैनिक कंट्रोल के अधीन रखने का निश्चय किया।

अगली सुबह बहुत तड़के ही 12 बिहार के जवानों ने बाहरी दायरे की बहुत सारी इमारतों में मोरचे सँभाल लिए और पहले से की गई घेराबंदी को और मजबूत कर दिया गया।

3 जून

पौ फटने के साथ यह बिल्कुल स्पष्ट हो गया था कि सेना ने अपना

काम करना शुरू कर दिया है। 12 बिहार के दस्ते हरिमंदिर साहिब के बाहरी घेरे पर दिखाई दे रहे थे और बीती रात अपने मोरचे सँभाल लेने के बाद उन महत्त्वपूर्ण ठिकानों पर पहुँच रहे थे, जहाँ दिन की रोशनी में भिंडरावाला तथा उसके अनुयायियों की हरिमंदिर के आंतरिक घेरे में होती सरगर्मियों पर अच्छी तरह से निगाह रखी जा सकती थी। तड़के को सैन्य टुकड़ियों के पूरे नियंत्रण में बिहारियों तथा सी.आर.पी.एफ. की मिली-जुली टोलियों का पुनर्गठन किया गया। सेना तथा सी.आर.पी.एफ. की टुकड़ियाँ, दोनों की मिलीजुली तैनाती का फायदा यह था कि सेना के जवान, जिनके लिए यह इलाका एकदम नया था, अतिवादियों के बारे में सी.आर.पी.एफ. को पहले से प्राप्त जानकारी का लाभ उठा सकते थे। इसके अलावा, जब कर्फ्यू कुछ देर के लिए हटाने के बाद लोगों को चलने-फिरने की आज्ञा दी जाएगी तो उस समय इस प्रबंध से अतिवादियों तथा यात्रियों को एक-दूसरे से अलग करने में सहायता मिलेगी।

इसके साथ ही, 12 बिहार के कमांडिंग अफसर लेफ्टिनेंट कर्नल रंधावा ने अपने खुफिया अमले के आदमियों और सी.आर.पी.एफ. के गाइडों को साथ लेकर हरिमंदिर से ऊँची ऐसी इमारतों की निशानदेही शुरू कर दी, जो निगरानी-चौकियाँ बनाने के योग्य थीं। इन चौकियों को बाद में बड़े पैमाने पर शुरू होनेवाली सैनिक कारवाई के लिए नियत भिन्न-भिन्न यूनिटों के कमांडरों तथा अहम स्टाफ को इस्तेमाल करना था। एक योग्य और महत्त्वपूर्ण ठिकाना ढूँढ़कर उस पर कब्जा भी कर लिया गया, जहाँ लेखक का घुमावदार हैडक्वार्टर बनना था। इस समय जरूरत थी बहुत सारी जानकारियों की, जो उस समय की कारवाई के लिए अत्यंत आवश्यक थीं, जो हम शुरू करनेवाले थे। एक पल भी गँवाए बिना, मेरे डिवीजन के हैडक्वार्टर तथा ब्रिगेड हैडक्वाटर, दोनों का खुफिया स्टाफ हरिमंदिर साहिब के आसपास जवानों द्वारा डाले गए घेरे के पास से नियुक्त किया गया। इसके पश्चात् टेलीफोन मुख्य हैडक्वार्टर को लगातार सूचना पहुँचने लगीं, जहाँ योजनाओं को अंतिम रूप दिया जा रहा था।

उस सुबह नगर प्रशासन ने कर्फ्यू हटा लिया, ताकि श्रद्धालु गुरु अर्जुन

देव का शहीदी पर्व मना पाएँ। फलस्वरूप, सारा दिन श्रद्धालु एक प्रवाह के रूप में हरिमंदिर साहिब आते रहे। अंदर भिंडरावाला के हथियारबंद अनुयायियों की ओर से नजर रखे जाने में काफी वृद्धि हो गई थी। कुछ परिक्रमा के इर्द-गिर्द की इमारतों की ऊपरी मंजिलों पर बनाए मचानी मोरचों में थे और कुछ परिक्रमा में गश्त कर रहे थे और अकाल तख्त हरिमंदिर के बाहर तथा प्रवेशद्वारों और कॉम्प्लैक्स व एस.जी.पी.सी. क्षेत्र पर कड़ी निगाह रखे हुए थे, जहाँ कुछ प्रमुख अकाली लीडरों का ठिकाना था। किसी भी व्यक्ति की अतिवादी तलाशी लेते और पहले इस बात को निश्चित करते कि वह किसी खुफिया विभाग या सुरक्षा बलों का कार्यकर्ता तो नहीं। सभी तरफ ऊँचे स्तर की चौकसी का आभास होता था।

कुछ पत्रकार भी सुबह-सुबह वहाँ मौजूद थे। बेशक उनमें से कुछ भारतीय थे, मगर वे लगभग सभी विदेशी अखबारों या पत्रिकाओं को खबरें पहुँचाते थे। अब तक वे इस बात का एहसास कर चुके थे कि बहुत जल्दी सनसनीखेज घटनाएँ घटनेवाली हैं और स्वाभाविक ही वे जल्दी-से-जल्दी अपने लिखित समाचार भेजने के लिए उत्सुक थे। भिंडरावाला उनका केंद्र-बिंदु था, वे उसका मन पढ़ना चाहते थे। उसका आशय भाँपना चाहते थे और श्रीमती इंदिरा गांधी के टी.वी. पर किए गए भाषण तथा हरिमंदिर के ऐन बाहर जैतूनी रंग की वर्दियों की मौजूदगी के बारे में उसकी प्रतिक्रिया जानना चाहते थे। उन्हें क्या पता लगा था, यह जानने की उत्सुकता के साथ, लेखक ने बाद में कुछ पत्रकारों से बातचीत की। उनके द्वारा भिंडरावाला से किए गए कुछ प्रश्न और उसके दिए जवाब तथा टिप्पणियाँ कुछ इस प्रकार थे—

प्रश्न— **पिछली रात श्रीमती इंदिरा गांधी ने टी.वी. पर जो भाषण दिया था, उस बारे में आपकी क्या टिप्पणी है?**

जवाब— मैंने उसे सुनने की परवाह ही नहीं की। कुछ भी हो। वह बहुत बकवास करती हैं।

प्रश्न— **आखिरकार सेना मौके पर आ ही गई है। आप क्या**

समझते हैं कि हरिमंदिर में दाखिल होगी ?

जवाब— नहीं, मैं समझता हूँ, वे जुर्रत नहीं करेंगे। फौज भी यहाँ उसी प्रकार घूमेगी, जैसे कुछ देर से सी.आर.पी.एफ. तथा बी.एस.एफ. वाले घूमते-फिरते हैं।

प्रश्न— मगर आप यह महसूस नहीं करते कि यदि सेना अंदर आ गई, आप उसकी ताकत का मुकाबला नहीं कर पाएँगे और क्या आत्मसमर्पण कर देना ही अच्छा नहीं होगा, ताकि खून-खराबा न हो ?

जवाब— यदि सेना ने अंदर आने की हिम्मत की तो उसे उम्र भर के लिए सबक सिखाया जाएगा। आपको मालूम नहीं कि एक हजार भेड़ों को एक शेर ही काबू कर सकता है।

प्रश्न— आपको डर नहीं लगता कि यदि लड़ाई हुई तो आप मारे भी जा सकते हैं ?

जवाब— मुझे मौत का कोई डर नहीं। सिख मौत से नहीं डरता, अगर डरता है तो वह सिख नहीं।

ऊपर लिखित प्रश्न-उत्तर पहले भी कई पुस्तकों में छप चुके हैं, मगर मैंने जान-बूझकर इसलिए बयान किया है कि पाठक को भिंडरावाला द्वारा व्यक्त की गई दृढ़ता का सही अंदाजा हो सके। ऐसी टिप्पणियाँ यह अनुभव करने में हमारी सहायता भी करती हैं कि हमारे मिशन के खून-खराबे के थम जाने की संभावना के कोई आसार नहीं थे। बाद में, उसी शाम हरिमंदिर क्षेत्र में जोरदार सरगर्मी देखने में आईं। मोरचाबंदी को आखिरी पल की छुअन दी जा रही थी। भिंडरावाला अपनी दूरबीन से हरिमंदिर के बाहर की सारी सरगर्मी पर निगाह रखे हुए था और बाद में यह भी देखने में आया कि वह गनों में गोलियाँ भरकर अपने अनुयायियों के हवाले कर रहा था।

मुझे इस बारे में कोई संदेह नहीं कि हरिमंदिर के अंदर श्रद्धालु जिस समय बाणी-कीर्तन सुन रहे थे या पवित्र सरोवर में डुबकी लगा रहे थे, उन्होंने

व्यापक तनाव तथा खौफजदा वातावरण को अवश्य भाँप लिया होगा। समूचा दृश्य झुरझुरी पैदा करनेवाला था। सर्वत्र बेयकीनी/अविश्वास तथा अज्ञात खौफ का माहौल था। इसके साथ ही यह संभावना भी कि रात होने से पहले-पहले एक बार फिर कर्फ्यू लग जाएगा और अनिश्चित काल के लिए बढ़ा दिया जाएगा। इन सभी कारणों से जो बड़ी तादाद में श्रद्धालु अकसर ऐसे पर्वों के मौकों पर गुरुद्वारों में रात को रुकते हैं, उन्होंने भी शाम तक अपने घरों में सुरक्षित पहुँच जाना ही बेहतर समझा। इसलिए भिन्न-भिन्न आलोचकों तथा नुक्ताचीनी करनेवालों का यह अंदाजा गलत है कि जब दो रातों के पश्चात् ब्लू स्टार ऑपरेशन किया गया तो गुरु अर्जुन देव के शहीदी पर्व के कारण मौजूद हजारों की तादाद में श्रद्धालु हरिमंदिर में ही फँस गए थे।

हमारे 'मुस्तैद' संतरियों ने देखा कि भिंडरावाला उस दिन पूरा समय अकाल तख्त की पहली मंजिल पर रहा। उसे कमरे में अपने सैनिक सलाहकार जनरल सुबेग सिंह से सलाह-मशविरा करते देखा गया। दिन ढलने के समय वह थका हुआ, बेचैन तथा घबराया हुआ लग रहा था। जहाँ भिंडरावाला ने स्वयं को अकाल तख्त की सुरक्षा में अंदर बंद रखा, लोंगोवाल तथा टौहड़ा गुरुनानक निवास की दूसरी मंजिल के अपने कमरों में ही रहे। लगता था, वे निराशा तथा उदासी में डूबे हुए थे। गुप्तचर विभाग के एक जासूस के अनुसार, टौहड़ा ने तो 3 जून को अपने एक अत्यंत विश्वास-पात्र के द्वारा भिंडरावाला से आखिरी घड़ी में अपील की थी कि वह स्थिति की असल हकीकत को देखे और अपनी कठोर नीतिवाला विचार बदल दे, वरना यह लाजिमी है कि सेना के साथ सीधी टक्कर की हालत में बेइंतहा लहू बहेगा और कई जानें जाएँगी। माना जाता है कि भिंडरावाला ने इस अपील को सुनते ही नकार दिया था।

नतीजा यह निकला कि भिंडरावाला को दाल में कुछ काला नजर आया और शक हुआ कि केंद्र के दूतों/प्रतिनिधियों के द्वारा टौहड़ा तथा लोंगोवाल से समझौते की बातचीत चल रही होगी, जिसके फलस्वरूप वे अंदर से खिसक जाएँगे और आत्मसमर्पण कर देंगे। उसने तुरंत अपने एक

अत्यंत वफादार अनुयायी हरमिंदर सिंह संधू को उस इमारत में भेज दिया, जहाँ लोंगोवाल तथा टौहड़ा रहते थे। उसके जिम्मे यह काम लगाया कि उन्हें अपनी चमड़ी बचाने का, आत्मसमर्पण करने का मौका न दिया जाए। इसके अलावा दोनों अकाली लीडरों पर निगाह रखने के लिए दमदमी टकसाल के करीब 20–30 हथियारबंद अतिवादी भी भेज दिए। अब एक ही कॉम्पलैक्स क्षेत्र में हथियारबंद अतिवादियों के दो धड़े थे—बब्बर खालसा और दमदमी टकसाल। बब्बर लोंगोवाल के वफादार तथा भिंडरावाला के बेहूदा कत्लों के विरोधी थे और टकसाल में उसके अपने वफादार।

तीन तारीख को रात नौ बजे सिर्फ अमृतसर के हरिमंदिर साहिब के इर्द-गिर्द ही नहीं, सारे पंजाब में 36 घंटे के लिए कर्फ्यू लगा दिया गया। यह स्पष्ट संकेत था कि फौजी काररवाई बस अब शुरू होने की वाली है। जैसा कि पहले बताया गया है, अधिकतर श्रद्धालु अंदर रहने के खतरे को भाँप कर, रात के 9 बजे से पहले ही हरिमंदिर में से निकल गए थे। हमें बाद में मालूम हुआ कि सिर्फ पाँच सौ के करीब ही अंदर रह गए थे।

कोई प्रामाणिक आँकड़े प्राप्त नहीं हैं, मगर अंदाजा है कि बहुत बड़ी तादाद में अतिवादी भी श्रद्धालुओं के साथ मिलकर बाहर खिसक गए थे। ये आमतौर पर वे मुजरिम थे, जिन्होंने हरिमंदिर में शरण ली हुई थी और या भिंडरावाला के वे अनुयायी थे जो कम लक्ष्य-समर्पित या जुनूनी थे। प्रत्यक्ष रूप में, ये अतिवादी चुपके से बाग वाली गली से निकल गए, जो गुरुनानक निवास के पिछली ओर है।

तीन तारीख की रात को सारे राज्य में कर्फ्यू लगा दिए जाने के फलस्वरूप, पंजाब का बाकी भारत से संपर्क टूट गया। सभी रेलगाड़ियाँ, बसें तथा हवाई सेवाएँ स्थगित कर दी गईं और पाकिस्तान के साथ लगती सीमाओं को सील कर दिया गया (जंगली गुलाब काररवाई—वुड रोज ऑपरेशन)। पंजाब में जो कुछ घट रहा था, उसकी बाहरी दुनिया को बहुत कम सूचना मिल रही थी। यहाँ तक कि देश के अंदर घट रही घटनाओं के बारे में एकदम अँधेरा छाया हुआ था।

पत्रकारों के लिए भी ब्लू स्टार ऑपरेशन से पहले हरिमंदिर के भीतर जाने का यह आखिरी दिन था, क्योंकि सभी विदेशी पत्रकारों को पंजाब से तुरंत निकल जाने का आदेश दे दिया गया था और विदेशियों से संबंधित कानून को लागू कर दिया गया था, जिसके अंतर्गत परदेशी लोगों को प्रांत में प्रवेश करने पर पाबंदी लगा दी गई थी। परंतु ये पत्रकार किसी तरह अपने होटलों तथा रिहायशी स्थानों पर कुछ देर रुके रहने में कामयाब हो गए और वास्तव में हरिमंदिर साहिब के नजदीक आए बगैर भी चुपचाप छोटी-मोटी जानकारी हासिल करने में लगे रहे। अंत में 5 तारीख को पौ फटने के समय उन्हें किराए की विशेष बस द्वारा वहाँ से भेज दिया गया। इस समय तक इन्हें निकाले जाने का आदेश भारतीय पत्रकारों पर भी पूरी तरह से लागू हो गया था, जो देशी-विदेशी समाचार-पत्रों तथा पत्रिकाओं के लिए लिखते थे।

सारा दिन हरिमंदिर साहिब के अंदर-बाहर तथा आसपास जो कुछ भी होता रहा था, उसका विस्तृत विचार पेश करने के पश्चात् मैं उन काररवाइयों का, जो हम कर रहे थे, विवरण देकर तसवीर मुकम्मल करना चाहता हूँ। इस दिन सुबह का समय हमने जासूसी सर्वेक्षण तथा योजनाओं की रूपरेखा को निश्चित रूप देने में गुजारा। मैंने दो-तीन घंटे अपने दाँवपेची घुमावदार हैडक्वार्टर में गुजारे, जो हरिमंदिर से मुश्किल से 300 मीटर दूर एक इमारत की ऊपरी मंजिल पर था। मेरे साथ काररवाई करने संबंधी योजना के स्टाफ के अलावा, मेरा 'ऑर्डर ग्रुप' (वे अफसर जिन्हें जनरल बराड़ को हुक्म देने थे। अनुवादक) भी था। इनमें से 350 इन्फैंट्री ब्रिगेड का कमांडर और शुरू में 350 इन्फैंट्री ब्रिगेड की कमान में चार इन्फैंट्री बटालियनों के कमांडिंग अफसर थे। ये बटालियनें थीं 10 गारद, 26 मद्रास, 12 बिहार तथा 9 कुमायूँ। इस पड़ाव पर अपने प्रारंभिक आदेशों में मैंने उन्हें उनके कार्यभार सौंप दिए और एक पल भी गँवाए बगैर वे अन्य गुप्त सर्वेक्षण तथा अपनी योजनाओं को तैयार करने लगे। अपने दाँवपेची हैडक्वार्टर से मुझे हरिमंदिर क्षेत्र के अंदर पूरे जोर-शोर से चल रही हलचल दिखाई दे रही थी। मैं यह मानता हूँ कि इस समय श्रद्धालुओं का स्वाँग रचकर कुछ चुनिंदा अधिकारी

हरिमंदिर के अंदर भेजने का विचार मेरे मन में आया था और इसके साथ, मुझे पक्का विश्वास था, इससे हमें कुछ जानकारियाँ भी मिल सकती थीं, जो योजनाओं के इस पड़ाव पर काफी फायदेमंद साबित हो सकती थीं। ऐसा करने का यह आखिरी मौका था, क्योंकि बाद में उस शाम कर्फ्यू फिर से लग जाना था। मगर जवानों की जिंदगी के खतरे के अलावा इस खतरे का अनुभव करते हुए कि यदि इनमें से कोई भी अतिवादियों के कब्जे में आ गया तो हमारी योजनाओं पर पानी फिर जाएगा, मैंने ऐसा कदम न उठाने का ही फैसला किया। दृष्टिमूलक निगरानी से जो भी जानकारी प्राप्त हुई थी और सुरक्षात्मक स्तर पर की जानेवाली गोलीबारी के द्वारा ही हम अपनी काररवाई को सुनिश्चित कर सकते थे। इसके अलावा प्रतिक्रम में जब अतिवादियों द्वारा गोलीबारी की जाए तो हमें पूरा विश्वास था कि उसी के मुताबिक हमें उनके मोरचे सुनिश्चित करने में सहायता मिलेगी।

इस समय हरिमंदिर साहिब के अंदर मेरे चलने-फिरने से संबंधित कुलदीप नय्यर तथा खुशवंत सिंह की पुस्तक "Tragedy of Punjab—Operation Blue Star and After" में जो कुछ प्रकाशित हुआ है, उसमें रत्ती भर भी सच्चाई नहीं है। उन्होंने लिखा है—

> "ये खबरें बहुत दिनों से आ रही हैं कि फौजी काररवाई होनेवाली है और विशेषकर पहली जून से जब किसी ने एक मोने-सिख, मेजर जनरल कुलदीप सिंह बराड को हरिमंदिर के अंदर श्रद्धालुओं में देख लिया था।"

मेरे द्वारा ऐसा करना बेहद बेवकूफी तथा नासमझी भरा कदम होता। योजनाबंदी के ऐसे नाजुक पड़ाव पर मेरी पहचान होना तथा भिंडरावाला के हथियारबंद सुरक्षा दस्तों द्वारा मुझे पकड़ लिए जाने से जो परिणाम सामने आते, उनके विस्तार में जाने की कोई आवश्यकता नहीं है। यह बात नहीं कि कोई और जनरल मेरा स्थान नहीं ले सकता था, बल्कि जैसे कि आगे जाकर पता चलेगा, वक्त पंख लगाकर उड़ता जा रहा था और इस प्रकार की दुर्भाग्य

भरी घटना से उनके निश्चित कार्यक्रम में निश्चय ही विघ्न पड़ जाता। खैर, हैरानी की बात यह है कि जिम्मेवार पत्रकारों ने ऐसी बेबुनियाद तथा सुनी-सुनाई बात लिख दी और लोगों के हाथों तक पहुँचा दी।

जनरल सुंदर जी तथा जनरल दयाल स्थिति का जायजा लेने के लिए 3 जून की शाम को डिवीजन के मुख्य हैडक्वांटर में पहुँचे। खुफिया जानकारी को संक्षेप में पेश करने के पश्चात् उनके सामने काररवाई की योजना की व्यावहारिक रूपरेखा पेश की गई।

इसके तुरंत पश्चात् कुछ महत्त्वपूर्ण मुद्दे, जो आगामी विचार-विमर्श में सामने आए, उन पर चर्चा अगले खंडों में की गई है, क्योंकि प्रत्येक खंड एक विस्तृत चर्चा की माँग करता है।

अतिवादियों की संख्या, उनके ठिकाने तथा लड़ने की सामर्थ्य

हमारी योजनाओं का आधार यह अनुमान था कि कॉम्प्लैक्स क्षेत्र के अंदर तकरीबन दो हजार अतिवादी मौजूद थे, जिनमें से करीब पाँच सौ ऐसे थे, जो पूरी तरह से प्रशिक्षित थे और जो अपने लक्ष्य के प्रति पूरी तरह से समर्पित थे। बेशक वे उस परिसर-क्षेत्र में फैले हुए थे, मगर वे अधिक संख्या में अकाल तख्त की इमारत में तथा परिक्रमा के साथ लगती इमारतों में सक्रिय थे। इन सभी इमारतों में उन्होंने निचली मंजिल के कमरों के खुले बरामदों तथा ऊपरी मंजिलों तथा झरोखेवाली बालकनी आदि में मोरचाबंदी की हुई थी। अकाल तख्त के सामने की सभी ऊँची इमारतों की छतों पर भी भारी मोरचाबंदी की हुई थी। बेशक परिसर समूह में इतनी सघन मोरचाबंदी नहीं भी हो तो भी लंगर की छत पर, जो चारों ओर के खुले स्थानों पर सीधे-सीधे गोलीबारी का स्थान मुहैया कराती थी, भारी मोरचे लगाए गए थे। बेशक एस.जी.पी. के दफ्तरों, गुरु रामदास सराय, गुरुनानक निवास और परिसर से संबंधित अन्य इमारतों के इर्द-गिर्द कम मोरचाबंदी की गई थी, तो भी ऐसी उम्मीद थी कि इन इमारतों के कमरों तथा छज्जों के अंदर तथा वहाँ रहनेवाले श्रद्धालुओं में कम-से-कम 100 से 200 अतिवादी फैले हुए होंगे।

इसके अलावा, जैसा कि पहले बताया चुका है, दो बुर्जों तथा पानी की टंकियों को बेहद ऊँचे तथा बुलंद भारी मोरचों में बदल दिया गया था, जहाँ से हरिमंदिर एवं उसका भीतरी-बाहरी क्षेत्र तथा जलियाँवाला बाग की ओर से आते रास्ते भी गोलीबारी की जद में आते स्पष्ट नजर आ रहे थे। परिसर-क्षेत्र के दक्षिणी कोने में बाबा अटल गुरुद्वारे के ऊपर भी लगी मोरचाबंदी नजर आ रही थी।

यह जानकारी भी प्राप्त हुई थी कि सत्रह मकानों में पूरी तरह से मोरचे लगाए गए हैं तथा उन पर अतिवादियों का पूर्ण कब्जा है। ये मकान दोनों इमारत-समूहों के एकदम नजदीक की घनी इमारतों में थे तथा ये हरिमंदिर परिसर के लिए अधिक प्रभावी थे। मुख्य प्रवेश द्वार अर्थात् दक्षिणी द्वार तथा अकाल तख्त की ओर जाती सभी सड़कों तथा गलियों में होनेवाली हर गतिविधि इन इमारतों, विशेषकर होटल टैंपल व्यू तथा ब्रह्म बूटा अखाड़ा से रोकी जा सकती थी। ये दोनों इमारतें समूची सुरक्षा योजना के तौर पर किलेबंद की गई थीं। ऊँची होने के कारण इनसे हरिमंदिर के मुख्य द्वार की ओर जाते रास्ते तथा परिक्रमा के अंदर, जहाँ कोई आड़ या ओझल नहीं था, सब कुछ नजर आता था। बहुत सारे मकान लकड़ी के तख्तों या इस्पाती गार्डरों की सहायता से एक-दूसरे से जोड़े गए थे और इनमें से कुछ तो एक-दूसरे के साथ इतने सटे हुए थे कि अतिवादियों के लिए बिना किसी की नजर में आए गली-बाजार में छलाँग मार कर तथा इन अस्थायी रास्तों से गुजरकर एक से दूसरे मकान में चले जाना अत्यंत आसान तथा संभव था। अकाल तख्त के ठीक पीछे इमारतों के इस प्रकार के झुंड के कारण ही असल में हम अकाल तख्त के पिछले रास्तों से अंदर नहीं जा सकते थे।

भिंडरावाला, सुबेग सिंह तथा उसके अत्यंत विश्वसनीय अनुयायी पूरी तरह से हथियारबंद हो अकाल तख्त में डटे हुए थे। अन्य में से अधिकतर अकाल तख्त की उत्तरी तथा दक्षिणी ओर की परिक्रमा के साथ लगती इमारतों की ऊपरी मंजिलों पर तथा दर्शनी ड्योढ़ी (प्रवेश द्वार) तोशारखाना के ढके हुए स्थान पर थे। इस प्रकार उन्होंने हरिमंदिर साहिब के अंदर जाने

के एकमात्र रास्ते को रोक रखा था। जैसे कि पहले भी बताया गया है कि अकाली लीडर तथा शिरोमणि गुरुद्वारा प्रबंधक कमेटी (S.G.P.C.) के कर्मचारी परिसर क्षेत्र में थे। वे श्रद्धालु, जो दुबारा कर्फ्यू लग जाने के बाद भी अपनी मरजी से यहाँ रुके हुए थे, अधिकतर परिसर क्षेत्र के रिहायशी कमरों में थे। बेशक उनमें से अधिकतर हरिमंदिर क्षेत्र में परिक्रमा के साथ लगती इमारतों के कुछ कमरों में थे।

दोनों क्षेत्रों में एक समान फासला रखकर मशीनगनें तैनात की गई थीं, मगर अकाल तख्त के अंदर ऊपर के बनिस्बत अधिक मोरचाबंदी थी। दो बुर्ज, पानी की ऊँची टंकी तथा बाहरी घेरे वाले मकानों की छतों के मोरचों पर दूरबीन लगी सनिपर (Sniper Rifles) रायफलों के अलावा कुछ स्वचालित हथियार भी टिकाए हुए थे। एकदम जाहिर था कि हथियारों, विशेषकर स्वचालितों की गिनती उससे कहीं अधिक थी, जितना कि आरंभ में ही इसके बारे में जानकारी दी जा चुकी थी।

इस पड़ाव पर हमारे मन में कोई शक बाकी नहीं रह गया था कि हमारा सामना एक बेहद सक्रिय, लक्ष्य प्रेरित, दृढ तथा पूर्ण प्रशिक्षित शक्ति से था, जिसका नेतृत्व लड़ाई का अनुभव रखने वाले एक योग्य जनरल के हाथ में था। किसी भी धमकी द्वारा उनके मान जाने की कोई संभावना नहीं थी और लड़ाई लड़ने के अलावा अब उनके पास और कोई चारा भी नहीं रह गया था। काररवाई की योजना को रेखांकित करते समय इस बात को ध्यान में रखना अति आवश्यक था।

मोरचाबंद स्थानों की विशेष महत्ता

अकाल तख्त की इमारत, जिसे भिंडरावाला का हैड-क्वार्टर बनाया गया था, स्वाभाविक था कि उनकी ओर से सामना करने का अत्यंत महत्त्वपूर्ण स्थान था। इसे कब्जे में लेने से पहले दूसरी ओर जानेवाले सभी रास्तों को साफ किया जाना आवश्यक था। इसलिए प्राथमिकता की सूची में सबसे ऊपर अकाल तख्त तथा इसके साथ के शक्ति स्थान थे।

महत्ता के लिहाज से अगला नंबर था उन मोरचों का, जो अतिवादियों ने अकाल तख्त के कोनों में तथा उसके तुरंत साथ लगती इमारतों में स्थापित किए हुए थे, क्योंकि यही अकाल तख्त को ठोस गहराई तथा सुरक्षा प्रदान करते थे। इस कारण, शक्ति स्थान तथा तंत्र-केंद्र पर कब्जा करना हमारी बुनियादी जरूरत थी ताकि उसकी अग्नि-शक्ति को बेअसर किया जा सके, जो परिक्रमा तथा खुले बरामदों में से बाहर निकलते हमारे जवानों पर बरसाई जा सकती थी। फिर उन मोरचाबंद ठिकानों के बारे में भी हमें आशंका थी कि वहाँ अंदर जाने के रास्तों पर एकत्रित होनेवाले स्थानों से उनकी बुलंदी के कारण हमारे जवानों पर हरिमंदिर या परिसर क्षेत्र में भेजे जाने से पहले ही भारी व तबाह करनेवाली आग बरसाई जा सकती थी। इस श्रेणी में आनेवाली इमारतों की सूची इस प्रकार थी—

(i) दो ऊँचे बुर्ज तथा लंगर के निकट पानी की बुलंद टंकी।

(ii) मुख्य घंटाघर के प्रवेश द्वार के जानेवाले रास्ते पर सबसे ऊँचा होने के कारण होटल टैंपल व्यू। यह सत्रह किलेबंद मकानों में से एक था।

(iii) अखाड़ा ब्रह्म बूटा। होटल टैंपल व्यू जितनी ही ऊँची इमारत, जहाँ से मुख्य घंटाघर के प्रवेश द्वार के पूर्वी कोने में से परिक्रमा साफ नजर आती थी।

(iv) परिक्रमा के आसपास की इमारतें प्राथमिकता की सूची से थोड़ा नीचे थीं। उनके बारे में अनुमान था कि अकाल तख्त की ओर बढ़ने की कारखाई में कोई बुनियादी रुकावट नहीं डाल सकती थीं, सिवाय मोरचाबंद लंगर की छत के, जहाँ से परिक्रमा में मारक तथा बेतहाशा गोलीबारी की जा सकती थी।

(v) परिसर क्षेत्र की दूसरी इमारतें कुछ दूर थीं और इन पर बनाए मोरचे, जहाँ तक हरिमंदिर क्षेत्र में कारखाई का संबंध था, बेअसर साबित होते, विशेषकर रात के समय सीमित दिखाई देने के कारण।

भले ही हरिमंदिर साहिब में कोई मोरचा नहीं बनाया गया हो और यहाँ से किसी दखल या विरोध की उम्मीद भी नहीं रही हो, तो भी इसे सबसे अधिक प्राथमिकता दी गई थी, क्योंकि इस संभावना से इनकार नहीं किया जा सकता कि घोर संकट की हालत में हो सकता है अतिवादी इसे उड़ा दें। इस प्रकार के बम धमाके करके, वे अंत में इस पवित्र धार्मिक स्थान को उड़ा देने का कलंक सेना के माथे पर मढ़कर खुद इसका काफी फायदा उठा सकते थे। इस प्रकार के मौकों पर सभी प्रकार के काल्पनिक प्रतिक्रमों को ध्यान में रखना अति आवश्यक होता है। यदि बारूदी सुरंगें पहले बिछाई गई होतीं तो ऐसा विस्फोट करने के लिए एक ही जुनूनी आदमी काफी होता। जब सुबेग सिंह जैसे तेज मस्तिष्क वाले सैनिक के हाथ में कमान हो, इस पक्ष को भी आँखों से ओझल करने का खतरा तर्कसंगत प्रतीत नहीं होता था।

परंतु, इस समय दो विरोधी तथ्य सामने रहे थे, जिस कारण परिसर क्षेत्र को इतनी महत्ता प्रदान की गई। सिर्फ सैनिक दृष्टि से इसकी महत्ता प्राथमिकता की सूची में सबसे कम थी, मगर मानवीय तथा राजनीतिक दृष्टिकोण से, इस तथ्य से इसने महत्ता इतनी अधिक प्राप्त कर ली थी कि अधिक बेगुनाह श्रद्धालु तथा प्रमुख अकाली लीडर इस परिसर में, विश्राम स्थलों पर तथा S.G.P.C. के दफ्तरों में मौजूद थे। उन्हें हर हालत में जीवित बाहर निकालने का प्रयास किया जा रहा था।

कारवाई को पूर्ण करने के लिए सेना की आवश्यकताएँ

इन्फैंट्री सेना

अतिवादियों की संख्या, योजना, मोरचाबंदी, अग्निवर्षा की शक्ति तथा लड़ने की सामर्थ्य पर विचार करते हुए तथा कम-से-कम बल प्रयोग करने की आवश्यकता को ध्यान में रखते हुए चार इन्फैंट्री बटालियन तथा दो कंपनियों की संख्या के बराबर विशेष कमांडों की आवश्यकता थी। विवरण इस प्रकार है—

(1)	अकाल तख्त, हरिमंदिर परिसर की उत्तरी तथा पश्चिमी दिशाएँ	एक इन्फैंट्री बटालियन, एक कंपनी पैरा कमांडो, एक कंपनी विशेष सीमा बल (एस.एफ.एफ.)
(2)	हरिमंदिर साहिब	खाई कमांडो की धावा बोलनेवाली टोली
(3)	हरिमंदिर परिसर की दक्षिणी तथा पूर्वी दिशाएँ	एक इन्फैंट्री बटालियन
(4)	केंद्रीय तौर पर आरक्षित	एक इन्फैंट्री बटालियन
(5)	घेराबंदी	एक इन्फैंट्री बटालियन

सहयोगी तत्त्व

इस बात को ध्यान में रखते हुए कि हरिमंदिर के उत्तरी ओर के मुख्य प्रवेश-द्वार के दोनों ओर इमारत की छत व ऊपरी मंजिल पर भारी मोरचे बने हुए हैं और इस हकीकत को सामने रखते हुए कि हरिमंदिर तथा दुकानों के बीच खुले चौड़े स्थान के नजदीक पहुँचने के लिए आगे बढ़ रहे इन्फैंट्री जवानों तथा कमांडो पर इन मोरचों में से एकदम सटीक तथा मारक गोलीबारी की जा सकती थी, यह महसूस कर लिया गया था कि हरिमंदिर परिसर में कदम रखने से पहले ही बहुत सारे जवान मरेंगे और जख्मी भी होंगे। जख्मियों तथा मरनेवालों की संख्या कम करने तथा यह विश्वास बनाने के लिए कि काररवाई शुरू करने से पहले ही रास्ते में कोई रुकावट खड़ी न हो जाए, एक सक्येरिन विजेता टैंक लाया गया। इसके अलावा, इन्फैंट्री बख्तरबंद गाड़ियों की एक पलटन (छोटे हथियारों की मार से कुछ हद तक बचाने के लिए) उपलब्ध करवाई गई। टैंक आगे बढ़ते इन्फैंट्री वालों के लिए सिर्फ ढाल के तौर पर उपयोग में लाए जाने के लिए ताकि वे उस स्थान के

नजदीक पहुँच जाएँ, जहाँ से उन्हें अंदर दाखिल होना था। इसके साथ ही अपने सहायक हथियारों से '30 मशीनगन'—छतों पर बने मोरचों को बेअसर करने के लिए गोली चलानी थी और इस प्रकार हमारे आगे बढ़ते जवानों को होनेवाले नुकसान को कम करना था। दूसरी ओर, टैंकों के ऐन पीछे-पीछे आगे बढ़ती इन्फैंट्री बख्तरबंद गाड़ियों से अकाल तख्त (तथा हरिमंदिर साहिब सरोवर से निकलकर) की ओर जानेवाले प्रमुख कमांडो दलों को आगे ले जाने में सहायता करनी थी। यहाँ इस बात पर जोर देने की जरूरत है कि टैंकों को उनकी पारंपरिक भूमिका में इस्तेमाल नहीं किया जाना था, बल्कि एक ढाल के तौर पर उपयोग में लाया जाना था, ताकि हमारी जवानों की धज्जियाँ न उड़ा दी जाएँ। बहुत अफसोस की बात है कि बाद में अच्छी-खासी जानकारी रखनेवाले व्यक्तियों ने गैर-जिम्मेवारी भरे वक्तव्य दिए कि हमने हरिमंदिर साहिब पर 'धावा बोलने' के लिए टैंकों का उपयोग किया था। हमें यह भी उम्मीद थी कि टैंकों को देखकर अतिवादियों पर मनोवैज्ञानिक प्रभाव पड़ेगा और वे आत्मसमर्पण कर देंगे। इस प्रकार बहुत सारे खून-खराबे से बचाव हो जाएगा, मगर ऐसा हुआ नहीं।

अर्द्धसैनिक बल

सी.आर.पी.एफ. तथा बी.एस.एफ. (सीमा सुरक्षा बल) की एक-एक कंपनी को तरकीब अनुसार होटल टैंपल व्यू तथा ब्रह्म बूटा अखाड़ा को कब्जे में लेने का कार्यभार सौंपा गया, ताकि इन इमारतों से सैनिक काररवाई में कोई दखल न दी जा सके।

ताकत में आखिरी पल में वृद्धि

योजनाबंदी के इस पड़ाव पर शायद सबसे अधिक चिंता करने वाली बात यह थी कि हमारे कमांडो अकाल तख्त में कदम रखने में किस हद तक सफल या असफल हो सकते थे। जैसा पहले बताया है, हमारा अनुमान था कि जिस समय हमारे जवान अकाल तख्त के नजदीक पहुँचेंगे, उस समय

ऊँचे स्थानों पर, जहाँ से खुली परिक्रमा नजर आती है और आसपास की इमारतों की एक-एक मंजिल पर बने मोरचों से बरसती गोलियों से हमारे बहुत सारे जवान जख्मी होंगे व मरेंगे। इसका इलाज क्या था? अकाल तख्त के मोरचों को प्रभावहीन करना। ऐसा करने के लिए, यदि लड़ाई में इस प्रकार की स्थिति आ जाए, तोपखाने तथा अन्य भारी हथियारों का उपयोग किया जा सकता है। मगर इस मामले में यह संभव नहीं हो सकता था। यहाँ हमारे नेतृत्व का मापदंड यह था कि जहाँ तक हो सके, सिखों की सर्वोच्च धार्मिक परिषद् के इस पवित्र स्थान को कोई नुकसान न पहुँचे या कम-से-कम नुकसान पहुँचे। इसका एकमात्र विकल्प यह था कि बाहरी घेरे की इन इमारतों में, जो हमारे कब्जे में थीं या परिक्रमा के साथ लगती इमारतों में, इन्फैंट्री सेना की ओर से प्राप्त किए छोटे-छोटे कदम ठिकानों में से छोटे हथियारों की गोलियों से मोरचेबंदी के झरोखों को निशाना बनाकर इन्हें प्रभावहीन करने का यत्न किया जाए। इस प्रकार की गोलीबारी से सटीक निशाने को फोड़ना, विशेषकर रात के समय छोटे-छोटे झरोखों के निशान संदेहजनक थे।

अकाल तख्त तक पहुँचने के आखिरी पड़ाव के दौरान जवानों को धुएँ का परदा मुहैया कैसे किया जाए। इस काम के लिए धुएँ के गोले फेंकने आवश्यक होते हैं, जिसके कारण, उनमें आग लगानेवाले मसालों के चलते आग के अंगारे दहक सकते थे, जो आगे अकाल तख्त पर ही नहीं, बल्कि हरिमंदिर साहिब तक भी फैल सकते थे। जाहिर है कि ऐसा खतरा मोल नहीं लिया जा सकता था। इसका कारण भी वही था, जिस कारण तोपखाने तथा भारी हथियारों का उपयोग रद्द किया गया था।

बहुत सारे विचार-विमर्श के पश्चात् यह फैसला हुआ कि इस बहुत ही महत्त्वपूर्ण पड़ाव के लिए काररवाई करते हुए सी.एस. गैस कनस्तरों का उपयोग किया जाएगा। यह गैस न मारक है न इसका असर नशीला है, हालाँकि यह साधारण अश्रु गैस से अधिक कारगर है, जो भीड़ को बिखराने के लिए पुलिस द्वारा उपयोग में लाई जाती है। यह उन स्टन ग्रेनेडों से बहुत

हल्की चीज है, जो ब्रितानिया की एस.ए.एस. (विशेष हवाई सेवा) ने आयरलैंड में प्रयोग किए थे। इससे सिरदर्द तथा कमजोरी के कारण मन अस्थायी तौर पर शिथिल हो जाता हैं तथा इस प्रकार इसके प्रभाव में आए व्यक्तियों की लड़ने की तत्परता तथा चौकसी कम हो जाती है। सोचा गया कि शक्ति बढ़ानेवाली इस वस्तु के इस्तेमाल से कमांडो काररवाई की सफलता की संभावनाओं में निश्चय ही वृद्धि होगी। जनरल सुंदर जी ने इसे तुरंत मंजूरी दे दी और झटपट अगले ही दिन कमांडो के पहनने के लिए गैस-मुखौटे लेकर एक छोटी सी टोली उड़ गई।

काररवाई के दौरान हमारी ओर से इस वस्तु का उपयोग करने के बाद तीखा वाद-विवाद छिड़ा। कुछेक नासमझ तथा गुमराह नुक्ताचीनी के बाद इस हद तक चले गए कि उन्होंने हम पर उन रासायनिक हथियारों का उपयोग करने का इलजाम लगा दिया, जिस पर जिनेवा समझौते के तहत पाबंदी लगी हुई है। मुझे आशा है कि मैंने उनकी गलतफहमियों को दूर कर दिया होगा।

समय निर्धारण

ब्लू स्टार काररवाई के बाद हुई चर्चा के दौरान इसके जिस पहलू पर सबसे ज्यादा बहस हुई, वह इसे आरंभ करने की तारीख से संबंधित है। सरकार को उसके इस फैसले के लिए दोषी ठहराया गया है कि उसने गुरु अर्जुन देव के शहीदी पर्व के अवसर पर सेना को हरिमंदिर के अंदर भेजने का आदेश दिया, जिसके फलस्वरूप श्रद्धालुओं की बहुत बड़ी तादाद अंदर फँस गई और उनमें से कइयों की काररवाई के दौरान जानें गईं। मुझे यह मानने में कोई झिझक नहीं कि मैं जोरदार ढंग से महसूस करता हूँ कि यह इल्जाम सरासर अकाली लीडरों पर जाता है जिन्होंने गुरु अर्जुन देव के शहीदी दिवस 3 जून को राज्य व्यापी मोरचा लाने की घोषणा की। जिस समय पंजाब में हिंसा तथा कानून असहनीय हो चुका था और अलगाववादी सरगर्मियाँ अपने चरम पर थीं, लोंगोवाल की ओर से घोषित मोरचे ने मामले

की गंभीरता को और भी बढ़ा दिया था। श्रीमती इंदिरा गांधी के लिए अन्य कोई दूसरा चारा नहीं रहने दिया गया था। अकालियों को इस बात के लिए प्रेरित क्यों न किया जा सका कि वे अपना मोरचा कुछ दिन बाद में लाएँ? उन्होंने अपनी हरकतों के साथ आनेवाली तबाही से सामूहिक सिख जाति को शिकार बनाया।

उस समय जो अन्य कहानियाँ सुनी जाती थीं, उनके बारे में मैं कोई भी बात जानकारी तथा प्रमाणिकता के साथ नहीं कह सकता। इनमें से एक कहानी यह भी थी कि इस बात के संकेत मिले थे कि पाकिस्तानी एजेंटों ने भिंडरावाला को इस किस्म का यकीन दिलाया था कि यदि वह दिलेरी से खालिस्तान का ऐलान कर दे और पंजाब में सत्ता पर कब्जा कर ले तो बाहरी ताकतें उसकी सहायता करेंगी। एक खबर उड़ती-उड़ती यह भी थी कि 'आजादी' तथा 'खालिस्तान' की स्थापना की घोषणा करने के लिए भिंडरावाला ने 10 जून का दिन निश्चित किया था। गुप्तचर विभाग की कुछ सूचनाएँ भी थीं, जिनसे संकेत मिलता था कि भिंडरावाला ने सारे प्रांत में अपने अनुयायियों को आदेश दिया था कि 10 जून के बाद हिंदुओं के कत्ल अधिक तीव्रता से आरंभ कर दिए जाएँगे। यह एकदम संभव है कि इन सूचनाओं के फलस्वरूप सरकार इस फैसले पर पहुँचने के लिए मजबूर हो गई होगी कि ज्यादा ढील से स्थिति और भी घातक हो जाएगी।

एक बार सेना को बुलाने का फैसला हो गया और सेना हरिमंदिर के इर्द-गिर्द घेरे को मजबूत करने के लिए 2-3 जून की रात को ही चल दी थी, फिर अतिवादियों को बाहर निकालने की काररवाई जल्दी-से-जल्दी आरंभ करना लाजिमी था। निस्संदेह, लेफ्टिनेंट जनरल सुंदर जी को इस प्रकृति की काररवाई की तैयारियाँ मुकम्मल करने के लिए और भी समय चाहिए था, मगर इसके साथ ही, जो डर उनके मन में सबसे अधिक समाया हुआ था कि एक बार अगर हरिमंदिर साहिब पर घेरा डालने की खबर फैल गई तो गाँवों में बगावत हो सकती थी। हजारों धार्मिक सिखों के जज्बात भड़काकर उन्हें अमृतसर और विशेषकर हरिमंदिर साहिब की ओर भाग-दौड़कर पहुँचने के

लिए उकसाया जा सकता था। इसलिए उनके मन में जल्दी कुछ करने की जरूरत सबसे पहले लग रही थी। मैं उन शंकाओं की पुष्टि कर सकता हूँ, क्योंकि मैंने वह वीडियो कैसेट अपने कानों से सुनी है, जिनमें भिंडरावाला ने सारे पंजाब में अपने अनुयायियों से पुरजोर अपील की थी कि जैसे ही सेना पवित्र हरिमंदिर पर घेरा डाल ले या अंदर दाखिल हो जाए, वे कोने-कोने से अमृतसर की ओर चल दें। यदि वरदी, कृपाण तथा पिस्तौल-बंदूकों से लैस, मनुष्यों का एक समुद्र उसकी हिदायतों पर अमल करते हुए उमड़ पड़ता तो सेना क्या कर सकती थी?

जिस तरीके से हरिमंदिर परिसर को मोरचाबंदी द्वारा एक किले में तब्दील कर दिया गया था, उस समूचे प्रसंग में सुबेग का सैनिक पैंतरा व अनुभव एकदम सटीक बैठता प्रतीत हो रहा था। पैंतरा यह था कि इतने समय वे डटे रहें कि सिख जनसमूह बदला लेने के लिए हिंसक हो जाए और अमृतसर की तरफ कूच कर दे। इसके साथ ही पाठकों के लिए यह बात भी दिलचस्प हो सकती है कि कुछ समय पूर्व जब फिरोजपुर के निकट मोगा में शांति व कानून व्यवस्था अत्यंत बिगड़ गई थी और कई अतिवादियों ने कुछ स्थानीय गुरुद्वारों में शरण ली थी, तब अर्द्धसैनिक बलों को इन गुरुद्वारों को घेरने का आदेश दिया गया था। इस घटना के पाँच दिनों में ही सिख धार्मिक प्रतिनिधियों ने घोषणा की थी कि यदि घेरा न हटाया गया तो वे एक जत्था लेकर मोगा की ओर कूच करेंगे। तुरंत ही सरकार पीछे हट गई थी और घेरा हटा लिया गया था।

खैर, प्रस्तुत स्थिति में अगर हमने यह फैसला किया होता कि सिर्फ घेरा ही डालना है और अंदरवालों को भुखमरी की स्थिति तक लाकर आत्मसमर्पण के लिए मजबूर करना है, जैसे कि कुछ दार्शनिक किस्म के लोगों का सुझाव था, तो किसी के लिए भी यह सोचना सिर्फ बेवकूफी होती कि हम कुछ दिनों के लिए घेरा डालकर ऐसा करने के योग्य हो जाते। हरिमंदिर परिसर में अनाज, दालें, चावल तथा खाने-पीने के अन्य पदार्थों की कोई कमी नहीं थी। आखिर हजारों यात्रियों को रोजाना वहाँ 'लंगर छकाया'

जाता था। लंगर हॉल में अनेक दिनों के लिए खाद्य-पदार्थों का भंडार मौजूद रहता है। पानी अथाह है, सिर्फ सरोवर में ही नहीं, बल्कि सभी ओर बहुत सारे कुँओं तथा नलों का पानी है। उनके पास अपना जैनरेटर था और खाना बनाने के लिए भारी तादाद में गैस सिलेंडर थे। पारंपरिक ढंग से सिर्फ घेराबंदी करने में अगर महीने नहीं तो कई हफ्ते लग सकते थे। लड़ाई में भी घेरा तभी डाला जाता है, जब घेरा डालनेवाली फौज इस स्थिति में हो कि घिरे होनेवालों तक कुछ भी पहुँच न पाए। इस हालत में हम इस अंतिम संभावना को कैसे आँखों से ओझल कर सकते थे कि धार्मिक तौर पर भड़काए गए अनुयायी एक मानवीय लहर बनकर जोरदार बाढ़ की तरह आते और घेरे में खड़े जवानों को सभी ओर से अपने लपेटे में ले लेते, इसलिए चौबीस घंटे से अधिक की घेराबंदी की योजना को रद्द कर दिया गया। इस मामले में जो कुछ भी किया गया उसे पारंपरिक अर्थों में घेराबंदी (Siege) कहा ही नहीं जा सकता। यह असल में, अगली योजनाओं को व्यापारिक रूप देने में सहायता देने के लिए घेराबंद पहरा (Cordon) ही था।

उपर्युक्त तथ्य के बावजूद, कर्फ्यू भी अधिक देर तक नहीं चल सकता था। अधिक-से-अधिक 3 जून की रात को 9 बजे लगाए गए 36 घंटों के कर्फ्यू को बारह घंटे और बढ़ाया जा सकता था, क्योंकि शहर की आबादी को आसपास के निकट बाजारों से अपनी बुनियादी जरूरतों को प्राप्त करने का मौका देना जरूरी था। इन सभी बातों को ध्यान में रखते हुए, जैसे एक मरीज को जरूरत से एक पल भी ज्यादा बेहोशी की हालत में नहीं रखा जा सकता, उसी प्रकार इस हालत में एक हंगामे भरी काररवाई हुई, जो तेज गति के लिए आवश्यक होती है। जैसी हालत थी, उसमें से यही व्यावहारिक हल था।

फलस्वरूप, हमने 5 जून को रात नौ बजे के करीब अपनी काररवाई शुरू करने की योजना बनाई, जिसकी अधिकतर काररवाई हमारा खयाल था कि हम 6 जून को सुबह या दोपहर तक, इससे पहले कि लोगों की बगावत

नियत कारवाई को पूरा करने में रुकावट डाले, पूरी कर लेंगे।

5 जून की रात के बारे में फैसला कर लेने के पश्चात् हमने इस बारे में विचार किया कि हम दो समूहों में अपनी कारवाइयाँ अलग-अलग समय पर कर सकते हैं। पहली रात को सिर्फ परिसर क्षेत्र में जा सकते थे। ऐसा करने के हमें तीन फायदे हो सकते थे। पहला, 5 जून की रात को सख्त मुकाबला करनेवाले अतिवादियों की तादाद अनुमानित हिसाब से कम होगी; दूसरा, हरिमंदिर क्षेत्र में अतिवादी ज्यादा दखल दिए बगैर श्रद्धालुओं को बहुसंख्या में सुरक्षित ढंग से बाहर निकाल देते (इस काम के लिए उन्हें हरिमंदिर परिसर से खदेड़ा जा सकता था) और तीसरा, अकाली लीडरों को बाहर निकाल लेते जो संभव है, इन सारी कारवाई को बंद करने के लिए आवाज उठाते और इस पागलपन का अंत हो जाता। दूसरी ओर, इसके नुकसान ये थे—संभवत: ऐसी कारवाई के प्रति हरिमंदिर क्षेत्र की ओर से जबरदस्त प्रतिक्रिया होती और हमें उनके साथ उसी समय निपटना पड़ता, जिसकी तैयारी हमारी ओर से न होती। दूसरा, गाँवों की प्रतिक्रिया एक दिन पहले प्रकट हो सकती थी और इस प्रकार अगली रात मुख्य हरिमंदिर परिसर में हमारे आरंभिक कार्य में रुकावट पड़ जाती। दोनों पक्षों से लाभ-हानि पर विचार करने के पश्चात् यह फैसला हुआ कि 5 तारीख की रात को दोनों समूहों की ओर से एक ही समय पर कारवाई की जाए।

नुकसान पर नियंत्रण

इस प्रकार की अति संवेदनशील कारवाई का एक आवश्यक तथ्य भी था, जिसे अकसर भुला दिया जाता है, 'होनेवाले नुकसान पर नियंत्रण' रखना। अपनी योजनाओं का रेखांकन करते समय हमने इस पहलू की ओर भी पूरा-पूरा ध्यान दिया था और इस पर विस्तार से विचार-विमर्श किया था। हरिमंदिर साहिब, अकाल तख्त और धार्मिक व ऐतिहासिक महत्तावाले अन्य दूसरे स्थानों को बरबाद होने से बचाना भी हमारा उद्देश्य था। अगर ऐसा मुमकिन न हो सके तो कम-से-कम ताकत का इस्तेमाल कर और गोलीबारी का प्रयोग सख्ती

से कर सीमित नुकसान पहुँचाना था। इसके अलावा, हरिमंदिर की आसपास के इमारतों के इलाकों में हमारे जवानों तथा अतिवादियों की ओर से गोलीबारी के नतीजे के कारण भड़कनेवाली आग से होनेवाले नुकसान को सीमित करने से रोकने के लिए भी योजनाओं का रेखांकन किया गया। डिवीजनल रेजिमेंट (60 इंजी. रेजिमेंट) ने आग से जूझने वाली टोलियों का गठन किया, जिनका सिर्फ एक ही काम था कि आग द्वारा अत्यंत विनाशक रूप धारण करने से पहले से उसे बुझा दिया जाए। प्रत्येक टोली में एक अधिकारी तथा 15 दूसरे रैंक वाले जवान थे, जिनसे आवश्यकतानुसार काम लिया जाना था। दो प्रमुख टोलियाँ थीं, जिनकी प्राथमिकता हरिमंदिर साहिब तथा अकाल तख्त थी और तीसरी टोली को केंद्र ने आरक्षित रखा था। इस टोली के पास एक फायर ट्रेलर, पंप, पंपिंग सैट तथा अधिक आग बुझानेवाले इंजन थे। इसके अलावा स्थानीय आग बुझानेवाली गारद के साथ भी तालमेल रखा जाना था, ताकि जरूरत के समय उनकी सेवाओं का उपयोग किया जा सके। नुकसान को नियंत्रण में रखने के लिए सावधानी से इन सभी उपायों का सहारा लिए जाने के बावजूद, हम पर ये इलजाम लगाए गए कि हमने ऐतिहासिक सिख लाइब्रेरी तथा 'तोशाखाने' में पड़ी सिख विरासत की बहुमूल्य वस्तुओं को जान-बूझकर आग लगाई। तोशाखाने में श्रद्धालुओं की ओर से भेंट की गई सौगातें तथा नजराने रखे हुए थे।

इंजीनियर रेजिमेंट के जिम्मे यह कार्यभार दिया गया था कि सैनिक कारवाई मुकम्मल होते ही इलाके में आवश्यक सफाई तथा मरम्मत की जाए, ताकि हरिमंदिर में जल्दी से जल्दी धार्मिक रस्में और पूजा-पाठ शुरू हो सके।

योजनाओं पर इस हद तक अपनी तसल्ली कर लेफ्टिनेंट जनरल सुंदर जी चले गए और हम तैयारी के विभिन्न पहलुओं पर, जो अब उठाए जाने थे, आधी रात तक विचार करते रहे।

4 जून

सारा दिन योजना के सूक्ष्म ब्योरों को एक-दूसरे से जोड़ने और इन्फैंट्री यूनिट, पैरा कमांडो, एस.एफ.एस. सहायक शक्तियों जैसे बख्तरबंद तथा मशीनीकृत इन्फैंट्री गाड़ियों, काररवाई में हिस्सा लेनेवाले अर्द्धसैनिक बलों में तालमेल बिठाने में गुजर गया। अन्य आवश्यक ठिकानों के अलावा, मुख्य हैड-क्वार्टर के दाँवपेची घुमावदार हैड-क्वार्टर में टेलीफोन की लाइनें बिछाई गईं। सैनिक महत्त्व की योजनाओं व दाँवपेच वाली योजनाओं को साथ जोड़ा गया। मिसाल के तौर पर, तुरंत मलहम-पट्टी करने, जान-बचाने के उपचार करने के लिए चिकित्सा सहायता केंद्र कायम करने, जख्मी तथा मौत से जूझने वालों को निकालने, आवागमन को कंट्रोल करने, भीड़ को काबू में रखने तथा श्रद्धालुओं और अकाली लीडरों के लिए सुरक्षित इलाके कायम करने के लिए योजनाएँ, क्योंकि ये उम्मीद थी कि बरसती गोलियों से ये हर हाल में बाहर निकलेंगे।

यूनिट तथा उपयूनिटों के कमांडरों ने अपने-अपने गुप्त सर्वेक्षण के कार्य को जारी रखा और काररवाई के बारे में अपनी-अपनी हिदायतें दीं। लड़ाई की भिन्न-भिन्न इकाइयों तथा काररवाई करने के उच्चस्तरीय ढंगों में ताल-मेल बिठाया। जैसे ही धुएँ के बारूदी डिब्बे पहुँचे, कमांडरों ने स्वयं इन डिब्बों का प्रयोग करने तथा गैस-मुखौटों को इस्तेमाल करने की जानकारी दी।

केंद्रीय आरक्षित शक्ति का काम करने के लिए नियत (15 कुमाऊँ) अतिरिक्त बटालियन पठानकोट से आ गई थी और उसके जवानों ने हिदायतें हासिल करने के पश्चात् इलाके की जान-पहचान प्राप्त की और अन्य सभी के साथ भी तालमेल कायम किया। मैं मुख्य हैड-क्वार्टर तथा अपने क्वार्टर के बीच आसपास भागता-फिरता रहा, ताकि मैं मोरचे के कमांडरों तथा मुख्य हैड-क्वार्टर में योजनाबंदी अमले, दोनों से मिलता रहूँ।

कर्नल ई.डब्ल्यू. फर्नांडिस (अब मेजर जरनल), जो मेरे हैड-क्वार्टर में एक अहम पद पर तोपखाने के अफसर थे, ने अपनी योजना को अंतिम रूप दे दिया था। उन्हें यह कार्यभार सौंपा गया था कि अगली सुबह यानी 6

जून को पौ फटने से पहले ही 150 वर्ष पुराने दो विशाल बुरजों तथा पानी की टंकी पर स्थित अतिवादियों के मोरचे को नेस्तनाबूद कर दें। यह महसूस करते ही कि इन मोरचों को उड़ाने के लिए उन्हें 3.7 इंच की हाऊविटर्ज प्रयोग में लानी पड़ेगी, उन्होंने एक सुरक्षित इमारत की छत का चयन कर लिया, जहाँ से उनका गोले दागने का इरादा था। हाऊविटर्ज को रस्से से ऊपर खींचना इतना आसान काम नहीं था, विशेषकर इसलिए भी कि इसे रात को खींचा जाना था, ताकि कोई देख न पाए।

3 जून की सारी रात अतिवादियों तथा घेराबंदी में खड़े जवानों की ओर से रुक-रुक कर गोली चलती रही थी और अभी भी चल रही थी। इसके अलावा, हरिमंदिर परिसर के अंदर एकदम शांति का माहौल था। कोई भी गतिविधि नजर नहीं आ रही थी। जाहिर है कि अतिवादी भी अपनी अंतिम तैयारियों में लगे हुए थे।

इस समय तक सिर्फ अतिवादी ही नहीं, बल्कि अमृतसर के निवासियों को यह स्पष्ट हो गया था कि हरिमंदिर में सैनिक काररवाई अब जल्दी ही शुरू होनेवाली है। अपने सभी कमांडरों, पुलिस के इंस्पेक्टर जनरल पी.एस. भिंडर, अमृतसर के डिप्टी कमिश्नर गुरदेव सिंह तथा पुलिस व बी.एस.एफ. के दूसरे बड़े अधिकारियों के साथ शाम को 'आपसी समन्वय कॉन्फ्रेंस' में अति आवश्यक तालमेल का अधिकतर काम निपटा लिया गया था। साथ ही, गुरदेव सिंह से मिलने का यह मेरा पहला और आखिरी मौका था। कहा जाता था कि वह उस समय भिंडरावाला का प्रसिद्ध हिमायती था।

खबर थी कि वह 'कारसेवा' की गाड़ियों की तालाशी लेने के विचार का विरोधी था और उसने हरिमंदिर के आसपास सुरक्षित घेराबंदी को और भी पक्का करने की सी.आर.पी.एफ. की विनती का विरोध किया था। रातों-रात उसका स्थान रमेश इंद्र सिंह ने ले लिया था, जो प्रमाणित योग्य एक ईमानदार प्रशासक था। इसके बाद कहीं जाकर लेफ्टिनेंट जनरल सुंदर जी को तसल्ली हुई कि हमने सभी अनदेखे मसले हल कर लिए हैं।

उन्होंने कहा कि उन्होंने चीफ ऑफ आर्मी स्टाफ जनरल ए.एस. वैद्य से

भिंडरावाले के तीन सुरक्षाकर्मी, जो दमदम टकसाल से संबद्ध थे

ऑपरेशन ब्लू स्टार के तीन दिन पहले 2 जून, 1984 की रात को तत्कालीन प्रधानमंत्री श्रीमती इंदिरा गांधी राष्ट्र को संबोधित करते हुए

पवित्र तीर्थस्थल के अंदर की गई किलेबंदी

स्वर्णाभा में दमकता अमृतसर स्थित स्वर्ण मंदिर

जनरैल सिंह भिंडरावाले

5 जून, 1984 की भयावह रात को स्वर्ण मंदिर की किलेबंदी और उग्रवादियों का नेतृत्व करनेवाले मेजर जनरल शाबेग सिंह (सेवानिवृत्त)

आगजनी और हिंसा के बाद सबसे पहले सैन्यबलों ने मंदिर की सफाई की

8 जून, 1984 को भारत के राष्ट्रपति ज्ञानी जैल सिंह ने स्वर्ण मंदिर के दर्शन किए चित्र में वे हरमंदिर साहब के मुख्य ग्रंथी ज्ञानी साहिब सिंह से बातचीत करते हुए

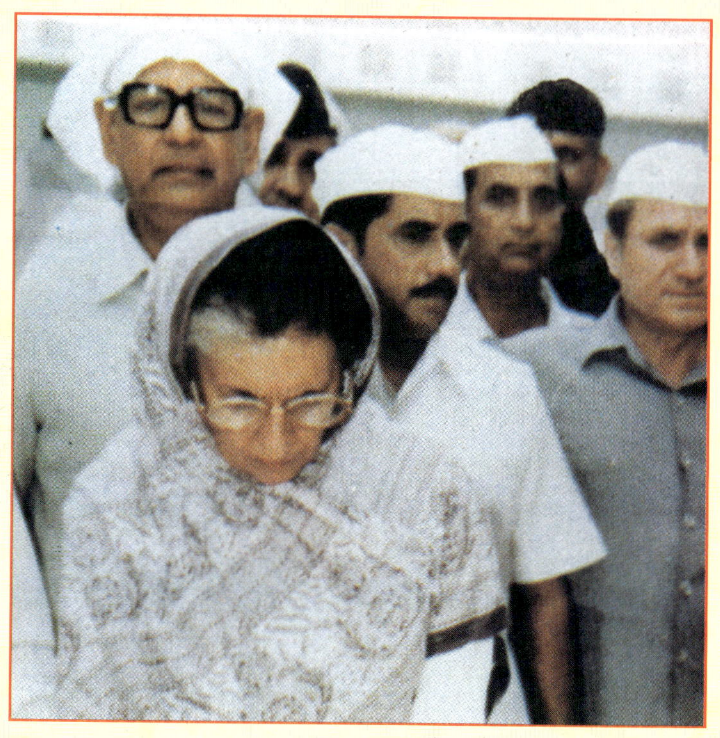

23 जून, 1984 को स्वर्ण मंदिर में प्रवेश करते समय
तत्कालीन प्रधानमंत्री श्रीमती इंदिरा गांधी विषादग्रस्त लग रही हैं

श्रीमती इंदिरा गांधी ज्ञानी साहिब सिंह और पश्चिम कमान के
जी.ओ.सी. लेफ्टिनेंट जनरल के. सुंदरजी से बात करती हुईं

सेनाध्यक्ष जनरल ए.एस. वैद्य ऑपरेशन समाप्त होने के एक दिन बाद स्वर्ण मंदिर पहुँचे

सेनाध्यक्ष जनरल ए.एस. वैद्य हरमंदिर साहब के मुख्य ग्रंथी ज्ञानी साहिब सिंह तथा अकाल तख्त के मुख्य ग्रंथी जत्थेदार कृपाल सिंह से बातचीत करते हुए

अकाली नेता गुरुचरण सिंह टोहरा तथा हरचंद सिंह लोंगोवाल

ऑपरेशन के बाद स्वर्ण मंदिर परिसर में उमड़े श्रद्धालु

पवित्र तीर्थस्थल के अंदर की गई किलेबंदी

स्वर्ण मंदिर के निकट बनी 16वीं शताब्दी के रायगढ़िया मीनारों में से एक, जिसकी उग्रवादियों ने मजबूत किलेबंदी कर दी थी

छुपकर गोली चलाने के लिए उग्रवादियों ने ऐसे अनेक मेनहोल का प्रयोग किया था, जिसमें से अचानक सैन्यबलों पर गोलीबारी कर देते थे

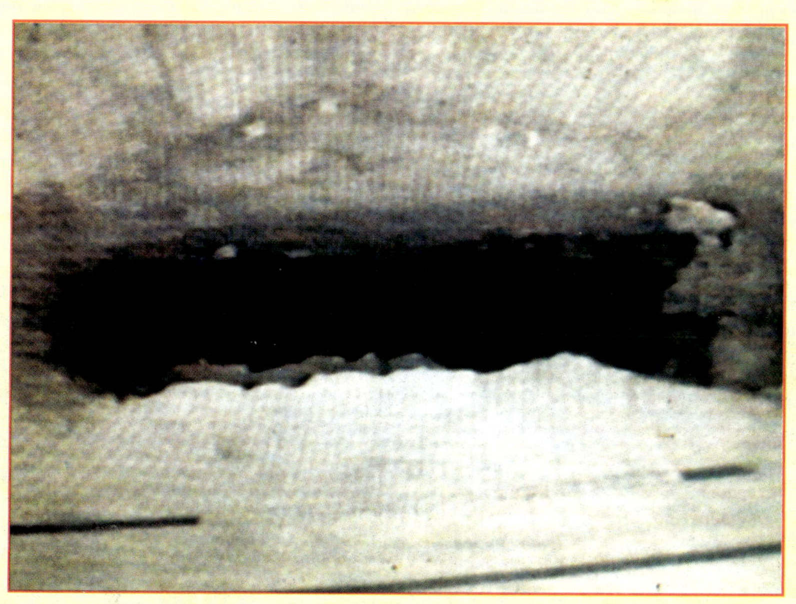

अकाल तख्त के प्रवेश द्वार के संगमरमर को विकृत करके यहाँ मशीनगन लगाकर सैन्यबलों पर भारी गोलीबारी की गई

उग्रवादियों के हथियारों के जखीरे में विभिन्न प्रकार के
हथियार गोला-बारूद और देसी हथगोले बरामद हुए.

योजना संबंधी विचार-विमर्श कर लिया था और उनकी भी स्वीकृति मिल गई थी। अन्य आवश्यक कामों की ओर ध्यान देने के लिए वे जल्दी ही चले गए।

बाद में उस रात, गुप्तचर विभाग के स्थानीय अधिकारी के साथ, जो हमारे यहाँ पहुँचने पर पहले दिन से ही हमसे करीबी तौर पर जुड़ा हुआ था, मेरी दिलचस्प बहस हुई। उसे जानकारी थी कि लोंगोवाल तथा टौहड़ा बातचीत करने तथा खून-खराबा रोकने के लिए तत्पर थे, मगर उन्हें यह समझ में नहीं आ रहा था कि कर्फ्यू जारी रहने पर वे हरिमंदिर से बाहर कैसे निकलें यह भी सभी जानते थे कि दमदमी टकसाल से संबंधित भिंडरावाला के कुछ वफादार अनुयायियों सहित हरमिंदर सिंह संधू इन दोनों पर कड़ी नजर रखे हुए था। बातचीत से मैंने यह भी समझ लिया कि खुफिया ब्यूरो का एक एजेंट कुछ दिन पहले हरिमंदिर के अंदर भेजा गया था, जिसने किसी-न-किसी तरह इतनी जानकारी तो भेज दी, मगर खुद वह बाहर नहीं आ पाया था। मुझे समझ में नहीं आ रहा था कि इन सुनी-सुनाई खबरों पर कितना विश्वास किया जाए। मगर मैंने यह महसूस किया कि यदि हम अगली शाम तक, जब कारवाई शुरू होनी थी, अकाली नेताओं को बाहर निकालने में मदद कर पाए तो हमें करनी ही चाहिए।

इस अवसर पर मैं यह विश्वास करने के लिए अधिक सहजता से तैयार था कि हरमिंदर सिंह संधू बाहर आने के लिए दूसरों से अधिक उतावला था, क्योंकि अभी महीना पहले ही उसका विवाह हुआ था और वह अपनी नवब्याहता के बारे में ही सोचता रहता था। मैंने काफी कोशिश की कि गुप्तचर विभाग के अफसर का टौहड़ा या लोंगोवाल के साथ टेलीफोन पर संपर्क करवा पाऊँ। मगर बदकिस्मती से मैं सफल न हो पाया। जब 36 घंटों का कर्फ्यू लगाया गया था तो अमृतसर की सभी टेलीफोन लाईनें जान-बूझकर बंद कर दी गई थीं, तो भी हमने टेलीफोन विभाग से संपर्क स्थापित किया और उन्हें एस.जी.पी.सी. (S.G.P.C.) का फोन बहाल करने के लिए कहा ताकि दोनों में से किसी एक के साथ संपर्क हो जाए। यह काम तुरंत हो गया।

बेशक फोन की घंटी तो सुनाई देती रही, मगर दूसरी ओर से किसी ने

उसे न उठाया। यह संभावना थी कि या तो जान-बूझकर तार काट दी गई है या रह-रहकर चल रही गोलियों के कारण तार टूट गई है। संभव था, अब ऑफिस में कोई भी न हो। (जैसा कि बाद में हमें पता लगा कि अधिकतर लोग महफूज/सुरक्षित स्थानों पर चले गए थे)। कारण कुछ भी हो सकता है, मगर संपर्क साधने का अवसर हमारे पास से चूक गया था। शायद ऐसा ही होना था।

अगली सुबह हमने फिर बहुत यत्न किए, मगर वे सभी यत्न असफल रहे। यहाँ मैं गुप्तचर विभाग के अफसर तथा एक पुलिस अफसर की प्रशंसा किए बगैर नहीं रह सकता, जो परिसर क्षेत्र में जाकर लोंगोवाल से बात करने के लिए भी तैयार थे। एक बार हमने यह भी सोचा कि एक घंटे के लिए कर्फ्यू हटा दिया जाए, ताकि वे लोग बाहर आ सकें, मगर फिर यह विचार त्याग दिया गया, क्योंकि यह भारी जोखिम में पड़नेवाला मामला बन सकता था।

□

5

अमृतसर पर अग्नि-वर्षा

''अंदर दाखिल होते समय हमारे दिलों में विनम्रता तथा होंठों पर प्रार्थना थी।''

—जनरल के. सुंदरजी

5 जून

ऐसे नाजुक समय पर अकसर लोगों की नींद उड़ जाती है और मन इधर-उधर भटकता रहता है। जैसे-जैसे हरकत में आने का समय पास आता जाता है, बेचैनी और भी बढ़ने लगती है। बीती रात जब मैंने ऊँघने की असफल कोशिश की, मेरी हालत एकदम ऐसी ही थी।

अगला दिन मेरे लिए तड़के ही शुरू हो गया। मुझे महसूस हुआ कि मेरे लिए उस रात की काररवाई में हिस्सा लेनेवाले जवानों से बातचीत करने का यही उपयुक्त समय है। सुबह-सुबह छह बजे शुरू करके, मैं सारी यूनिटों के पास, जहाँ-जहाँ वे एकत्रित थे गया और हरेक के पास करीब-करीब तीस मिनट गुजारे। मैंने उन्हें संबोधित किया और बताया कि आज की रात शायद उनके लिए अपनी जिंदगी की सबसे मुश्किल रात होगी।

अतिवादियों ने एक पवित्र धर्मस्थान को एक शस्त्र-भंडार का रूप देकर एक ऐसा अड्डा बनाकर इसकी बेइज्जती की है, जहाँ खौफनाक अत्याचारों की योजनाएँ बनाई गईं, उन पर अमल किया गया, सजाएँ सुनाई

गईं और लोगों को मौत के घाट उतारा गया था। उनकी अलगाववादी सरगर्मियों ने देश की सुरक्षा के लिए एक गंभीर खतरा पैदा कर दिया है, जिसके फलस्वरूप हमें यह काररवाई करनी पड़ी कि हम अतिवादियों को हरिमंदिर से बाहर निकालकर जल्दी-से-जल्दी इस स्थान की धार्मिक पवित्रता बहाल कर पाएँ। मैंने कहा कि मैं इस बारे में जानता हूँ कि हमें बहुत अप्रिय कार्य सौंपा गया है तो भी हमें यह करना ही पड़ेगा, क्योंकि और कोई चारा नहीं रह गया। मैंने इस बात पर जोर दिया कि जो काररवाई हम करने जा रहे हैं, वह न सिखों के खिलाफ है और न ही सिख धर्म के खिलाफ, यह असल में अतिवाद के खिलाफ है। मैंने यह भी कहा था कि यदि इनके बीच कोई ऐसा जवान हो, जो जबरदस्त भावनाओं वाला हो या किसी संकोच के कारण इस काररवाई में हिस्सा लेने का इच्छुक न हो तो वह बाहर आ सकता है और यह बात उसके खिलाफ नहीं मानी जाएगी।

किसी भी जवान ने बाहर आने को तरजीह नहीं दी। इनमें काफी संख्या में सिख अफसर, छोटे कमीशंड अफसर तथा दूसरे टैंकों के जवान भी थे। इससे यह सिद्ध होता है कि हमारे भारतीय जवान किस मिट्टी के बने हुए हैं और यह बात भी सिद्ध होती है कि वे राष्ट्र तथा सैन्य सेवा के हितों को धर्म, जाति या मत से ऊँचा स्थान देते हैं। मैंने हर बार अपने छोटे-से जोश भरे भाषण को समाप्त करते हुए उन्हें याद दिलाया कि हम यह काररवाई किसी दुश्मन के खिलाफ नहीं बल्कि अपने ही लोगों के खिलाफ कर रहे हैं और इसलिए हमें हर पल कम-से-कम बल-प्रयोग का उसूल याद रखना चाहिए। इसके अलावा, हम सभी को अपना कर्तव्य सम्मान सहित पूर्ण करना चाहिए और सिखों की धार्मिक भावनाओं का पूरा-पूरा सम्मान करना चाहिए।

मैं अभी चक्कर लगा ही रहा था कि ठाँय-ठाँय की कुछ आवाजें मुझे सुनाई दीं। लंगर के दोनों ओर अठाहरवीं सदी के बुर्जों तथा तेजा सिंह। समुद्री हाल के पिछली ओर की विशाल पानी की टंकी पर पीछे से धक्का न मारनेवाली 106 एम.एम. की गन तथा 3.7 इंच की हाऊविटर्ज से गोले दागे जा रहे थे। गोलियाँ पाँच मिनट से थोड़ा अधिक समय तक चलती रहीं और

मुझे विश्वास हो गया कि इन ढाँचों की छतों पर मोरचों का नामोनिशान मिट गया होगा। चश्मदीद गवाहों ने धमाकों से रेत के बोरे आसमान में उड़ते देखे। यहाँ निगरानी के लिए मोरचों में तैनात रहने वाले और मौका देखकर गोले दागनेवाले नहीं रहे थे।

मैं ऑपरेशन रूम में वापस आया। होनेवाली काररवाई के सभी पहलुओं की ताजा गुप्त सूचना के साथ तैयारी की अवस्था, सभी स्तरों पर समन्वय और गाँवों में जन-समूह के प्रतिक्रमों का जायजा लेने के पश्चात् अब मैं अपने अधीनस्थों को आदेश देने के लिए तैयार था, जो मैंने जल्दी ही सभी संबंधित कमांडरों, उपयूनिटों के कमांडरों तथा मेरी कमान के अधीन रखे गए दूसरे विभागों को हिदायतों के रूप में जारी किए। जवानों को आराम करने का समय दिया गया, क्योंकि एक लंबी और अति कठिन रात उनके सामने थी।

मैं इस बात को अवश्य स्वीकार करूँगा कि मैंने अभी भी इस उम्मीद का दामन नहीं छोड़ा था कि रात होने से पहले-पहले कोई चमत्कार हो जाएगा, जिसके फलस्वरूप इतने लंबे समय की दास्तान का बिना खून-खराबे के अंत हो जाएगा।

सुबेग के वे बाहरी मोरचे, जो हरिमंदिर पहुँचने के आखिरी पड़ाव के समय हमारी गतिविधि में गंभीर रुकावट डाल सकते थे, अब तक पूरी तरह से तबाह हो चुके थे, जो दो ऊँचे बुर्ज तथा विशाल पानी पर बने मोरचे थे। दूसरे बाहरी मोरचे, जो हमारे वास्तविक दाखिले के समय एक गंभीर खतरा बनते, उन पर होटल आवर (Hhr) से कुछ समय पहले काबू करना था। ये थे होटल टैंपल व्यू तथा ब्रह्म बूटा अखाड़ा।

उस काररवाई को ऑपरेशन ब्लू स्टार का नाम दिया गया था। नीचे सरल भाषा में इसकी व्याख्या की गई है—

मिशन — 350 इन्फैंट्री ब्रिगेड तथा इससे संबंधित दस्तों के लिए फुरतीला तथा न्यायिक काररवाई करने के कारण हरिमंदिर परिसर अमृतसर को खाली करवाने तथा अधिक-से-अधिक अतिवादी, हथियार तथा गोला-

बारूद को नियंत्रित करने का लक्ष्य रखा गया था।

व्यावहारिक रूप — यह कारवाई नीचे लिखे स्तरों में की जानी थी—

(1) आरंभिक कारवाई

(i) बी.एस.एफ. को 5 जून रात के 9 बजे तक होटल टैंपल व्यू को अपने कब्जे में ले लेना था।

(ii) सी.आर.पी.एफ. को 5 जून, रात के 10 बजे तक ब्रह्म बूटा अखाड़े को अपने कब्जे में लेना था।

(2) पहला पड़ाव

(i) 10 गारद को 6 जून, रात के एक बजे तक हरिमंदिर परिसर की उत्तरी दिशा को कब्जे में लेना था।

2. 1 पैरा कमांडो

(i) जल्दी-से-जल्दी, मगर 6 जून, रात के एक बजे से पहले पहल अकाल तख्त में ठिकाना बनाएँ।

(ii) हरिमंदिर साहिब में जल्दी-से-जल्दी गड्ढों को साथ लेकर ठिकाना बनाए और अगर कोई विस्फोटक हो, उसे 5 जून की रात के साढ़े ग्यारह (11.30) बजे तक बेअसर कर दे।

(iii) **एस.एफ.एफ.**—(विशेष सीमा बल) अकाल तख्त को अलग-थलग करे और 6 जून रात के एक बजे तक हरिमंदिर समूह की पश्चिमी दिशा को कब्जे में ले ले।

(iv) **26 मद्रास**—6 जून रात के एक बजे हरिमंदिर परिसर की दक्षिणी तथा पूर्वी दिशा कब्जे में ले ले।

(v) **9 कुमाऊँ**—6 जून रात के एक बजे तक गुरु रामदास सराय तथा एस.जी.पी.सी. की इमारत कब्जे में ले ले।

3. **दूसरा पड़ाव**

सफाई करने तथा हथियारों पर काबू करने का काम 6 जून तड़के 4 बजे तक मुकम्मल किए जाएँ। (यह सभी पर लागू था।)

4. **तीसरा पड़ाव**

(i) **9 कुमाऊँ**—6 जून सुबह से 8 बजे तक परिसर क्षेत्र में रहते हिस्से को कब्जे में लेने के लिए कारवाई का प्रसार करे।

(ii) **10 गारद, 26 मद्रास, 1 पैरा सी.डी.ओ. (कमांडो) एस.एफ.एफ.**—पुनर्गठित शक्तियों के साथ कैदियों को कतारबद्ध करने तथा सुपुर्द करने सहित, हरिमंदिर परिसर के समूचे इलाके को सुरक्षित करें।

5. **12 बिहार** को घेराबंदी जारी रखनी थी और इसे परिसर तथा हरिमंदिर परिसर में आने-जाने के सभी ठिकाने सील करने का काम भी सौंपा गया था। सी.आर.पी.एफ. के तत्त्व इसकी कमान तले थे। इसके अलावा इन्हें नीचे लिखे कार्य पूरे करने थे—

मशीनबद्ध तत्त्व

1. **बख्तरबंद : 16 कैवलरी**

(i) **10 गारद** के साथ दलबद्ध तीन टैंकों को घंटाघरवाले रास्ते से हरिमंदिर के मुख्य (उत्तरी) द्वार के समीप पहुँचना था। इसके पश्चात् उनको मशीनगन की गोलीबारी के साथ मुँडेरों पर अतिवादी मोरचों को निशाना बनाकर उड़ाना और इन्फैंट्री कमांडो तथा एस.एफ.एफ. तत्त्वों को नजदीकी सुरक्षा तथा सहायता मुहैया करानी थी।

(ii) **26 मद्रास** के साथ दलबंद तीन टैंकों को इन्फैंट्री

सैनिकों के अंदर जाने के रास्तों में रुकावट डालने वाले अतिवादी मोरचों को बेअसर करने का कार्य पूरा करने के लिए कोतवाली के क्षेत्र (पुलिस स्टेशन) से लंगर की ओर से जानेवाले रास्ते का इस्तेमाल करना था और मशीनगन की गोलियों से धावा बोलते इन्फैंट्री जवानों को निकट से गोलाबारी को आड़ देना था।

2. **मशीनबद्ध इन्फैंट्री : 8 मशीनबद्ध बटालियन**

(i) गड्ढों तथा पैरा कमांडो ले जाने के लिए 10 गारद के साथ चार बी.एम.पी. इन्फैंट्री वाहक बख्तरबंद गाड़ियों, को दलबद्ध किया गया था।

(ii) चार बी.एम.पी. तथा तीन ए.पी.सी. (स्कॉट) बख्तरबंद गाड़ियाँ आरंभ में अर्द्ध-कमांडो गड्ढों तक पहुँचने के लिए 26 मद्रास से दलबद्ध की गई थीं, जिन्हें बाद में अगले कार्यों के लिए आरक्षित शक्ति का काम करना था।

आरक्षित सेना—15 कुमाऊँ को निम्नलिखित के अनुसार तैनात करना था—

(i) दो कंपनियाँ बटालियन सहित, 7 कुमाऊँ के लिए आरक्षित परिसर क्षेत्र के निकट रखना था।

(ii) दो कंपनियाँ हरिमंदिर समूह में किसी अप्रत्यक्ष कार्य के लिए ब्रिगेड के लिए आरक्षित थीं। ये कंपनियाँ दक्षिणी द्वार के आसपास (मुख्य घंटाघर द्वार के एकदम सामने रखी जानी थीं।)

समय-निर्धारण

(i) निश्चित अनिवार्य तत्त्वों के अलावा, 5 जून शाम के 7.30 बजे से पहले स्वयं अपनी यूनिट के असेंबली

इलाकों में कोई आगे नहीं बढ़ेगा।

(ii) **एच. ऑवर (काररवाई शुरू करने का समय) :** 5 जून, रात के 10 बजे।

केंद्रीय आर.वी. (मिलन-स्थान) तथा योजनाबंदी पर नियंत्रण : शहर की कोतवाली।

डिवीजन का दाँवपेची हैडक्वार्टर—घेराबंदी में एक छत पर (देखो रेखाचित्र)

इससे पहले कि 5 जून को सैनिक अंतिम रूप में अपने-अपने असेंबली इलाकों को छोड़ते तथा हरिमंदिर की ओर बढ़ना शुरू करते, हमने खून-खराबे को रोकने के लिए आखिरी पल भी कोशिश की। शाम के 4.30 बजे शहरी प्रशासन का एक प्रतिनिधि तथा मेरे स्टाफ का एक सीनियर व्यक्ति हरिमंदिर के अत्यंत निकट एक स्थान पर पहुँच गए। बेशक वे अतिवादियों की नजर अधीन गोलीबारी की रेखा से बाहर थे। उन्होंने लाऊड स्पीकर पर भीतर बैठे अतिवादियों तथा बेगुनाह श्रद्धालुओं, दोनों से हरिमंदिर से बाहर आने और आत्मसमर्पण करने की अपील की ताकि हमें हरिमंदिर के अंदर दाखिल होने तथा सैन्य काररवाई द्वारा इसकी सफाई करने का अंतिम कदम उठाने के लिए मजबूर न होना पड़े। आरंभ में, एकदम कोई भी जवाब न मिला। इसके बाद बार-बार पंजाबी में अपीलें दुहराई गईं और यह काम तकरीबन शाम के 7 बजे तक होता रहा। हम इस हकीकत को जानते थे कि पिछले दो दिनों में, जब कर्फ्यू में थोड़े-थोड़े समय के लिए ढील दी गई थी, अतिवादियों ने श्रद्धालुओं को बाहर नहीं आने दिया। यह बात हमें एक बूढ़े, बीमार श्रद्धालु ने बताई थी, जो किसी तरह बाहर खिसक आया था। भिंडरावाला शायद अभी भी यह महसूस कर रहा था कि जितनी देर अच्छी-खासी तादाद में श्रद्धालु अंदर मौजूद रहेंगे, सेना सिर्फ अपने इरादों की धमकियाँ ही देती रहेंगी और में हरिमंदिर में दाखिल होने का जोखिम नहीं उठाएगी। अंत में कुल 129 मर्द, स्त्रियाँ तथा बच्चे हरिमंदिर से बाहर आ गए। सभी बालिग

बीमार थे और उनके बच्चे बगैर उनके पीछे नहीं रखे जा सकते थे। हमने उससे पूछा कि कुछ और व्यक्तियों के बाहर आने की आस रखें? 'नहीं' में जवाब देते हुए उन्होंने इस बात की पुष्टि की कि बहुत सारे लोग बाहर आना चाहते थे, मगर भिंडरावाला के हथियारबंद अनुयायियों ने उन्हें बाहर आने नहीं दिया। मेरे मन में कोई शक नहीं रह गया था कि हमें काररवाई पूरी करनी ही पड़ेगी।

सैनिक दस्ते छावनी से चल दिए थे और शाम 7 बजे के बाद अमृतसर से आमतौर पर बहुत ही रौनक भरे बाजारों में वाहनों का एक प्रवाह चल रहा था। इस समय कर्फ्यू के कारण बाजारों में सुनसान था और उत्सुक दर्शकों का एक विशाल जनसमूह ही नजर आ रहा था, जो अपनी छतों तथा बालकनी में खड़े आगे बढ़ रहे ट्रकों की ओर देख रहा था। एक पल के पश्चात् आगे बढ़ते आ रहे टैंकों की आवाज सुनाई दी। अब तक रात उतरने लगी थी और सारे शहर पर अँधेरे का परदा तन गया था, जहाँ तकरीबन अड़तालीस घंटे पहले लगे कर्फ्यू के समय से ही बिजली भी नहीं थी।

सारे अमृतसर पर उदासी, निराशा तथा अज्ञात खौफ की सनसनाहट छेड़नेवाली चादर तनी हुई थी। कोई अखबार नहीं आ रहा था, बिजली के बगैर टी.वी. सेट बेकार पड़े थे और संपूर्ण सैंसरशिप को ध्यान में रखते हुए आकाशवाणी पंजाब के बारे में कोई खबर प्रसारित नहीं कर रहा था। पंजाब के बारे में बी.बी.सी. की खबरें अत्यंत सतही व अटकलपच्चू समान थीं, क्योंकि छत्तीस घंटे के कर्फ्यू से पहले विदेशी पत्रकारों को राज्य से बाहर भेज दिया गया था, इसलिए कोई स्रोत बाकी नहीं रहा था।

देश के दूसरे हिस्सों में और विदेशों में रहनेवाले बहुत सारे लोग, जो पंजाब में अपने नाते-रिश्तेदारों की कोई खबर जानने के लिए व्याकुल थे, टेलीफोन द्वारा संपर्क स्थापित करने में असमर्थ थे, क्योंकि राज्य में सभी संचार साधनों को पूर्णतः ठप्प कर दिया गया था। इन दिनों संचार साधनों तथा सूचना-प्रसारण पर पूर्णतया रोक तथा सारे देश-विदेश से पंजाब का पूर्णतया संपर्क तोड़ देने पर काफी आलोचना हुई, मगर इसके पीछे कारण

यही था कि हरिमंदिर साहिब में होनेवाली सैन्य कारवाई की खबर एक बार जंगल की आग की तरह फैल जाने से पंजाब भर में भारी सिख बगावतों के खड़े होने का खतरा था। इसी के साथ, संभव था देश में सांप्रदायिक फसाद भड़क उठते, जिससे ऐसी तबाही मचती जो नियंत्रण से बाहर चली जाती। मैं समझता हूँ कि, 'बुरी खबर की बजाय कोई खबर न होना बेहतर' के जुए ने बहुत हद तक स्थिति को हाथ से निकल जाने से बचा लिया था।

शाम के सात बजे थे और हम हरिमंदिर के बाहर एक इमारत की बॉलकनी में स्थित उस अस्थायी हैड-क्वार्टर में थे। कारवाई में हिस्सा लेनेवाली अलग-अलग कतारों के केंद्रीय नियंत्रण स्थान (इस संबंध में कोतवाली के निकट) से आगे बढ़ने की खबर आने लगी। ये सभी अपने-अपने कार्यों के आरंभ होनेवाले ठिकानों की ओर जा रही थीं। हरिमंदिर के अंदर बहुत कम हलचल दिखाई दे रही थी। मेरा खयाल है कि अतिवादी अब तक अपने मोरचों में तैयार 'मारो' की प्रतीक्षा कर रहे थे। दूसरे सिरे पर परिसर क्षेत्र में श्रद्धालु, एस.जी.पी.सी. के कर्मचारी तथा अकाली लीडर इमारतों के कमरों में खामोश तनाव की हालत में डरे-सहमे बैठे होंगे। आरंभिक तैयारियाँ योजनानुसार मुकम्मल कर ली गई थीं और रात के 1 बजे तक होटल टैंपल व्यू तथा ब्रह्म बूटा अखाड़ा दोनों ही स्थान, अतिवादियों को वहाँ से निकालकर, अपने संरक्षण में ले लिए गए थे।

हैरानी की बात यह हुई कि यहाँ अतिवादियों ने कोई ज्यादा मुकाबला नहीं किया था। हम सोच रहे थे कि वे हरिमंदिर समूह के अंदर भी ऐसा ही करेंगे या वहाँ एक बिल्कुल नई कहानी होगी? हमारे विश्लेषण के हिसाब से संभावना इस बात की थी बाहर के दायरे में वे कड़ा मुकाबला करेंगे ही नहीं, क्योंकि इमारतों के मोरचे अलग-थलग थे और सख्त मुकाबला से ही उन्हें साफ किया जा सकता था।

अब प्रतीत होता है कि इनसे काम ही बाहरी चौकियों का लिया जाना था, जो इर्द-गिर्द के इलाकों पर छाई रहती थीं और हमारे इरादों तथा गतिविधियों की सूझ लेकर पूर्व चेतावनी देती थीं और तैयारी के दौरान मौका

देखकर लुक-छिपकर गोलियाँ चलाकर हमारा जान-माल का नुकसान करती थीं। इसके अलावा जहाँ कहीं भी संभव होता, हमारी तैयारी तथा आगामी काररवाइयों में दखल देती थी। दूसरी ओर, यह धारणा तर्कसंगत थी कि हरिमंदिर के अंदर परिसर में अतिवादी या तो हमारे साथ कड़ा मुकाबला करेंगे या बिल्कुल कुछ नहीं करेंगे। अब कोई बीच-बचाव वाला रास्ता बाकी नहीं बचा था।

इन दोनों विकल्पों में से इस बात पर विचार करते हुए ही सारे के सारे हरिमंदिर परिसर क्षेत्र को एक गढ़ में तबदील कर दिया गया था। यह उम्मीद करना कि हमारे अंदर दाखिल होने पर वे हमसे मुकाबला नहीं करेंगे, सिर्फ खुशफहमी पालना और अवास्तविक सोच थी। बेशक बाहरी दायरे की दोनों इमारतें बगैर सख्त मुकाबले के ही हमारे कब्जे में आ गई थीं तो भी मुख्य काररवाई के लिए नियत समय को तकरीबन आधे घंटे के लिए मुल्तवी करना पड़ा था। इसका कारण यह था कि टैंक भी घंटाघर की इमारत की मुँडेरों पर बने मोरचों को उड़ाने में नियत से अधिक समय ले रहे थे। इन मोरचों से खुले मैदान में जबरदस्त गोलीबारी हो रही थी, जिससे निकलकर हमारे आक्रमणकारी दस्तों को अंदर जाना था या ताकत के बल पर अंदर दाखिल होना था।

ठीक रात के साढ़े दस बजे ब्लू स्टार काररवाई का पहला पड़ाव आरंभ हुआ। आसानी से समझ में आने तथा आत्मसात् करने के लिए मैं इस काररवाई का विस्तृत वृत्तांत दो अलग-अलग शीर्षकों के अधीन करूँगा : हरिमंदिर क्षेत्र तथा परिसर क्षेत्र, क्योंकि ये स्पष्ट रूप में एक-दूसरे से अलग-अलग हैं।

हरिमंदिर क्षेत्र

उत्तरी प्रवेश-द्वार

10 गारद के जवान मुख्य प्रवेश-द्वार से परिक्रमा की ओर जानेवाली सीढ़ियों तक मुश्किल से अभी पहुँचे ही थे कि उन पर छिपे मोरचों से

स्वचालित हथियारों से सुव्यवस्थित ढंग से गोलीबारी होने लगी। ये मोरचे जहाँ सीढ़ियाँ खत्म होती थीं, वहाँ दोनों ओर से तारों की बाड़ के अंदर बहुत होशियारी से गुँथे हुए थे। जहाँ कुछ जवान इस जाल से राह निकालकर निचली मंजिल पर चले गए, वहाँ बाकियों ने बहुत फुरती से मशीनगनों से इन ठिकानों का सफाया कर दिया, क्योंकि इससे उनकी काररवाई की गति में गंभीर रुकावट आ रही थी। जो सीढ़ियाँ लाँघ गए थे, उन पर एक और असामयिक संकट आ पड़ा था। परिक्रमा के ढके बरामदों में पहुँच जाने से पहले जो एक-दो मिनट वे खुले स्थानों पर आए, इन ढके बरामदों से व्यवस्थित गोलियों ने उनका स्वागत किया। बटालियन को आरंभ में ही एक गंभीर धक्का लगा। उसके बीस जवान मौत के घाट उतर गए। जख्मी होनेवालों में कप्तान जसबीर सिंह रैना भी थे, जो अभी तीन दिन पहले ही अपनी मरजी से हरिमंदिर के भीतर गए थे और अपने गुप्त सर्वेक्षण के बाद सही-सलामत आ गए थे। मशीनगन की गोलियों की सीधी मार के कारण उसकी टाँग पर गहरा जख्म लग गया था। बेशक यह नौजवान सिख अफसर प्रत्यक्ष रूप में सख्त दर्द की हालत में भी अपने कार्य की पूर्ति तक डटे रहने की जिद करता रहा था, मगर उसे वहाँ से वापस भेजा जाना आवश्यक था, क्योंकि उसका जख्म गंभीर था। बाद में उसकी टाँग काटनी पड़ी थी। उसकी इस दिलेरी के लिए उसे 'अशोक चक्र' से सम्मानित किया गया, जो हमारे देश का सबसे बड़ा शूरवीरता पुरस्कार है। बटालियन हरिमंदिर की उत्तरी दिशा की ओर धीरे-धीरे अकाल तख्त की ओर सरकने लगी। मगर बरामदे के दूसरे सिरे से और सरोवर के पार के दक्षिणी ओर की एक इमारत में बने मोरचे से स्वचालित हथियारों की भारी गोलीबारी इनके आगे बढ़ने में सख्त रुकावट बन रही थी।

जवानों ने परिक्रमा के साथ लगते कमरों को साफ करना शुरू कर दिया था। इनकी मजबूत नाकाबंदी तथा सुरक्षा प्रबंध किए गए थे। वास्तविक रूप में कमरों की सफाई किए बगैर आगे बढ़ना लगभग असंभव था। इतनी देर तक अतिवादी कमरों से खुले स्थान पर ग्रेनेड फेंकते रहे। कुछ कमरों की

सफाई करने के पश्चात् भी ऐसे उदाहरण हैं, जब अतिवादी फिर इन कमरों में दिखाई देते रहे, जिस कारण एक बार फिर इनके मुकाबले के अड्डों में सरगर्मी बढ़ जाती। यह भेद बहुत बाद में जाकर खुला कि छिपे छिद्रों तथा जमीनदोज रास्तों से कुछ कमरों को और ढके हुए बरामदों को भी एक-दूसरे से जोड़ा गया था। अतिवादी वास्तव में इन बड़े छिद्रों से बाहर आते, गोलियों की बौछार करते, कुछ मारु ग्रेनेड फेंकते और फिर अंडरग्राउंड गलियारों में जा छिपते। जख्मियों तथा मरनेवालों की तादाद लगातार बढ़ती जा रही थी और अँधेरे में इन अंडरग्राउंड मोरचों में से कुछ के साथ निपट पाना लगभग असंभव था। इसके साथ ही, जिस समय कमरे में लड़ाई हो रही थी, गारद के जवानों पर ढके बरामदों के दोनों ओर जमीन से मुश्किल से ही बारह इंच ऊँची-हल्की मशीनगन से गोलियाँ बरसती रहीं। गोलीबारी अंधाधुंध और नीचे से होने के कारण जख्मियों तथा मरने वालों की संख्या और भी बढ़ गई, क्योंकि इस बात से कोई फर्क नहीं पड़ता था कि जवान पैरों से आगे बढ़ रहे थे या पेट के बल आगे रेंग रहे थे।

योजना अनुसार जिस समय इन्फैंट्री सैनिक हरिमंदिर की उत्तरी दिशा की सफाई करने के अपने कार्य में जुटे हुए थे। जाँबाज कमांडो को अत्यंत फुरती से अपने लक्ष्यों की ओर बढ़ना था। ये लक्ष्य थे—अकाल तख्त में पैर रखने की जगह बनाना, हरिमंदिर समूह की पश्चिमी दिशा से अकाल तख्त के दोनों ओर से ठिकाना बनाना, हरिमंदिर साहिब के अंदर गड्ढों की सहायता से पैर रखने का ठिकाना बनाना। इनकी पहली टोली जैसे ही परिक्रमा में आई, उसका भी वही हाल हुआ जो गारद के जवानों का हुआ था। ढके बरामदों के उलट, परिक्रमा में कोई भी आड़ नहीं थी और परिक्रमा के किसी भी हिस्से में होनेवाली प्रत्येक गतिविधि चारों ओर से गोलियों की बौछार तले आती थी। अपनी हालत को नुकसान की सीमा में महसूस करके वे ढके हुए बरामदे के साथ-साथ एक कोने से दौड़कर दूसरे तक पहुँचते हुए आगे बढ़ते गए और अंत में हरिमंदिर के पश्चिम की ओर चले गए।

असल मुसीबत का सामना यहीं पर करना पड़ा, क्योंकि अब वे मोरचाबंद

अकाल तख्त तथा उसके दोनों ओर की इमारतों से नहीं, बल्कि हरिमंदिर साहिब तथा दर्शनी ड्योढ़ी तोशाखाने से होने वाली भारी गोलीबारी के सामने थे। कमांडो के एक ओर सरोवर था और दूसरी ओर पक्की इमारत की छत पर बने मजबूत मोरचे थे। उनके सामने इसके सिवाय और कोई चारा नहीं था कि वे गोलियाँ दागते और धीरे-धीरे सरकते आगे बढ़ते जाएँ और किसी-न-किसी तरह से इतने निकट पहुँच जाएँ कि अकाल तख्त के अंदर सी.एस. गैस के गोले फेंके जा सकें।

गारद के जवानों को हिदायत दी गई थी कि वे इस पल हरिमंदिर के दक्षिणी ओर सरोवर के पार अतिवादियों के मोरचों पर गोलियाँ बरसाईं, ताकि कमांडो पर दबाव कम हो सके। यह काम उन्हें उत्तरी दिशा में दूर कब्जे में ली गई निचली मंजिल से करना था। इस तथ्य के बावजूद कि कमांडो पर गोलियाँ हरिमंदिर साहिब से दागी जा रही थी, मैंने स्वयं गारद, पैरा कमांडो तथा एस.एफ.एफ. के कमांडिंग अफसरों को स्पष्ट तथा दो-टूक हिदायतें दीं कि किसी भी हालत में हरिमंदिर साहिब की ओर जवाबी गोली नहीं चलाई जाएगी। जख्मियों तथा मरनेवालों की संख्या बढ़ती ही जा रही थी। इस घड़ी जो हालात थे, उनमें जख्मियों को बाहर निकालने का काम भी खतरे से खाली नहीं था, जैसा कि मोरचों से देखा जा सकता था। ये इस हिसाब से खड़े किए गए थे कि हरिमंदिर के किसी भी दिशा से की जानेवाली कारवाई में जवान सामने की दिशा से सीधे गोलीबारी की मार झेलते आ रहे थे और ऐसी स्थितियों में अगर जवाब में गोली चलाई भी जाती तो हरिमंदिर साहिब सीधे गोली की मार पर पड़ता।

कराहते जख्मियों तथा मरनेवालों की बड़ी संख्या तथा जान जोखिम में डाल रहे जवानों के तत्कालीन रोष के बावजूद हमारे लिए आवश्यक था कि अपने खिलाफ खड़ी मुसीबत को बरदाश्त करते और अपने इस कठिन फैसले पर डटे रहते कि हरिमंदिर साहिब की दिशा में एक भी गोली न चलाई जाए। आदमी हैरानी से सोचता है कि दुनिया की कोई और सेना लड़ाई के समय क्या ऐसे आदेशों का पालन करती है। मेरा विचार है कि ये

सबसे सख्त आदेश थे जो मुझे अपनी जिंदगी में देने पड़े। जिन दस्तों को सरोवर से तैरकर आगे जाने का कार्यभार सौंपा गया था, उन्हें रोक दिया गया, क्योंकि सभी तरफ से स्वचालित हथियारों से होती आग की वर्षा को ध्यान में रखते हुए उनकी सफलता की रत्ती भर भी संभावना नहीं थी।

आधी रात होनेवाली थी और हम अपने नियत लक्ष्य के कहीं आसपास भी नहीं पहुँचे थे। इस पड़ाव पर कुछ ऐसा करना जरूरी था, जिससे कमांडों पर दबाव कम हो। बदकिस्मती से 26 मद्रास हरिमंदिर परिसर में दाखिल होने से पिछड़ गई थी, क्योंकि इस्पाती फाटक को तोड़कर अंदर दाखिल नहीं हो पाई थी, जो हमारे अंदाज से कहीं अधिक मजबूत निकला था। आखिरकार एक टैंक को आगे लाकर यह फाटक तोड़ा गया था और यही कारण था कि पूर्वी दिशा से कारखाई के हमारे कार्यक्रम में गड़बड़ हो गई थी। यदि मद्रासी अपनी कारखाई गारदवालों की कारखाई से कदम मिलाकर करते तो अतिवादियों का ध्यान बँट जाता और तीनों ही तत्त्व–गारद, कमांडों तथा मद्रासी इन तीनों का कम जान–माल का नुकसान होता।

जहाँ गारद की कंपनी को जिस उत्तरी दिशा के पूर्वार्ध (घंटाघर की ओर की बाईं ओर) को कब्जे में लेना था, आधी रात तक यह काम कर लिया गया था, वहीं पश्चिम की ओर (घंटाघर की दाईं ओर) की सफाई करनेवाली कंपनी ने निचली मंजिल का तकरीबन 75 फीसदी ही सिर्फ अपने कब्जे में लिया था। इस समय तक गारद की तीसरी कंपनी भी दोनों मुख्य कंपनियों के अधिकतर जवानों के जख्मी हो जाने तथा मर जाने के कारण निचली मंजिल की कारखाइयों में व्यस्त हो चुकी थी। अब मैंने कमांडिंग अफसर लेफ्टिनेंट कर्नल इसरार खाँ को हुक्म दिया कि पूरी–की–पूरी निचली मंजिल की सफाई हो जाने का इंतजार किए बगैर दाहिनी ओर की पहली और दूसरी मंजिल पर जल्दी–से–जल्दी ठिकाना बनाया जाए। उनके कमांडो तथा एस.एफ.एफ. के जवानों को जो अकाल तख्त की ओर जाती परिक्रमा के सिरों पर बुरी तरह से फँसे हुए थे, गोलीबारी की आड़ मुहैया कर पाना बहुत नाजुक मामला था।

आरक्षित कंपनी कोई वक्त गँवाए बगैर अपने कार्य में जुट गई। इस कंपनी की पहली पलटन एल्युमीनियम की सीढ़ी की मदद से पहली मंजिल पर पहुँच गई। ग्रेनेड फेंककर और गोलियों की बौछार कर घंटाघर के अत्यंत नजदीकी कमरे को कब्जे में ले लेने के पश्चात्, पलटन के जवान अन्य कमरों की सफाई करने का यत्न करने लगे। जवानों को आगे बढ़ने से रोकने के लिए अतिवादी पूरी ताकत से लड़े। इसके साथ ही, जब पहली मंजिल पर एक बार आरंभिक ठिकाना बन गया, तब एक और पलटन पहले तरीके से ही दूसरी मंजिल पर चढ़ गई और वह भी उस तीव्र लड़ाई में फँस गई। इतने में आरक्षित पलटन पहली मंजिल की सफाई की रफ्तार बढ़ाने में मदद करने लगी।

अब तक, निचली मंजिल को पूरी तरह से प्राप्त कर लिया गया था और हो रही काररवाई की रफ्तार तेज करने के लिए एक पलटन के जवान ढके हुए बरामदे के अंत में बनी सीढ़ियाँ चढ़ने के लिए झपटे, ताकि ऊपरी मंजिलों की सफाई करने में लगे जवानों के साथ जल्दी से जुड़ जाएँ। सीढ़ियाँ चढ़ते जवानों पर अचानक बहुत ही नजदीक कार्बाइन की गोलियाँ बरसीं। ये गोलियाँ एक दरार में से आई थीं, जो अतिवादियों ने सीढ़ियों के साथ लगती दीवार में सेंध लगाकर बनाई थी। कई अन्य जवान जख्मी हुए और मरे, मगर उन्होंने आवश्यक जवाबी काररवाई की और जल्दी ही संबंध जोड़ लिए। पूरी बटालियन बहुत बहादुरी से लड़ी और इस मोरचाबंदी के क्षेत्र में 145 अतिवादियों की जानें गईं। खुद गारद के 19 जवान मरे और 53 जख्मी हुए (उनके लड़ाकुओं की संख्या का तकरीबन बीस फीसदी)। रात के तकरीबन एक बजे तक उन्होंने अपना मनोरथ पूरा कर लिया था और उस समय उनका पूरा ध्यान सरोवर पार तथा अकाल तख्त व इसके साथ जुड़ी इमारतों के मोरचों पर कारगर गोलीबारी करने की ओर थी, जिन्होंने कमांडों तथा एस.एफ.एफ. के लिए जीना दूभर किया हुआ था।

उधर कमांडों चारों तरफ से गोलियों की मार तले से भी धीरे-धीरे अकाल तख्त की ओर सरक रहे थे।

अकाल तख्त की पाँच मंजिलों पर पूरी तरह से मोरचाबंदी की गई थी और काफी संख्या में स्वचालित हथियार इकट्ठे किए गए थे। सभी खिड़कियाँ, बालकनी तथा अन्य झरोखों को ईंटों की चिनाई या रेत की बोरियों से बंद कर दिए गए थे। इनमें ही छोटे-छोटे छिद्र किए हुए थे, जिनमें से मशीनगनें गोलियाँ बरसा रही थीं। ऊँचे चबूतरों से नीचे खुले स्थान पर रुक-रुककर ग्रेनेड फेंके जा रहे थे। इमारत के तहखाने में दीवारों के पवित्र संगमरमर को काटकर पक्के मोरचे भी बनाए गए थे। इस प्रकार अकाल तख्त की दक्षिण-पश्चिम की दो मंजिली इमारत, निशान साहिब वाली इमारत तथा दर्शनी ड्योढ़ी के नीचे से खुले दालान में अंधाधुंध गोलियाँ बरसाई जा रही थीं और यह आदर्श व पवित्र स्थल एक कत्लगाह का रूप ले चुका था।

पैरा कमांडो की मुख्य टोली दर्शनी ड्योढ़ी की ओर दौड़ी। उसमें वह पैर रखने की जगह बनाने का हर संभव प्रयास कर रही थी, क्योंकि एस.एफ.एफ. की टोलियों को गैस के गोले यहीं से दागने थे। दर्शनी ड्योढ़ी पर अपने पहले धावे पर बढ़ाए गए 35 ज वानों में से सिर्फ 12 ही (कुछ जख्मियों सहित) अपनी मंजिल पर पहुँच पाए। शेष मारे गए, जिनमें टोली का कमांडर मेजर प्रकाशचंद कटोच, उसके बाद दूसरा कमान अफसर तथा उसके दस्तों के लीडर शामिल थे। निशान साहिब तथा दर्शनी ड्योढ़ी के बीच तकरीबन 20 मीटर की यह थोड़ी सी जगह मुरदों तथा जख्मियों से अटी पड़ी थी। परंतु जो थोड़े-से दर्शनी ड्योढ़ी तक पहुँच गए थे, वही टिककर जमकर जवाबी गोलीबारी करने में समर्थ हो पाए, जिससे एक तो अतिवादियों पर कुछ दबाव बढ़ा और दूसरे खुले स्थान पर पड़े हमारे जख्मियों पर बरसती गोलियों का जोर कम हुआ।

इस पड़ाव पर पैरा कमांडो के कमांडिंग अफसर लेफ्टिनेंट कर्नल के.सी. पंढा ने अपनी एक और टोली को हुक्म दिया कि वे दर्शनी ड्योढ़ी में पहुँचनेवाले थोड़े से जवानों के लिए राहत बनकर पहुँचें। कमांडिंग अफसर ने स्वयं अपने सूबेदार मेजर तथा 30 कमांडों को साथ लेकर दर्शनी ड्योढ़ी को नियंत्रित करने की कोशिश में एक और धावा बोला, मगर उन्हें भारी

नुकसान पहुँचा। बटालियन का सूबेदार मेजर भी जख्मी हो गया था। पैरा कमांडों ने कमाल की बहादुरी दिखाई थी। यह बात उन्हें हुए भारी नुकसान से स्पष्ट थी। उस दौरान 17 मरे तथा 31 जख्मी हुए। अभी तक हमारे मन में कोई शक नहीं रह गया था कि दालान के चारों ओर के क्षेत्र में, जो सचमुच काल का रास्ता बन गया था, अतिवादी अपने पैर मजबूती से जमाए बैठे थे।

बाद में अकाल तख्त की इमारत से जितनी संख्या में हथियार काबू किए गए और उन मोरचों की गहरी पड़ताल से जिनमें वे तैनात थे, यह अंदाजा लगाया जा सकता है कि खुद अकाल तख्त में ही 100 हथियारबंद आतंकी डेरा जमाए बैठे थे। पैरा-कमांडो दर्शनी ड्योढ़ी में एक सुरक्षित ठिकाना बनाने के लिए बार-बार यत्न कर रहे थे। कमांडों की एक तीसरी टोली निशान साहिब के उत्तरी दिशा वाली इमारत की पहली मंजिल के चबूतरे पर पहुँच गई। यहाँ इन जवानों ने अकाल तख्त और इसके दक्षिण-पश्चिम के लाल इमारत पर स्वचालित हथियारों से गोलियाँ बरसाईं, ताकि दर्शनी ड्योढ़ी के अंदर तथा आसपास की दो टोलियों की ओर से अतिवादियों का ध्यान हटाया जा सके। गारद के जवान भी उत्तरी दिशा की ऊपरी छतों से, जो इस समय उनके कब्जे में थे, इन इमारतों में अतिवादियों पर गोलियाँ बरसाकर उनका ध्यान खींच रहे थे।

एस.एफ.एफ. के गैस के गोले फेंकनेवाली टोली, जो इस गारद के नियंत्रण में निचली इमारत के बंद बरामदे में थी, दर्शनी ड्योढ़ी की ओर इस आशा से बढ़ी कि पैरा-कमांडो सुरक्षित ठिकाने में हैं। इसी तरह उन्होंने ने भी खुली परिक्रमा में अकाल तख्त, तोशाखाना, लाल इमारत, उत्तरी दिशा की ऊपरी छतें था हरिमंदिर साहिब से निरंतर बरसती गोलियों से बहुत सारे नौजवान मारे गए और जख्मी हुए। टोली के थोड़े से आदमी दर्शनी ड्योढ़ी से 20 मीटर की दूरी तक पहुँच गए और उन्होंने अकाल तख्त की खिड़कियों तथा बालकनी में गैस-गोले फेंकने शुरू कर दिए, मगर वे भी कोई ज्यादा गोले न फेंक पाए, क्योंकि मरनेवालों और जख्मियों की गिनती बहुत तेजी से बढ़ती जा रही थी। एस.एफ.एफ. में कुछ कमांडो निशान साहिब की इमारत

के नजदीक अधिक सुरक्षित स्थान ढूँढ़ने में कामयाब हो गए थे और उन्होंने भी उस स्थान से अकाल तख्त की ओर गैस-गोले फेंके। मगर हमारे पैंतरों का यह हिस्सा सफल न हो पाया। इसके निम्न कारण गिनाए जा सकते हैं—

(1) अकाल तख्त की सभी खिड़कियाँ, दरवाजे तथा झरोखे ईंटों की चिनाई से या रेत के बोरों से पूरी तरह से बंद थे, जिनमें छोटी-छोटी दरारें रखी हुई थीं, जिनमें से अतिवादी गोलीबारी कर रहे थे। इन छोटे दरारों में से गैस के गोले इमारतों के कमरों में फेंक पाना एकदम असंभव था।

(2) अतिवादियों द्वारा दोनों ओर से की जा रही तीव्र गोलीबारी के कारण हमारी सेना के जवान इतने निकट न पहुँच पाए, जिससे वे सही निशाना लगाकर गोलीबारी कर पाते।

(3) अधिकतर गोलों के गैस डिस्पैंसर दीवारों से लगकर परिक्रमा में आ गिरते और उसका असर हमारे ही जवानों पर होता।

(4) बहुत तेज हवा होने के कारण धुएँ का रुख अकाल तख्त से दूसरी ओर हो जाता। इस प्रकार एस.एफ.एफ. वाले अकाल तख्त में गैस गोले फेंकने का अपना प्रारंभिक मनोरथ पूरा करने में असमर्थ रहे थे, जिसके पश्चात् उन्हें पैरा-कमांडो से मिलकर अतिवादियों के गढ़ को भारी चोट पहुँचानी थी। एस.एफ.एफ. वालों ने हिम्मत तथा हौसले का प्रदर्शन किया। उनके जवानों को होने वाले नुकसान को देखते हुए इसका अंदाजा लगाया जा सकता है। लगभग पचास की गिनती में से सत्रह मरे और जख्मी हुए (लगभग तीस फीसदी से अधिक)।

आइए, अब देखें कि हरिमंदिर क्षेत्र के सामने की ओर क्या हो रहा था। 26 मद्रास को जलियाँवाला बाग में अपने मिलन-स्थल से हरिमंदिर के पूर्वी द्वार की ओर बढ़ना था, जहाँ से उसे अंदर दाखिल होना था। इसका मिशन था, परिक्रमा के साथ-साथ पश्चिमी दिशा को भी संरक्षण में ले लेना,

जबकि गारद वाले उत्तरी दिशा में यही कार्य कर रहे थे। दक्षिणी द्वार (मुख्य द्वार के ऐन सामने) से दाखिल होने का इरादा शुरू में ही रद्द कर दिया गया था, क्योंकि यह इलाका बहुत तंग तथा संकीर्ण था, जिसमें से टैंक नहीं निकल सकते थे। उन्हें इन्फैंट्री सैनिकों के लिए ढाल का काम देना था और अतिवादियों के मोरचों को भी बेकार करना था, वरना उनके जवानों के अंदर जाने में गंभीर रुकावट आड़े आती। परंतु 9 गढ़वाल रायफल (15 इन्फैंट्री डिवीजन की इन्फैंट्री बटालियन, जो अंत में मुझे दी गई ताकि अचानक आ पड़ी जरूरत के समय उसे उपयोग में लाया जा सके) की दो कंपनियाँ लुक-छिप कर दक्षिणी द्वार के अत्यंत नजदीक उस समय लाई गईं, जिस समय अतिवादियों का ध्यान उत्तर की ओर तथा अकाल तख्त के पास की जा रही काररवाइयों ने खींच रखा था।

26 मद्रास को दक्षिणी कोने पर कब्जा जमाते हुए, एस.एफ.एफ. तथा पैरा-कमांडो से वहाँ जाकर मिलना था, जहाँ पश्चिमी व दक्षिणी किनारे मिलते हैं। बटालियन ने टैंकों तथा बख्तरबंद गाड़ियों के पीछे-पीछे रात दस बजे नियत समय पर जलियाँवाला बाग से कूच कर दिया, परंतु इसके बावजूद कि उनके आगे-आगे टैंक थे, आगे चलती कंपनी पर छिपे मोरचों से कारगर तथा अंधाधुंध गोलियों की बौछार की गई। ये मोरचे लंगर की इमारत, गुरु रामदास सराय, एस.जी.पी.सी. की इमारत, मंजी साहब और इमारत परिसर के दक्षिणी-पूर्वी कोने में बने गुरुद्वारा बाबा अटल राय की छतों पर बने हुए थे। इस्पाती फाटक को तोड़कर खोलने में आई मुश्किल के कारण, जिसका मैंने पहले ही जिक्र किया है, परिक्रमा में दाखिल होने में भी काफी देर हो गई थी। दस्ते जैसे ही फाटक से तीस मीटर के अंदरूनी इलाके में पहुँचे, वे एक बार फिर गोलियों का निशाना बने। सिर्फ बगल वाली इमारतों से ही नहीं, बल्कि ड्योढ़ी (फाटक) से भी। फाटक पर ऊपर दो मध्यम मशीनगनें थीं, जो रास्ता रोकती थीं, उन्हें चुप करवाना जरूरी था। एक सेक्शन और नजदीक हुआ और उसने इन मोरचों को बेकार करने के इरादे से कई ग्रेनेड फेंके, मगर उन्हें अधिक सफलता न मिली। हर तरफ से गोलियों से हमले

होने के फलस्वरूप कंपनी का बड़ा भारी नुकसान हुआ। एक नौजवान अफसर लेफ्टिनेंट आर.पी. रोपेरिया भी मारा गया। इस बात का भी अनुमान लगा कि यदि वे पूर्वी द्वार से निकलने के लिए अड़े रहे तो उनका और भी नुकसान होगा। कमांडिंग अफसर लेफ्टिनेंट कर्नल पार्निकर ने अपनी आरंभिक योजना में एकदम तब्दीली की और वे अपने जवानों को एक अत्यंत-तंग दरार में से दक्षिणी-पश्चिम की ओर से परिक्रमा में ले जाने में सफल हो गए। इससे चैन की कुछ साँस मिली, मगर आगे बढ़ने की रफ्तार काफी कम थी और मुकाबला बहुत जबरदस्त था। बहुत कुछ उस प्रकार का, जिस प्रकार का दूसरी ओर के गारद के जवानों से हुआ था।

तकरीबन रात के 11 बजे तक यह अनुभव करते हुए कि 26 मद्रास अपने नियत कार्यक्रम से बहुत पीछे रह गई है, दक्षिणी घंटाघर के प्रवेश द्वार से कुछ अन्य साधन जुटाने की अचानक योजनाओं को तुरंत अमल में लाया गया। 9 गढ़वाल की दो कंपनियों को आटा मंडी (दक्षिणी घंटाघर) के द्वार के दोनों किनारों में एक ठिकाना बनाने का कार्य सौंपा गया, ताकि गलियों का सहारा लेकर 26 मद्रास की सहायता की जाए और साथ में 15 कुमाऊँ (2 कंपनियाँ कम) के लिए पक्का आधार मुहैया किया जाए, ताकि वे आगे निकल कर दक्षिणी-पश्चिमी ओर से अकाल तख्त पर हल्ला बोल दें। 15 कुमाऊँ की यह विशेष कार्यसेना, जो आरंभ में परिसर क्षेत्र में कारखाई के लिए आरक्षित रखी गई थीं अब दोनों ओर से अकाल तख्त पर जोर से झपटने की तुरंत आवश्यकता को ध्यान में रखते हुए दक्षिण द्वार की ओर भेज दी गई। उस समय तक परिसर-क्षेत्र में हो रही कारखाइयाँ ठीक चल रही थीं और परिसर क्षेत्र के लिए इस आरक्षित शक्ति को दूसरी ओर भेज देने से सफलता के रास्ते में किसी संकट की संभावना नहीं थी।

9 गढ़वाल की कंपनियों ने 6 जून को रात के साढ़े दस बजे तक दक्षिणी द्वार के दोनों ओर निचली व ऊपरी मंजिलों पर सफलता से कब्जा कर लिया। इस समय तक 15 कुमाऊँ कार्यसेना, लेफ्टिनेंट कर्नल एन.सी. पंत की कमान तले गढ़वालियों के मजबूत आधार पर अगली कारखाइयों के

लिए अपनी तैयारी की प्रक्रिया में थी। रात के तकरीबन 2 बजे हरिमंदिर समूह के अंदर की स्थिति इस प्रकार थी–

(1) 10 गारद को भारी नुकसान हुआ था, मगर वे उत्तरी किनारे को कब्जे में करने में सफल हो गए थे, बेशक अंडरग्राउंड में छिपे अतिवादी अभी भी उनके लिए परेशानियाँ खड़ी कर रहे थे।

(2) 26 मद्रास को काफी रुकावटें झेलनी पड़ी थीं, मगर अब दक्षिणी किनारे में पूर्वी तथा दक्षिणी द्वारों के मध्य उसके पैर जमते जा रहे थे। मगर उन्हें अत्यंत मुश्किल तथा सख्त विरोध का सामना करना पड़ रहा था।

(3) 9 गढ़वाल रायफल की दो कंपनियाँ दक्षिणी द्वार के दोनों ओर ठिकाना बनाने में सफल हो गई थीं।

(4) 1 पैरा-कमांडो तथा एस.एफ.एफ. की ओर से अकाल तख्त पर चढ़ने के लिए बार-बार यत्न किए गए, पर अकाल तख्त तथा उसके साथ लगती इमारतों में अंधाधुंध आती गोलियों के कारण असफल रहे थे।

संयोग से इस पल बात ऐसी हुई कि लड़ाई का तजुरबा रखनेवाला बख्तरबंद कोर का अफसर बिग्रेडियर ए.के. दीवान, जो 'चिक्की' दीवान के नाम से प्रसिद्ध है, दक्षिणी द्वार पर आ पहुँचा। वह अमृतसर में 15 इन्फैंट्री डिवीजन का डिप्टी जनरल ऑफिसर कमांडिंग था और व्यक्तिगत तौर पर यह देखने आया था कि उसके डिवीजन के दस्ते जो मुझे सौंपे गए थे (इस मामले में 9 गढ़वाल) अपने निश्चित स्थान पर पहुँच गए थे कि नहीं। यह एक शानदार मौका था कि हम दक्षिणी-पश्चिम की ओर से अकाल तख्त पर टूट पड़ने के लिए एक काररवाई की तालमेल वाली योजना बनाने में उसका फायदा उठाते। इसका कारण यह था कि उत्तर-पश्चिम की ओर से शुरू की गई काररवाइयों में एक रफ्तार आ गई थी। यह उस भारी नुकसान का नतीजा था, जो हमें बरदाश्त करना पड़ा था। इसका एक कारण यह भी था कि सबेग

की मार करने की शक्ति अधिकांश उसी ओर केंद्रित थी। मान-सम्मान वाला सैनिक दीवान हमेशा अमल के मैदान में खुश रहता है और वह तुरंत स्वयं ही मैदान में कूद गया। मैंने 26 मद्रास, 15 कुमाऊँ (दो कंपनियाँ कम) तथा 9 गढ़वाल की दो कंपनियाँ (एक विशेष कार्य-सेना के तौर पर दलबंद) उसकी कमान नीचे दे दी और कहा अब नजरें अकाल तख्त पर टिका लो।

रात के ढाई बजे तक उसने गढ़वालियों तथा कुमाऊँनियों की कमान सँभाल ली। मद्रासियों को अभी उसके साथ मिलना था। अकाल तख्त तथा इसके दक्षिण-पश्चिम की लाल इमारत से गोलीबारी और भी प्रचंड रूप धारण करने लगी, क्योंकि सबेग को अब इस बात का एहसास हो गया कि अगर उसने हमारी शक्तियों पर और भारी दबाव न डाला और स्वचालित हथियारों से ताबड़तोड़ गोलियाँ न बरसाईं तो वह हमें अधिक देर तक अकाल तख्त से दूर नहीं रख पाएगा। उसका बड़ा दाँव था कि दिन चढ़ने तक हमें बड़ी तादाद में अकाल तख्त में अंदर दाखिल होने से रोककर रखना और दूसरी ओर हम यह जानते थे कि यदि हम सूरज निकलने से पहले अकाल तख्त के मोरचे बेकार नहीं कर देते तो खुले स्थान पर हमारे जवान बहुत आसानी से उड़ाए जा सकेंगे।

हम पर हरिमंदिर साहिब से लगातार गोलियाँ दागी जा रही थी, जबकि हमारे जवान उन्हें दिए गए इस आदेश से बँधे हुए थे कि पवित्र धर्मस्थान पर एक भी गोली नहीं चलानी है। हमारे इन्फैंट्री सैनिकों तथा कमांडो पर दबाव कम करने के लिए कुछ करना तथा जल्दी करना जरूरी था। ये अकाल तख्त के अंदर कोई ठिकाना बनाने में सफल नहीं हो रहे थे, जो उनकी रक्षा प्रणाली की चूल थी। मैंने टैंक से गोले बरसाकर अकाल तख्त के मोरचों को बेकार करने के लिए लेफ्टिनेंट जनरल सुंदर जी से आज्ञा प्राप्त करने का यत्न किया। वे उस समय डिवीजन के दाँवपेची हैड-क्वार्टर में थे और इमारत की छत पर रेत के बोरों के ढेर के पीछे, स्वयं ही लड़ाई देख रहे थे। उन्हें पूरा एहसास था कि हम यह कत्लेआम जारी रखने की आज्ञा नहीं दे सकते थे। इसके साथ ही, जैसे ही हरिमंदिर के अंदर हमारे दाखिल होने की खबर

फैली, अमृतसर के आसपास की बस्तियों से सिख जनसमूह द्वारा हिंसक प्रतिक्रम की सूचनाएँ आने लगी थीं। विश्वास किया जा रहा था कि बाहर के इलाकों से कुछ जत्थे शहर की ओर आने लगे थे और जब तक पौ फटने तक या उसके तुरंत बाद तक कोई ठोस नतीजा प्राप्त नहीं हो जाता, हमारे सामने एक और गंभीर मसला खड़ा हो सकता था।

अतिवादियों की ओर से जल्दी-जल्दी बिना शर्त के आत्मसमर्पण करवाने के लिए जोरदार गोलीबारी तथा बख्तरबंद सेना द्वारा मार-काट कारवाने के अलावा और कोई चारा नहीं रह गया था। लेफ्टिनेंट जनरल सुंदर जी ने वायरलैस के द्वारा दिल्ली संदेश भेजा और समय की नाजुकता समझाई और विनती की कि अकाल तख्त के पक्के मोरचों को बेकार करने के लिए टैंकों के प्रयोग की आज्ञा दी जाए। इससे पहले, जहाँ मद्रासी धीरे-धीरे आगे सरक रहे थे और एस.एफ.एफ. तथा कमांडों को बार-बार पछाड़ा जा रहा था, हम पूर्वी द्वार से एक टैंक अंदर ले आए थे।

इसका एकमात्र कार्य अकाल तख्त की ओर सर्चलाइट फेंकना था, जिसके तीन मकसद थे—पहला, बचाव की लड़ाई लड़ रहे अतिवादियों को अस्थायी तौर पर अंधा करना तथा अपने जवानों पर सटीक और निरंतर बरसती गोलीबारी को रोकना, ताकि वे अकाल तख्त के निकट पहुँच पाएँ। दूसरा, निशाना लगाने वाले इलाके को जगमगाना, ताकि हमारे जवान बचावकर्ताओं के मोरचे देख सकें और निशाने को निगाह में रखकर गोलियाँ बरसा सकें। तीसरा, हमारा विचार था कि इस प्रकार अतिवादी मानसिक रूप में ढीले पड़ जाएँगे और उनके दिल को झटका लगेगा और वे डर जाएँगे। मगर ये सारे अनुमान ठीक साबित न हुए, क्योंकि एक निमट या अधिक समय के लिए इन्हें लगातार जलाने-बुझाने से हर बार इनके बल्बों की तारें जल जातीं। जब पहली बार ऐसा हुआ तो दूसरा टैंक अंदर लाना पड़ा और पहले वाले को आगे ले जाना पड़ा, क्योंकि द्वार की सीढ़ियों से टैंक को पीछे मोड़कर लाना मुश्किल भी था और इसमें वक्त भी काफी लग सकता था।

जब दूसरे टैंक के बल्बों की तारें जल गईं तो तीसरा टैंक अंदर लाया

गया और इस प्रकार जल्दी ही परिक्रमा में तीन टैंक इकट्ठे हो गए। थोड़ी देर के पश्चात् तकरीबन चार बजे सुबह एक बख्तरबंद गाड़ी भी उसी पूर्वी फाटक के रास्ते परिक्रमा में गई थी। बख्तरबंद गाड़ी को परिक्रमा में लाने के लिए, एक टैंक द्वारा पहले परिक्रमा की सीढ़ियाँ तोड़नी पड़ी थीं, क्योंकि पहियोंवाली सकोट (Skot) इनके ऊपर से गुजर नहीं सकती थी। गारद के जवानों को, जो अब तक उत्तरी किनारे की ऊपरी मंजिलों में सुरक्षित थे, उन्हें यह आदेश दिया गया कि वे किलेबंद मोरचों पर 84 एम.एम. के कारल गुसताव रॉकेटों से कुछ बारूद फेंकते हुए अकाल तख्त को उलझाए रखें। इसके साथ ही 15 कुमाऊँ के कुछ दस्तों को अंदर बिठाकर बख्तरबंद गाड़ी परिक्रमा में आगे बढ़ी, जिसके पीछे उसी बटालियन की एक कंपनी इसी आशय से जा रही थी कि मोरचों में बैठे रक्षकों द्वारा दागे गए रॉकेटों के असर तथा झटके से सँभलने से पहले वे अकाल तख्त के भीतर जा घुसें। बख्तरबंदी गाड़ी आरंभिक तौर पर उस सेक्शन को छोटे हथियारों की मार से सुरक्षा प्रदान करने के लिए थी, जिसे उठाकर अंदर जानेवाली सीढ़ियों तक ले जाना था। बाकी कंपनी को एकदम उसके पीछे-पीछे चलते जाना था। तड़के 4.30 बजे के करीब इस योजना पर अमल आरंभ हो गया। मगर बख्तरबंद गाड़ी पर, जब वह अकाल तख्त के नजदीक पहुँची तो अकाल तख्त से टैंक मार हथियार का गोला आ पड़ा और वह गतिहीन हो गई। हमने कभी कल्पना भी नहीं की थी कि अतिवादियों के भंडार में टैंकरों को मारने वाले हथियार भी हो सकते हैं।

बाद में यह बात सामने आ गई कि उनके पास अन्य हथियारों के साथ अकाल तख्त में चीन के बने हुए दो टैंक मार आर.पी.जी.-7 (रायफल से फेंकनेवाले ग्रेनेड) भी थे। बख्तरबंद गाड़ी पर लगी चोट के फलस्वरूप एक अफसर तथा आठ और जवान जख्मी हो गए। बाकी कंपनी को, जो इस समय भारी गोलीबारी का निशाना बनी, उसे ढके बरामदे में ओट लेनी पड़ी और धावा बोलने के लिए योजनाओं में संशोधन करना पड़ा।

पौ फटते ही पहली किरणें अब नजर आने लगी थीं और ले.जनरल

सुंदर जी बहुत तेजी से विकसित हो रही विपरीत स्थिति से मुक्ति पाने के लिए टैंकों का उपयोग करने के लिए दिल्ली से हरी झंडी मिलने की प्रतीक्षा में थे। आज्ञा तुरंत मिल गई और 6 जून को सुबह 5.10 तक परिक्रमा में खड़े तीनों टैंकों को यह कार्यभार सौंपा गया कि मशीनगन से गोलियों की बौछार कर अकाल तख्त के मोरचे उड़ा दिए जाए। जैसे-जैसे दिन चढ़ता जा रहा था, सबकुछ साफ-साफ नजर आने लगा था। इस पड़ाव पर भी, हमने इमारत को तबाही से बचाने के लिए बड़ी तोप का इस्तेमाल करने से गुरेज करने का यत्न किया, बेशक इस प्रकार अंधाधुंध काररवाई के अलावा अचूक निशाने को भी मात दिया जा सकता था। इधर टैंकों ने अपना काम शुरू किया और उधर चिक्की दीवान ने अपनी कमान तले 15 कुमाऊँ की दो कंपनियों से अकाल तख्त पर एक और धावा मारने की योजनाएँ तैयार कीं। 26 मद्रास के जवान भी पहुँचने शुरू हो गए थे। उन्होंने दक्षिणी किनारे के रास्ते की ओर से होते विरोध पर काबू कर लिया था और जल्दी से ही वे भी साथ आकर मिलने वाले थे।

6 जून को सबेरे ठीक 5 बज कर 21 मिनट से टैंकों ने अकाल तख्त, दक्षिणी-पश्चिम की लाल इमारत तथा अकाल तख्त से उत्तरी ओर की इमारत के मोरचों पर अपनी मशीनगनें खाली करनी आरंभ कर दी थीं। जहाँ तक उत्तरी इमारत का संबंध था, इस बात की बहुत सावधानी रखनी पड़ रही थी कि दर्शनी ड्योढ़ी तथा तोशाखाना गोलियों की मार से बाहर ही रहें। तकरीबन 5.30 बजे सुबह कमाऊनियों ने अपनी गतिविधियों को ओट देने के लिए अपने मजबूत आधार से गोलियों की टेक से हमला शुरू किया। एक बार फिर से आदेश दिए गए कि गोलियों का निशाना बनने के बावजूद हरिमंदिर साहिब की ओर कोई गोली न चलाई जाए। मगर एक बार फिर अतिवादियों ने धावा बोलने वाले जवानों पर मशीनगनों से अंधाधुंध गोलियाँ बरसाईं, हालाँकि वे स्वयं हमारे टैंकों तथा इस समय गारद के पक्के कब्जे में आ चुके उत्तरी किनारे से दूसरे सहायक हथियारों की गोलीबारी के निशाने पर थे। ए. कंपनी का कमांडर स्वर्गीय मेजर बी.के. मिश्रा अपने कुछ जवानों

के साथ अकाल तख्त तक पहुँच गया। मगर जैसे ही वे इमारत के अंदर जाती सीढ़ियाँ चढ़ने लगे, अंदर से मशीनगनों की गोलियों की बौछार से वे सभी सीढ़ियों पर ही ढेर हो गए। इसके साथ ही अकाल तख्त के तहखाने से दोनों कंपनियाँ अपना भारी नुकसान करवाकर ढँके हुए बरामदे में वापस आ गईं।

एक हकीकत जो हमारे सामने स्पष्ट रूप में आ गई थी, वह यह थी कि अतिवादी बेहद अच्छे ढंग से मोरचाबंद थे। अकाल तख्त की चौगाँठ को आड़ देने के लिए उन्होंने स्वचालित हथियार इतने दुरुस्त ढंग से सैट किए थे कि वे हमारे टैंकों की गोलीबारी के बावजूद अपनी तबाही करनेवाली गोलीबारी भी जारी रख सकते थे। 15 कुमाऊँ की दो कंपनियों के नुकसान के आँकड़े थे—सात मरे और तेईस जख्मी हुए। मोटे तौर पर उनकी कुल संख्या का तीस से पैंतीस फीसदी तक।

सुबह 6 बजकर 20 मिनट पर, जिस समय तक कुमाऊँनी के हमले पछाड़ दिए गए थे और वे अपने आपको पुनर्गठित करने के लिए और मरनेवालों तथा जख्मियों को वहाँ से उठाने के लिए पीछे हट गए थे। 26 मद्रास (दो कंपनियाँ कम) को कुमाऊँनी की छोड़ी गनें पकड़ने का कार्य सौंपा गया। 26 मद्रास की बाकी दो कंपनियाँ पीछे रहने दी गईं, ताकि वे परिक्रमा के दक्षिणी किनारे की इमारत में अपने ठिकाने पर अपनी पोजीशन मजबूत करें। उधर, हमारे टैंक गोलियों की मात्रा बढ़ाकर मशीनगनों के मोरचों को बेकार करने का काम करने लगे। इस समय तक कोई शक नहीं रह गया था कि तोप-बंदूक के हमले से सफलता की संभावना बहुत कम है, क्योंकि अपने विरोधियों के मुकाबले में हमारी स्थिति कमतर थी। आरंभिक कमांडो प्रकार की काररवाई ही एकमात्र विकल्प प्रतीत होती थी, जिसका एक ही निशाना मशीनगनों को चुप करवाना था, जो अकाल तख्त में दाखिल होने के लिए हमारे रास्ते की मुख्य रुकावट थीं। विशेषकर वे दो मोरचे जो सीढ़ियों की ओर पहली मंजिल के दरवाजे की ओट में थे। इन दोनों से ही वे हमें ज्यादा नुकसान पहुँचा रहे थे। एक अफसर, लेफ्टिनेंट ज्योति कुमार डांग के नेतृत्व में 26 मद्रास के एक

जूनियर कमिशंड अफसर तथा आठ दूसरे टैंक के जवानों की एक टोली ने यह अत्यंत मुश्किल कार्य अपने जिम्मे लिया।

निम्नलिखित अनुसार दो उप-टोलियाँ बनाई गईं—

(1) सूबेदार के.पी. रमन रवि, पाइनियर सेक्शन के दो अन्य टैंक और दो रायफलमैन—इनका काम था विस्फोटक पोल चार्ज फेंककर उस बंकर को तबाह करना, जो सीढ़ियों से बचाव कर रहा था।

(2) एक नॉन-कमिशंड अफसर तथा तीन रायफलमैनों को एक ही समय पहली मंजिल पर टूट पड़ना था और ग्रेनेडों तथा कार्बाइनों की मदद से ऊपर जाती सीढ़ियों को ओट देने के लिए सैट की गई मशीनगन को चुप करवाना था।

जिस समय ये दोनों टोलियाँ आगे बढ़ीं, बटालियन ने अपने मजबूत आधार से गोलीबारी द्वारा इनकी सहायता की मगर जैसे ही ये नजदीक पहुँचीं, 8-9 अच्छी तरह मोरचाबंद मशीनगन ठिकानों से गोलियों का तूफान चल उठा। तब भी बहादुरी से इन टोलियों ने अपना कार्य जारी रखा। पहली टोली बंकर तक पहुँच गई और जब यह पोल-चार्ज रखने ही वाली थी कि इस पर गोलियों की बौछार होने लगी, जिससे इसके सारे जवान मारे गए या जख्मी हो गए। साथ ही साथ, दूसरी टोली तेजी से आगे बढ़ी और पहली मंजिल की ओर जाती सीढ़ियों से अंदर चली गई। उन्होंने उस पर मशीनगन की ऐसी गोलियाँ बरसाईं कि वे सारे जवान एकदम से काफी गहरे से जख्मी हो गए। दस में से सिर्फ तीन ही अपने-आपको बाहर निकाल पाए, जो गंभीर रूप से जख्मी हालत में थे। इन बहादुर सिपाहियों की सिर्फ प्रशंसा ही की जा सकती है, जिन्होंने भारी मुश्किलों के सम्मुख उच्चतम दरजे की शूरवीरता का प्रदर्शन किया और अपने प्राणों की आहुति दी। सूबेदार रवि की लाश उसी शाम 6.30 बजे अकाल तख्त के बाहर से मिली, पाँच लाशें सीढ़ियों पर और पहली मंजिल के मलबे से 7 जून को मिलीं। वहशियाना करतूत यह थी कि अतिवादियों ने बारूदी लड़ियाँ सूबेदार रवि की कमर के

साथ बाँधी और फिर उसे उड़ा दिया था। कुल मिलाकर, 26 मद्रास के एक अफसर सहित चौदह जवान मारे गए और एक जूनियर कमीशंड अफसर सहित उनचास जख्मी हुए। कुछ मिलाकर तिरसठ, जो कि उसके लड़ाकू जवानों की गिनती का पंद्रह फीसदी बनता है।

अभी तक सुबह के तकरीबन 7.30 बज गए थे और धूप चढ़ आई थी, मगर अकाल तख्त अभी भी डटा हुआ था और सभी जख्मियों तथा मरनेवालों की गिनती तेजी से बढ़ती जा रही थी। अंत में टैंकों को आदेश दिया गया कि अतिवादियों के मोरचे उड़ाने के लिए मुख्य तोपों का उपयोग किया जाए और इस बात का पूरा ध्यान रखा जाए कि इमारत को उससे अधिक नुकसान न पहुँचे।

अब हमारी समझ में यह पूरी तरह से आ रहा था कि हरिमंदिर को ठीक उन्हीं लोगों ने, जो धर्म के रक्षक कहलाते थे, एक पूरे जंग के मैदान में बदल दिया था। जब हमारी पीठ दीवार से लग गई तो असमंजस से हमें वह कदम उठाना पड़ा, जिसे हम अभी तक टालते आ रहे थे। टैंक ने 105 एम.एम. के अत्यंत विस्फोटक सुकैशहैड गोले अपने निशानों पर फेंकने लगे और गूँजती तोपों की आवाज अब शहर के बहुत सारे हिस्सों में और शहर के बाहर भी सुनाई देने लगी थीं। कुछ ही पलों में अकाल तख्त की इमारत में एक जोरदार धमाका हुआ। यकायक हमें यह खयाल आया कि सुबेग ने अकाल तख्त के एक हिस्से को उड़ाकर चंदावल दस्ता काररवाई की लड़ाई आरंभ कर दी है, इसी के साथ ही वह पिछवाड़े के घनी आबादी के इलाके से भिंडरावाला तथा कुछ अन्य साथियों के साथ बचकर निकलने की योजना बना रहा है। घेराबंदी के सभी दस्तों को तुरंत हिदायतें दी गईं कि वे ऐसी कोशिश को असफल करने के लिए और भी अधिक चौकसी से काम लें। थोड़ी देर के बाद इमारत के अंदर से उठती आग की ऊँची-ऊँची लपटें दिखाई देने लगीं। यह निर्णय करना मुश्किल था कि यह आग द्वारा हुए धमाके का नतीजा था या अकाल तख्त पर गिरे अत्यंत विस्फोटक गोलों का फल।

टैंकों की गोलीबारी से निश्चय ही अकाल तख्त के अंदर एक प्रतिघाती

लहर दौड़ गई थी। इसके साथ ही आग की लपटों तथा गिर रही ईंटों की चिनाई का दृश्य था। अतिवादियों ने अवश्य सोचा होगा कि इमारत उन पर गिर जाएगी। गोलीबारी में एक ठहराव आ गया था। बीच-बीच में अकाल तख्त तथा साथ लगते मोरचों से गोलियों की बौछार होती रही, जिसका मकसद अकाल तख्त की ओर से हमारे जवानों को दिन की रोशनी में आगे बढ़ने से रोकना था। हरिमंदिर क्षेत्र के अंदर की सभी टुकड़ियों को मेरा आदेश था कि संरक्षण में ली गई इमारतों में अपने पैर और भी पक्के किए जाएँ और अपने-अपने इलाके में सफाई करने की काररवाई जारी रखी जाए। हमें मालूम था कि अकाल तख्त तथा इसके दक्षिण-पश्चिम की ओर इमारत में जाकर शेष बचे अतिवादियों को बाहर निकलने के लिए शाम का घुसमुसा होने तक प्रतीक्षा करनी पड़ेगी। उधर, 15 इन्फैंट्री डिवीजन ने अमृतसर की ओर आनेवाले सभी रास्तों को बंद कर दिया था और शहर के बाहर पूर्व चुनौती देनेवाले दस्ते तैनात कर दिए थे, क्योंकि सूचनाएँ मिल रही थीं कि अत्यंत रोष से भरे हजारों सिख पवित्र नगर की ओर आ रहे थे।

जिस समय हम दिन में आगे की जानेवाली काररवाइयों की योजना का रेखांकन रहे थे, लेफ्टिनेंट जनरल सुंदर जी तथा उनका काररवाई संबंधी स्टाफ मुख्य डिवीजनल हैड-क्वार्टर की ओर से अलग-अलग साधनों से प्राप्त हो रही तरह-तरह की गुप्त सूचनाओं का मूल्यांकन करने के पश्चात् सुरक्षा की समूची स्थिति का जायजा ले रहे थे।

दिन के 11 बजे अचानक कुछ कम अनुमानित घटना घटी। बड़ी संख्या में अतिवादी अकाल तख्त से भाग कर नीचे परिक्रमा में आ गए और बच के निकल जाने की कोशिश में फाटकों की ओर भागने लगे। इनमें से कई कंधों पर हथियार लटकाए सरोवर में छलाँगें लगाने लगे और तैरते हुए हरिमंदिर साहब की ओर जाने लगे। इन्होंने यह अनुभव कर लिया था कि हरिमंदिर साहिब उनके लिए सबसे अच्छा शरण स्थल है, क्योंकि हमारे जवान पवित्र धर्म-स्थल पर गोली नहीं चला रहे थे। उन सभी पर तुरंत गोलियाँ बरसाई गईं, जो बच निकलने की कोशिश कर रहे थे। पानी के अंदर

भी और बाहर भी। वे सभी या मारे गए या जख्मी हो गए थे। कुछ मिनट बाद दस लोगों का एक जत्था सफेद झंडी लहराते हुए अकाल तख्त से बाहर आया। उन्हें तुरंत हिरासत में ले लिया गया। अंधाधुंध भागकर अकाल तख्त से बाहर निकलने के बारे में मेरा तुरंत प्रतिक्रम यह था कि अतिवादियों में कुछ-कुछ घबराहट फैल गई प्रतीत हो रही थी। यह भी संभव था कि भिंडरावाला मर गया है या सख्त जख्मी हो गया है। हो सकता है, भाग कर किसी सुरक्षित स्थान पर चला गया हो। जो कुछ हमने अभी अपने आँखों से देखा था, उसका कोई अन्य उचित कारण मेरी समझ में न आ पाया।

हरिमंदिर क्षेत्र में हुई आगामी घटनाओं की ओर मैं फिर लौटूँगा। हाल की घड़ी हम यह देखते हैं कि 5 जून की रात को परिसर क्षेत्र में क्या घटा, क्या हुआ?

परिसर क्षेत्र

5 जून

परिसर क्षेत्र में कुछ और संबंधित इमारतों के अलावा गुरु रामदास लंगर, गुरु रामदास सराय, तेजा सिंह समुद्री हाल, गुरु नानक निवास, मंजी साहब तथा परिसर के दक्षिण-पूर्वी किनारे पर स्थित बाबा अटल गुरुद्वारा शामिल हैं।

गुरु रामदास लंगर दो मंजिली पूरी तरह से मोरचाबंद इमारत थी, जिससे पूरे का पूरा हरिमंदिर परिसर दिखाई देता था और अपनी स्थान-स्थिति के कारण, इन सरायों को जानेवाले एक साइड के द्वार और पश्चिमी प्रवेश-द्वार से परिक्रमा की ओर जाते खुले इलाके पर हावी था। गुरु रामदास की सराय, जिसे अकाल रेस्ट हाऊस भी कहा जाता है, एक बड़ी तीन मंजिली इमारत है, जिसमें 228 कमरे तथा सात हॉलनुमा कमरे थे। ये परिसर बेशक पूरी तरह से मोरचाबंद नहीं थे, मगर भिन्न-भिन्न गुटों के हथियारबंद अतिवादियों तथा यात्रियों के पास थे। तेजा सिंह समुद्री हॉल एक-दो मंजिली इमारत है, जो गुरु रामदास सराय तथा गुरुनानक निवास के मध्य स्थित है।

इसमें एस.जी.पी.सी. के भिन्न-भिन्न दफ्तर थे और लोंगोवाल, टौहड़ा, बलवंत सिंह रामूवालिया तथा अन्य प्रसिद्ध अकाली तथा एस.जी.पी.सी. के कार्यकर्ता भी इस इमारत में थे।

गुरुनानक निवास चार मंजिली इमारत है, जिसकी छतों पर मोरचे सैट किए हुए थे। बेशक लंगर की इमारत की तुलना में ये मोरचे कम थे। 85 कमरों तथा एक बड़े हॉल वाली यह इमारत भी यात्रियों के पास थी और सशस्त्र अतिवादी इनमें घुसे बैठे थे। मंजी साहिब लंगर के एकदम सामने दीवान-समागमों के लिए बना एक बहुत बड़ा हॉल है। यह भी मोरचाबंद था और पूर्वी दिशा से हरिमंदिर को जानेवाले रास्ते पर मौजूद था।

संक्षेप रूप में दोहराते हुए, दो रामगडियाँ बुरजों तथा पानी की टंकियों की छतों पर दहशतगरदों के मोरचे आरंभिक काररवाइयों के समय ही उड़ा देने के पश्चात्, 5 और 6 जून की रात को हरिमंदिर परिसर में आरंभ की गई काररवाइयों के साथ ही, परिसर क्षेत्र को कब्जे में लेना था। यह काम 9 कुमाऊँ को सौंपा गया था, जिसे 15 कुमाऊँ (दो कंपनियाँ कम) आरक्षित तौर पर प्राप्त थीं। 9 कुमाऊँ द्वारा किए जानेवाले कार्य निम्न थे—

(1) पहले पड़ाव में, 6 जून को रात के एक बजे तक, गुरु रामदास सराय तथा तेजा सिंह समुद्री हॉल (एस.जी.पी.सी. के दफ्तरों सहित) को संरक्षण में लेना था।

(2) दूसरे पड़ाव पर, 6 जून को तड़के 4 बजे तक सफाई का कार्य करना था।

(3) तीसरे पड़ाव पर, 6 जून को सुबह 8 बजे तक परिसर क्षेत्र के अन्य हिस्सों को संरक्षण में लेना था।

काररवाई 5 जून को रात दस बजे उस समय शुरू करनी थी, जिस समय 10 गारद, 1 पैरा-कमांडो तथा एस.एफ.एफ. दल द्वारा हरिमंदिर क्षेत्र में कार्य आरंभ करना था। चार टैंकों (विजयंता), छह बी.ए.पी. तथा तीन ए.पी.सी. बख्तरबंद गाड़ियाँ (पोलैंड की बनी स्कोट) पर आधारित एक

विशेष कार्य-सेना को 26 मद्रास तथा 15 कुमाऊँ की सहायता करनी थी, जिन्हें आरंभ में निम्नलिखित कार्य सौंपे गए थे—

(1) अगले इन्फैंट्री तत्त्वों को इमारत के पूर्वी किनारे के प्रवेश स्थान से जानेवाले अतिवादियों की छोटे हथियारों की गोलीबारी से सुरक्षा प्रदान करना।

(2) परिसर क्षेत्र के प्रवेश स्थान के इस्पाती फाटक को तोड़कर खोलना।

(3) परिसर क्षेत्र के मुख्यद्वार तथा दर्शनी ड्योढ़ी के मध्य हरिमंदिर के पूर्वी माथे से परिक्रमा से निकलते हुए 26 मद्रास की गति में रुकावट डालने वाले अतिवादी मोरचों को बेअसर करना।

(4) परिक्रमा के पूर्वी फाटक को तोड़ना ताकि 26 मद्रास तथा 1 पैरा-कमांडो हरिमंदिर क्षेत्र में दाखिल हो पाएँ।

(5) लंगर, तेजा सिंह समुद्री हॉल तथा परिसर क्षेत्र की दूसरी इमारतों को कब्जे में लेने की काररवाई करते समय 15 कुमाऊँ को गोलीबारी द्वारा सहायता प्रदान करना।

9 कुमाऊँ की काररवाई नियत समय के अनुसार आरंभ हो गई और जिस समय टैंकों की मशीनगनों से लंगर, गुरु रामदास सराय तथा तेजा सिंह समुद्री हॉल की छतों पर अतिवादी मोरचे बेकार किए जा रहे थे। बटालियन जबरदस्ती गुरु रामदास सराय में जा घुसी थी। निचली मंजिल, पहली और दूसरी मंजिल को एक कंपनी ने सँभाल लिया और एक कंपनी आरक्षित रह गई थी। प्रत्येक मंजिल पर अंदर घुसते ही जवानों को मुकाबले का सामना करना पड़ा। मगर अंदर होनेवाला विरोध इतना सख्त नहीं थी, जितना हरिमंदिर क्षेत्र में हुआ था। अतिवादी दस्तों ने इमारतों के कोने वाले कुछ कमरों बालकनी तथा हाल-कमरों में बहुत नजदीक से गोलियाँ चलाईं। फलस्वरूप कुछ हालतों में लड़ाई की स्थिति भी हुई। थोड़े से समय में इतने कमरों को साफ करना स्वाभाविक रूप से ही असंभव कार्य था। यह काम बाद में हुई

सफाई की काररवाइयों के समय किए जाने की आस थी।

वक्त तेजी ने निकलता जा रहा था और रात के अंतिम पहरों में बाकी की इमारतों को भी कब्जे में लेना था। रात के 1.30 बजे तक गुरु रामदास सराय में पक्का ठिकाना बना लिया गया था और इमारत को अन्य परिसर से अलग-थलग कर लिया गया था। इस प्रक्रिया में गुरु रामदास सराय में बैठे बड़ी संख्या में लोगों ने आत्मसमर्पण भी कर दिया था। इसके पश्चात् दो कंपनियों ने अभी बनाए अपने ठिकाने को पीछे छोड़ दिया था तथा अन्य दो कंपनियों के कमांडिंग अफसर, लेफ्टिनेंट कर्नल के. भाऊमीक के अधीन आते तेजा सिंह ने समुद्री हॉल की सफाई के लिए स्वयं को तैयार कर लिया।

कमांडिंग अफसर को हिदायतें देते समय यह बताया गया था कि श्रद्धालुओं की भारी संख्या इमारत में ठहरी हुई है और साथ ही मुख्य अकाली लीडर भी इसके अंदर ही बैठे समझे जा रहे थे। यह अत्यंत लाजिमी था कि श्रद्धालुओं तथा अकाली लीडरों को जल्दी-से-जल्दी यहाँ से बचाकर निकाल ले जाएँ और सुरक्षित स्थान पर पहुँचाया जाए, क्योंकि हमें इस बात का पता लग चुका था कि भिंडरावाले के पिट्ठू इन लोगों पर तीखी निगाह रख रहे थे ताकि न तो उन्हें यहाँ से बाहर निकलने दिया जा सके और न ही हमारे अंदर आने पर उन्हें हमारे हवाले किया जाए। भाऊमीक ने अनुभव किया कि एक तो अँधेरी रात है, दूसरी अंदर बिजली नहीं थी, इसलिए इतनी बड़ी बहुमंजिली इमारत के अंदर हुजूम में से किसी को पहचान पाना लगभग असंभव होगा। उसने इमारत में से बाहर निकलने के रास्ते बंद करने का आदेश दिया और सबसे पहले लोंगोवाल तथा टौहड़ा को आत्मसमर्पण करने के लिए कहा। इमारत रात के 2.30 बजे अलग-थलग की गई और गुरु रामदास सराय में से काबू किए गए व्यक्तियों में से दो ने अकाली लीडरों के असल ठिकानों का पता होने का दावा किया। दोनों लीडरों में से किसी एक के साथ संपर्क स्थापित करने के लिए दूत बनकर अंदर जाने के लिए जवान तैयार बैठे थे। तीन बजे दूत तेजा सिंह समुद्री हॉल में गए और पंद्रह मिनट के बाद आकर उन्होंने बताया कि वह लोंगोवाल से मिले थे और वह आत्मसमर्पण करने के

लिए तैयार है। एक कंपनी कमांडर मेजर एच.के. पलटा को, उसके कुछ जवानों के साथ तेजा सिंह समुद्री हॉल की निचली मंजिल के उस कमरे में ले गए, जिसमें लोंगोवाल, टौहड़ा, रामूवालिया और कुछ अन्य आदमी बैठे हुए थे। इन लोगों में ही अखंड कीर्तनी जत्थे की मुखिया (बब्बर खालसा इस गुट का ही एक अतिवादी धड़ा है) बीबी अमरजीत कौर भी थीं। इन सभी ने सहजता से स्वयं को हमारे हवाले कर दिया और उसके बाद उन्हें एस.जी.पी.सी. के दफ्तर के एक कमरे में सुरक्षित हिरासत में रखा गया, ताकि इन्हें कोई हानि न पहुँच पाए।

इसके साथ ही हमारे जवानों को इमारत में देखकर कोई 350 पुरुषों, स्त्रियों तथा बच्चों के एक दल ने भी आत्मसमर्पण कर दिया। मगर जैसे ही, वे एक स्थान पर इकट्ठे हुए और उन्हें सुरक्षित स्थान पर ले जाया जा रहा था कि थोड़े से अतिवादी, जो उनके साथ थे, दौड़कर तेजा सिंह समुद्री हॉल की ऊपरी बालकनी में चले गए और अंधाधुंध गोलियाँ दागते हुए उन पर खुले हॉल में ग्रेनेड फेंकने लगे। चारों ओर अचानक भगदड़ मच गई। घबराए तथा डरे-सहमे श्रद्धालु जब बेतहाशा इधर-उधर भागे तो उनकी चीख-चिल्लाहट से आकाश गूँज उठा था। सैनिकों ने जवाब में गोली चलाई, मगर अतिवादियों तथा सैनिकों के बीच दोनों ओर से हुई गोलीबारी में चारों ओर से उड़कर गिरते छर्रों के फलस्वरूप, स्त्रियों तथा बच्चों समेत कुछ बेगुनाह श्रद्धालु मारे गए।

जिस समय कुमाऊँनी बाकी श्रद्धालुओं को बाहर निकालने के लिए प्रयास कर रहे थे। प्रत्यक्ष तौर से बौखलाए व चिंताग्रस्त लोंगोवाल तथा टौहड़ा ने मेजर पलटा से पंजाबी में बात की और विनती की कि उन्हें जल्दी-से-जल्दी सुरक्षित स्थान पर ले जाया जाए, वरना उन्हें डर है कि भिंडरावाला के हथियारबंद पिट्ठू उन्हें मार देंगे। पलटा ने अपनी पहल पर तुरंत उन्हें तथा बीबी अमरजीत कौर को सावधानी से बख्तरबंद गाड़ी (APC) में बिठाकर फौजी छावनी में सुरक्षित स्थान पर पहुँचा दिया। बहुत बाद में मुझे यह पढ़कर हैरानी हुई कि अलग-अलग पत्रकारों से इंटरव्यू में उन्होंने इस बात से इनकार किया कि

उन्होंने सेना के आगे आत्मसमर्पण किया था। इससे मैं सिर्फ यही नतीजा निकाल सकता हूँ कि उन्हें अपना मान रखने के लिए कोई तरीका चाहिए था, ताकि वे अपने अनुयायियों तथा प्रशंसकों में अपनी साख बचाए रख सकें। 'आत्मसमर्पण' हो या 'झुक जाना' या स्वयं को हवाले कर देना—मेरी राय में ये सभी शब्द सिर्फ अर्थविज्ञान के ही मामले हैं। यह हकीकत अपनी जगह पर कायम है कि टौहड़ा तथा लोंगोवाल दोनों ने प्रत्यक्ष रूप में, अपना खून देकर भी हरिमंदिर की रक्षा करने की कसम खाई थी। मगर हुआ यह कि जब सामना करने की बारी आई तो उन्होंने इस स्थिति से निकल जाने का रास्ता चुना। इस पल श्रद्धालुओं के साथ रहने के लिए लोंगोवाल, रामूवालिया को पीछे छोड़ गए। बाद में, 6 जून की सुबह उसे भी अन्य अकाली लीडरों के पास पहुँचा दिया गया। जल्दी ही यह पता लगा कि इस घटना में तकरीबन सत्तर श्रद्धालु मारे गए या जख्मी हुए।

जिस समय मरने तथा जख्मी होनेवालों को सँभाला जा रहा था और आत्मसमर्पण करनेवाले कब्जे में ली गई गुरु रामदास सराय में भेज दिए गए थे, कुमाऊँनी समुद्री हॉल के कमरों में अन्य रहते अतिवादियों को निकालने का अपना कार्य कर रहे थे। इसके साथ ही लाउड स्पीकरों पर घोषणाएँ की जा रही थीं कि अतिवादी तथा यात्री बाहर निकल आएँ और अपने आपको हमारे हवाले कर दें ताकि और खून-खराबा न हो। तकरीबन 4.30 बजे तक तड़के जब अंदर के लोग आत्मसमर्पण कर रहे थे या बाहर निकाले जाने की काररवाई के समय हिरासत में लिए जा रहे थे। एक बार फिर उस स्थान के अति निकट धमाका हुआ, जहाँ लोगों को एकत्रित किया जा रहा था।

दल में से एक अतिवादी ने अचानक ही एक ग्रेनेड फेंका और साथ ही अँधेरे में पड़ गई भगदड़ का फायदा उठाकर बच कर निकलने की कोशिश की। एक बार फिर, इन सिरफिरों के द्वारा लाचारों पर कहर बरपाने के फलस्वरूप कई व्यक्ति मारे गए और जख्मी हुए। सुबह के 5 बजे तक इमारत की निचली मंजिल को कुमाऊँनियों ने साफ कर अपने कब्जे में ले लिया था।

अगले दिन जिस इमारत को कब्जे में लेना था, वह थी गुरुनानक निवास। हिरासत में लिए गए कुछ लोगों से जल्दबाजी में की गई जाँच-पड़ताल से यह संकेत मिल रहा था कि गुरुनानक निवास को सरसरी तौर पर लिया गया था। एक कंपनी कुमाऊँनी समुद्री हॉल के बीच में छोड़कर तेजा सिंह गुरुनानक निवास में आ गए और सुबह के 6.15 बजे से इसकी सफाई की काररवाई आरंभ कर दी। कैदियों तथा आत्मसमर्पण करनेवालों की संख्या तेजी से बढ़ रही थी। इस समय तक 600 से अधिक लोग उनके कब्जे में थे। इतनी बड़ी संख्या पर कंट्रोल रखने की अपनी स्वाभाविक समस्याएँ थीं और बहुत सारे जवान इस काम में व्यस्त थे।

सुबह के समय अतिवादियों को बाहर निकालने की काररवाई बहुत अच्छे तरीके से चल रही थी, बेशक परिसर क्षेत्र की इमारतों के अलग-अलग कोनों से मुकाबला करनेवाले अतिवादी अड्डे-ठिकाने अभी भी सरगरम थे। तकरीबन 9 बजे सुबह, अचानक ही, करीब 250 श्रद्धालुओं का एक दल गुरु रामदास सराय के तहखाने से निकला तथा जिस समय वे खुले ढालान की एक नुक्कड़ पर इकट्ठे किए जा रहे थे, एक छिपे ठिकाने से अतिवादियों की गोलीबारी ने फिर से भगदड़ मचा दी थी, जिससे पंद्रह लोग और मारे गए व जख्मी हुए।

सुबह 10 बजे तक, कुमाऊँनी ने गुरु रामदास सराय, तेजा सिंह समुद्री हॉल तथा गुरुनानक निवास को अच्छी तरह से अपने कब्जे में ले लिया। मैंने शब्द 'अच्छी तरह' का प्रयोग इसलिए किया है कि इमारत के सभी हिस्सों की, विशेषकर तहखानों और जमीनदोज गड्ढों की सफाई करने के लिए काफी समय नहीं मिला था। इस समय, 9 कुमाऊँ की दो कंपनियाँ गुरु रामदास सराय में थीं और एक-एक कंपनी दूसरी दो इमारतों में। हमें पता लगा कि रात के समय तीस से चालीस बब्बर गुरुनानक निवास के पिछवाड़े से सरककर अपने आपको बचाकर सही सलामत निकल गए थे।

बब्बर बेशक भिंडरावाले के विरोधी थे, पर अंतिम समय तक मारे जाने या पकड़े जाने से पहले हरिमंदिर क्षेत्र में बुरजों तथा पानी की टंकी से जी जान

से लड़े थे। परिसर क्षेत्र से उनका बचकर निकल जाना और अपने साथियों को छोड़ जाना अकल्पनीय घटना थी। जैसा कि हमें बाद में पता लगा कि कुछ बब्बर, मौत से बचने के लिए, तभी श्रद्धालुओं में मिल गए, जब उन्हें बाहर सुरक्षित स्थान पर ले जाया जा रहा था। जो और भी हैरान करनेवाली बात थी, वह यह थी कि भिंडरावाला का वफादार तथा डींगें हाँकनेवाला साथी हरमिंदर सिंह संधू बेचारा-सा बनकर श्रद्धालुओं में घुसकर दुबक गया और उनमें से ही एक होने का पाखंड करते हुए पहचाना गया।

6 जून की दोपहर तक, परिसर क्षेत्र में होनेवाली काररवाइयों का एक पड़ाव वास्तव में मुकम्मल हो गया था। आइए देखें कि अब हरिमंदिर क्षेत्र में क्या घट रहा था।

हरिमंदिर क्षेत्र

6 जून सुबह से 11 बजे के पश्चात्

लगभग उसी समय जब अकाल तख्त के अंदर अतिवादियों को मुसीबत का सामना करना पड़ा था, 12 बिहार ने अपनी नाकेबंदी में हरिमंदिर के बाहर तंग गलियों की भूल-भूलैया में से बचकर निकल जाने की कोशिश कर रहे छब्बीस अतिवादियों का रास्ता रोक दिया। पूर्ण संभावना थी कि ये वे लोग थे जो अभी तक उन इमारतों की सबसे ऊपरी मंजिलों पर टिके हुए थे। वे बाहरी घेरे में उनके कब्जे में थे और जहाँ तक हो सकता था, हरिमंदिर के अंदर हमारे जवानों पर गोलियाँ दागते जा रहे थे। यह एक शुभ घटना थी और इससे भिंडरावाले के गढ़ के झुकते जाने का संकेत भी मिल रहा था।

अगले कुछ घंटे, सुबह के 11 बजे से लेकर शाम के चार बजे तक चारों ओर एक व्यापक तनाव बन गया था। सिर्फ किसी-किसी समय अतिवादियों की ओर से एक-दो ठिकानों से, जो अभी तक बचे हुए थे, गोलियों की बौछार हो रही थी। जहाँ तक हमारा संबंध था, जवानों को कुछ देर आराम करने को कहा गया, क्योंकि उन्हें इसकी अत्यंत आवश्यकता थी। कमांडर आनेवाली रात की योजनाओं पर विचार-विमर्श कर रहे थे, ताकि

उन्हें सौंपी गई जिम्मेवारी सावधानी से पूरी हो जाए। इस समय हमारी कुछ प्राथमिकताएँ इस प्रकार थीं—

(1) इस समय मौजूद घेराबंदी को अधिकतम जवान भेजकर मजबूत करना। एक बाहरी घेराबंदी तथा विशेष नाकाबंदी तैयार करना ताकि भिंडरावाला (अभी तक अंदर होने की हालत में) तथा हथियारबंद अनुयायियों को बचकर निकलने न दिया जाए।

(2) जख्मी फौजियों, श्रद्धालुओं तथा अतिवादियों की तुरंत मलहम पट्टी करना तथा गंभीर जख्मियों को विशेष डॉक्टरी सहायता उपलब्ध करवाना, ऑपरेशन/सर्जरी समेत बाहर ले जाना।

(3) लाशों को उठाकर पोस्टमार्टम तथा अन्य रस्मी काररवाइयाँ पूरी करने के लिए पुलिस तथा संबंधित शहरी विभागों के हवाले करना। हमारे तथा दोनों ओर से मरनेवालों की बड़ी तादाद को ध्यान में रखते हुए यह एक बहुत बड़ा काम था।

(4) हमारे संरक्षण में जो भी था, उन सभी के खाने-पीने का इंतजाम करना। इनमें से अधिकतर ने सैनिक काररवाई आरंभ होने और पहले से हो रही दोनों ओर की गोलीबारी के कारण 36 घंटों से भी ज्यादा समय से कुछ भी नहीं खाया था।

(5) स्थानीय पुलिस तथा गुप्तचर विभाग की मदद से हिरासत में लिए गए लोगों से अतिवादियों की पहचान करना तथा उन्हें बेगुनाह श्रद्धालुओं से अलग करना।

(6) इसके साथ ही 54 इन्फैंट्री डिवीजन अमृतसर को आनेवाले सभी रास्तों की नाकाबंदी कर रही थी, क्योंकि अभी तक राज्य के चप्पे-चप्पे में यह खबर फैल गई थी कि यह हमला हरिमंदिर साहब पर किया गया है और हरिमंदिर को पहुँचे नुकसान के बारे में अधिक बढ़ा-चढ़ाकर कहानियाँ सुनाई जा रही थीं। किसी भी समय जनता द्वारा बगावत संभव थी।

दोपहर के बाद कर्फ्यू में दो घंटे के लिए ढील दी गई, ताकि अमृतसरवासी अपनी बुनियादी जरूरत की वस्तुएँ खरीद पाएँ। हजारों लोग बाहर निकल आए और अपने अति निकट के बाजारों की ओर चल दिए। वे लोग बुरी तरह से सब्जियों, दूध, दवाइयों तथा अन्य आवश्यक वस्तुओं की खोज कर रहे थे। इनमें से कुछ हरिमंदिर साहिब की ओर भी चले गए, यह देखने कि हरिमंदिर का पवित्र स्थान बचा भी है या नहीं। उन्होंने लाशों से भरे ट्रक देखे, जख्मियों से लदी अस्पताल की गाड़ियाँ देखीं। आपसी कानाफूसी करते वे एक-दूसरे से पूछते, "क्या खयाल है, भिंडरावाला बच के निकल गया होगा या मर गया होगा?" बिना सोचे-समझे वे जख्मियों तथा मरनेवालों की तादाद के बारे में अंदाजा लगाते कि 5000 से 20,000 तक या इससे भी ज्यादा ले जाए जा रहे थे। मगर जब दो घंटे का वक्त बीत गया तो संपूर्ण गली-बाजार सूने हो गए।

6 तारीख को शाम के 4 बजे हरिमंदिर की परिक्रमा से लाउड स्पीकरों द्वारा बार-बार घोषणा करके उन सभी अतिवादियों तथा श्रद्धालुओं से अपील की गई, जो अभी तक कमरों तथा तहखानों में बैठे थे, कि वे बाहर आ जाएँ तथा आत्मसमर्पण कर दें। 6 बजे के बाद तक ये घोषणाएँ होती रहीं। इस समय तक, हमारी अपीलों को स्वीकार कर 200 से अधिक ने आत्मसमर्पण किया, जिनमें से 22 हरिमंदिर साहिब से निकलनेवाले भी थे। इसके पश्चात् एक दूत को हरिमंदिर साहिब में भेजकर मुख्य ग्रंथी ज्ञानी साहिब सिंह से भी बाहर आने की प्रार्थना की गई। उनकी पूरी सुरक्षा करने का वायदा उनसे किया गया। उन्होंने इस बात को स्वीकार कर लिया और बाहर निकल आए। फिर एक सिख अफसर को यह देखने के लिए अंदर भेजा गया कि कोई अभी भी अंदर तो नहीं रह गया, क्योंकि मन में एक भय छिपा बैठा हुआ था कि कोई पागलपन की हरकत करके पवित्र धार्मिक स्थान को उड़ाने की हद तक भी जा सकता था। कुछ मिनटों के पश्चात् वह अफसर दो ग्रंथियों सहित बाहर आ गया, जो अभी तक अंदर थे। उसने इस बात की पुष्टि की कि अंदर कोई भी बाकी नहीं रहा। मैं परिक्रमा में मौजूद ज्ञानी साहिब सिंह का

स्वागत करनेवाले पहले व्यक्तियों में से था, जब वे हरिमंदिर साहिब से बाहर आए थे। मानसिक सदमे से वे अंदर तक हिले हुए थे और इतने अधिक कमजोर लग रहे थे, जितने वे थे नहीं। मैं नहीं चाहता था कि वे अधिक समय परिक्रमा में रुकें, क्योंकि अभी भी किसी-न-किसी इमारत में इक्का-दुक्का गोलियाँ चल रही थीं। हम जल्दी ही उन्हें सुरक्षित स्थान पर ले गए। उन्होंने कहा कि हरिमंदिर साहिब में गुरुग्रंथ साहिब की मौजूदगी के चलते कम-से-कम दो ग्रंथी सिख वहाँ रहने आवश्यक हैं।

गुरुग्रंथ साहिब का दिन के समय सदा ही हरमंदिर साहिब में 'प्रकाश' रहता है तथा रात को उनका 'सुखासन' करवाने के लिए एक जुलूस के रूप में, जिसे चौकी चढ़ना भी कहते हैं, अकाल तख्त में ले जाया जाता है। मगर जब से सैनिक काररवाई शुरू हुई थी, यह संभव नहीं हो पाया था। फलस्वरूप यह पवित्र ग्रंथ 5 जून की रात से हरिमंदिर साहिब के अंदर ही था। ग्रंथी सिखों की शिकायत थी कि वे लगभग 24 घंटों से स्नान इत्यादि भी नहीं कर पाए थे और अब वे एक पल भी और रुके बगैर ये काम करेंगे। इसके बाद, निश्चित ग्रंथी सिख इंजीनियर रेजिमेंट के एक अफसर तथा कुछ सिख जवानों के साथ हरिमंदिर साहिब के अंदर गए। जवान मुख्य तौर से पवित्र हरिमंदिर की किसी अनहोनी मुसीबत से रक्षा के लिए गए थे।

जो अतिवादी पहले दिन अकाल तख्त से बाहर आए थे, उनसे की गई जाँच-पड़ताल के बावजूद भिंडरावाले के बारे में अभी तक कोई खोज-खबर नहीं मिली थी। अलग-अलग लोगों के अलग-अलग विचार थे। एक यह था कि वह अकाल तख्त के तहखाने में छिपा हुआ था। दूसरा यह था कि वह मर गया है। तीसरा, वह रात के समय बचकर निकल गया और सरहद पार कर पाकिस्तान चला गया है। 26 मद्रास को यह कार्य सौंपा गया कि 6 जून की रात को अकाल तख्त की सफाई करे और जो भी अतिवादी अंदर रह गए हों, उन्हें बाहर निकालें। इतने में, अकाल तख्त के व्यापक क्षेत्र में बंदूकों तथा हल्की मशीनगनों की बौछार होती सुनाई दी, मगर इसका कोई असर न हुआ। मद्रासी अकाल तख्त में दाखिल होने के लिए सभी ओर से आगे बढ़

रहे थे, और उन्होंने अभी तक बिना ललकार के अपनी तकनीकी काररवाई शुरू कर दी थी। कोई भी जोखिम नहीं उठाया जा सकता था, वरना बटालियन खुद फंदे में फँस जाती। वे इमारत की ध्यान से छानबीन कर रहे थे कि दो अतिवादी धीरे से बाहर निकलने की कोशिश करते पकड़े गए। मद्रासियों ने गोली चलाई। उनमें से एक को हिरासत में ले लिया और दूसरा मारा गया। इस आदमी से तत्काल की गई पूछताछ से पता लगा कि भिंडरावाला नहीं रहा। फिर वह उन जवानों को उस जगह पर ले गया जहाँ चालीस अनुयायियों के साथ भिंडरावाला की लाश पड़ी थी। उधर, अकाल तख्त के चप्पे-चप्पे की तलाशी ली जा रही थी। कुछ ही पल के बाद तहखाने से जनरल सुबेग सिंह की लाश मिल गई। उसने अभी भी कार्बाइन कसकर पकड़ी हुई थी। एक वॉकी-टॉकी उसकी लाश के पास फर्श पर पड़ी थी। पौ फटने से बहुत पहले अकाल तख्त को पूरी तरह से कब्जे में ले लिया गया था। चारों ओर एक गहरी चुप्पी पसरी हुई थी। इस दौरान लाशें उत्तरी किनारे की निचली मंजिल तथा खुले बरामदे में लाई गईं, जहाँ पुलिस, आई.बी. तथा हमारे कब्जे वाले अतिवादियों सहित भिंडरावाले तथा सुबेग सिंह के अलावा, ऑल इंडिया सिख स्टूडेंट्स के प्रधान तथा भिंडरावाले के निकटवर्ती विश्वासपात्र अमरीक सिंह की लाश भी थी। जैसे कि संयोग से लगता था कि सुबेग तथा अमरीक सिंह मरनेवाले भी भिंडरावाले के साथ थे।

भिंडरावाले की मौत की खबर जंगल की आग की तरह फैल गई, जिसका नतीजा हैरान करनेवाला था। जहाँ उसके अनुयायियों पर उसके जो हमारे कब्जे में थे और श्रद्धालुओं पर जो पीछे हरिमंदिर में रह गए थे, पर घोर उदासी तथा निराशा छाई हुई थी, वहाँ हरिमंदिर के साथ-साथ रहते हिंदू व्यापारियों के मध्य प्रतिक्रिया एकदम अलग थी। उन्होंने चैन की साँस ली थी। उन्हें जैसे नई जिंदगी मिल गई हो, क्योंकि जिस व्यक्ति से उन्हें मौत का डर था और जो इतना ताकतवर था, जो किसी को भी जिंदगी बख्श दे या मौत के वारंट जारी कर दे, अब वह स्वयं मर चुका था। मामले ने एक गंभीर मोड़ ले लिया, जब एक कौम के लोग हमारे जवानों को मिठाइयाँ बाँटने अपने घरों से भाग निकले

और उन्हें गरम खाना खिलाने के लिए शोर मचाने लगे। मुझे ज्यों ही इस घटना का पता लगा, मैंने सारे जवानों को, उनके कमांडिंग अफसरों के द्वारा सख्त आदेश जारी किए कि वे इस मेहमाननवाजी से इनकार करें तथा कोई ऐसा कदम न उठाएँ, जिससे ऐसे नाजुक समय में आपसी भाईचारे में दूरी पैदा हो जाए। खुशकिस्मती से स्थिति पर जल्दी ही काबू पा लिया गया और किसी प्रकार घिनौने हालात पैदा होने से बचा लिया गया।

परिसर क्षेत्र

6 जून – दोपहर के पश्चात्

गुरु रामदास सराय, तेजा सिंह समुद्री हॉल तथा गुरुनानक निवास पर काबू पा लेने के पश्चात् कुमाऊँनियों के द्वारा किए जानेवाले बड़े कार्य बाकी रह गए थे। पहले, लंगर की छत से हो रही गोलीबारी को शांत करना, क्योंकि इस इमारत की अभी सफाई नहीं हुई थी। दूसरा, उन श्रद्धालुओं तथा अतिवादियों की पहचान करना, जिन्हें कमरों से बाहर निकाला गया था, जो पिछले दो-तीन दिनों से कमरों में बंद थे।

कैदियों की कमान अपने हाथ में लेना अपने आप में एक बृहत् कार्य था, जिनकी संख्या एक हजार से कुछ ऊपर ही थी। मैं इन्हें कैदी इसलिए कह रहा हूँ, क्योंकि इस समय, अंदर फँस जानेवाले बेगुनाह श्रद्धालुओं तथा पकड़े गए अतिवादियों में अंतर करना मुश्किल था, क्योंकि अतिवादियों ने अपने हथियार फेंक दिए थे और वे काररवाई के दौरान काबू में आ जाने या मारे जाने के डर से श्रद्धालु होने का दंभ भर रहे थे। इनमें से कइयों को छोटे-बड़े जख्म आए हुए थे और लगभग 140 लाशें पड़ी थीं, जिन्हें उठाकर नगर प्रशासन के हवाले करना था। जगह खाली करने का यह सारा कार्य 7 तारीख को रात के तीन बजे मुकम्मल हुआ। उन औरतों तथा बच्चों को देखना एक दर्दनाक दृश्य था, जो बड़ी संख्या में अभी भी मानसिक सदमे की हालत में थे और जब भी उनके सामने से लाशें उठाकर ले जाई जातीं तो वे खौफ से चीखने लगते और जोर-जोर से रोने लगते। डॉक्टरी सहायता तथा

खाने-पीने का प्रबंध करनेवाली हमारी टीमें रात-दिन उनकी तात्कालिक जरूरतों की ओर ध्यान दे रही थीं।

जिस समय यह सब कुछ सापेक्ष रूप में सुरक्षित क्षेत्र में हो रहा था, कुमाऊँनी लंगर हॉल तथा उसके आसपास सख्त गोलबारी से आमना-सामना कर रहे थे। लंगर की इमारत की भी पूरी तरह से मोरचाबंदी की गई थी। अतिवादी नीचे खुले मैदान में स्वचालित हथियारों से गोलियाँ बरसा रहे थे तथा ग्रेनेड फेंक रहे थे। बदले में कुमाऊँनी मार करनेवाले हथियारों से अतिवादियों का मुकाबला कर रहे थे। ट्रेसरों (सुराग-गोला) से आसमान जगमगा उठा और जल्दी ही, लंगर हॉल पर धुएँ के बड़े-बड़े बादल दिखाई देने लगे। इमारत के अंदर, गेहूँ की बोरियों तथा मिट्टी के तेल के कनस्तरों को आग लग गई। इसके बाद एक जोरदार धमाका हुआ, जिसकी आवाज मशीनगन की गोलियों जैसी थी।

लंगर हॉल में पड़े गैस-सिलेंडरों को आग लग गई थी और बहुत देर तक तड़-तड़ का शोर होता रहा। सुबह तड़के तक जबरदस्त लड़ाई होती रही और फिर अचानक ही बंद हो गई। हमें बाद में मालूम हुआ कि यह लड़ाई थोड़े से कट्टर अतिवादियों ने लड़ी थी, जो बाद में चुपचाप लंगर हॉल तथा रामगढ़ियाँ बुरजों की गुप्त तहखानों व सुरंगों से बाहर खिसक गए थे। क्या इसका कारण यह हो सकता है कि उन्हें भनक पड़ गई थी कि अकाल तख्त में भिंडरावाला की मोरचाबंदी का खात्मा हो गया है, क्योंकि अब उस क्षेत्र में पूर्णतया शांति पसर चुकी थी। मुझे भी ऐसा ही लगता है।

दोनों परिसर क्षेत्रों में अगली अहम घटनाएँ

7-9 जून

7 जून तक, भिंडरावाला की मौत के साथ ही, मुख्य तौर से लड़ाई बंद हो गई थी। भिंडरावाला, अमरीक सिंह तथा सुबेग सिंह जैसे प्रमुख लीडरों के समाप्त हो जाने से, अकाल तख्त में उनके निर्देशन में लड़ाई की बागडोर पकड़नेवाला कोई रह नहीं गया था। इसके बाद की सभी कारवाइयाँ दिशाहीन

थीं और कुछ उनके कट्टर कार्यकर्ता थे, जो अधिकतर स्थितियों में स्वयं ही ऐसे नुक्कड़ों में फँस गए थे कि वहाँ से पीछे हटने या बचकर निकलने की अव्वल तो कोई संभावना नहीं थी या नाममात्र ही थी। 7 तारीख को पूरी दिहाड़ी सफाई करने का कार्य चलता रहा और इस प्रक्रिया में कई अतिवादी काबू किए गए, जो अलग-अलग इमारतों की छिपी नुक्कड़ों में दुबके बैठे थे और खिसक जाने के लिए मौके की ताक में थे।

कुछ छिपाकर रखे हथियार भी प्राप्त हुए। हमारा ज्यादा ध्यान कब्जे में लिए गए व्यक्तियों का बंदोबस्त करने की ओर था। इस मामले को अब पुलिस ने और शांति-कानून के लिए जिम्मेवार तथा खुफिया विभाग ने अपने हाथ में ले लिया था, जो इनका काले, भूरे या सफेद टोलियों में वर्गीकरण कर रहे थे और फिलहाल छावनी में नियत बैरकों में भेज रहे थे। अपने मरने तथा जख्मी होनेवालों की ओर ध्यान देने के साथ-साथ ही हम हरिमंदिर के निकट के चौगिरदा की सफाई करने लगे, ताकि यहाँ से लाशों की बदबू दूर हो सके। परिक्रमा तथा बरामदों को रगड़कर साफ किया गया और लहू के तमाम निशान मिटाए गए और सरोवर में ज्यों ही लाशें तैरकर ऊपर आईं। उन्हें तुरंत बाहर निकालकर हरिमंदिर क्षेत्र से बाहर पहुँचाया गया। 7 तारीख को सुबह हरिमंदिर साहिब को पूरी तरह साफ-स्वच्छ करने के पश्चात् हरिमंदिर साहिब में जो ग्रंथी मौजूद थे, उनके साथ ही हमारे ग्रंथियों तथा सेवादारों की मदद से 'बाणी' का पाठ शुरू करवा दिया गया। दिन के समय का कर्फ्यू इस समय तक तकरीबन पूरी तरह से हटा दिया गया था और शहर में जीवन धीरे-धीरे साधारण हालत में लौट रहा था, परंतु हरिमंदिर के आसपास के इलाकों में अभी भी रात-दिन का कर्फ्यू लगा हुआ था। सिर्फ थोड़ी-थोड़ी देर के लिए ढील दी जाती थी, ताकि इन इलाकों में रहनेवाले लोग अपनी जरूरत की वस्तुएँ खरीद पाएँ। हरिमंदिर कुछ दिनों के लिए इसलिए नहीं खोला गया, ताकि विद्यमान भावुक उत्तेजना के वातावरण में कोई घिनौनी घटना न घट जाए। इन कारणों से 54 इन्फैंट्री डिवीजन ने अमृतसर के अंदर दाखिल होने के सारे नाके बंद कर रखे थे।

भारत के राष्ट्रपति ज्ञानी जैल सिंह 8 तारीख को सुबह हरिमंदिर साहिब आए और हरिमंदिर साहिब के मुख्य ग्रंथी साहिब सिंह तथा मैंने घंटाघर प्रवेश द्वार पर उनका स्वागत किया। परिक्रमा से गुजरते हुए वे बीच-बीच में खड़े हो जाते और चौतरफा लड़ाई के कारण झुलसी इमारतों पर नजर मारते। अकाल तख्त की गिरी इमारत देखकर उदास हो, उनके कदम अकसर रुक जाते और धीमे से मुख्य ग्रंथी के कान में कोई बात करते। ऐसे मौके पर मेरा उन्हें यह बताना कोई अर्थ नहीं रखता था कि कैसे हमने अकाल तख्त को बचाने के लिए अपनी ओर से पूरा जोर लगाया था, जबकि हमारे जवानों पर सिखों के इस धार्मिक स्थान में अड्डा जमाए बैठे भिंडरावाला तथा उसके हथियारबंद अनुयायियों की ओर से घातक हमले होते रहे थे। फिर हम हरिमंदिर साहिब में दाखिल हुए, जहाँ 'गुरवाणी' का पाठ हो रहा था। मन में प्रार्थना कर कुछ देर अकेले में बैठकर हाजिरी भरने के पश्चात् राष्ट्रपति जी को मुख्य ग्रंथी ने हरिमंदिर साहिब का चक्कर लगवाया। वे बाहरी दीवारों पर लगे गोलियों के निशानों की ओर इशारा करते रहे और उनके मन में यह बात बिठाते रहे कि हरिमंदिर साहिब की इस बेइज्जती के जिम्मेदार थे कुकर्मी भारतीय सेना के जवान। मेरे लिए या लेफ्टिनेंट जनरल सुंदर जी तथा दयाल के लिए, जो वहाँ मौजूद थे, यह बात अर्थहीन थी कि हम मुख्य ग्रंथी की ओर से लगाए जा रहे दोषों का खंडन करते, क्योंकि यह बात प्रभु के घर में उन पर गलत बयान देने के इलजाम लगाने के बराबर होती।

बहरहाल, भारत में और विदेशों में रहनेवाले सिख अब अत्यंत क्रोधित हो गए थे, क्योंकि वे महसूस करते थे कि उनके आत्म-सम्मान को बहुत चोट पहुँची थी। इनमें से अधिकतर लोग ऐसे थे जो हरिमंदिर को शस्त्र-भंडार बना देने के लिए तथा पवित्र धर्म-स्थान का निरादर करने के लिए भिंडरावाला की नुक्ताचीनी किया करते थे, मगर अब उन्होंने अपनी आँखों पर पट्टी बाँध ली थी और उसकी प्रशंसा करने लगे थे। उनके लिए हरिमंदिर का निरादर करनेवाले भारतीय सेना के जवान थे। उन्हें कैसे विश्वास दिलाया जा सकता था कि भारतीय सेना के जवानों ने तो उन्हें मिले आदेशों का पालन

करते हुए अपनी जानें गँवाई थीं कि बेशक किसी भी तरह से उन्हें भड़काया जाए, मगर हरिमंदिर साहिब की ओर गोली नहीं चलाई जाएगी।

इस पुस्तक में पहले भी स्पष्ट किया जा चुका है कि कैसे परिक्रमा में आगे बढ़ते हुए हमारे जवानों पर सभी ओर से लगातार भारी गोलीबारी की मार पड़ती रही थी। इससे पाठकों को यह अनुभव हो गया होगा कि हरिमंदिर साहिब गोलीबारी की सीधी रेखा में पड़ता है, गोली बेशक पश्चिमी किनारे से पूर्व की ओर या दक्षिणी किनारे से उत्तरी किनारे तथा इसके विपरीत दिशाओं की ओर जा रही हो। जो गोलियों के निशान सेना के मत्थे मढ़े जा रहे थे, वे अतिवादियों की ओर से दोनों ओर से होती गोलीबारी के नतीजे थे। और क्या कोई सचमुच ही यकीन कर सकता है कि जिस व्यक्ति ने हरिमंदिर को असलहाखाना बना दिया, अकाल तख्त को अतिवादियों की पनाहगाह दिया, जिसने पवित्र धर्म-स्थान के अंदर से गोली चलाने को अपवित्र नहीं समझा, वह इस जबरदस्त लड़ाई में पवित्र धर्म-स्थान का रूप बिगड़ जाने के बारे में क्यों चिंता करता? मैं 8 तारीख को राष्ट्रपति की हरिमंदिर यात्रा के बयान से थोड़ा परे चला गया हूँ, मगर सिर्फ इसलिए कि इस बहुत ही नावाजिब इलजाम की असल हकीकत को सामने ला पाऊँ। जो वातानुकूल आरामदायी घरों में आराम-कुरसियों पर बैठनेवाले कुछ नुक्ताचीनियों की ओर से अकसर लगाए जाते रहे हैं।

खैर, जैल सिंह हरिमंदिर साहिब से निकलकर दर्शनी ड्योढ़ी पार कर जब अकाल तख्त के सामनेवाले द्वार के पास आए तो मैंने उनका ध्यान मशीनगन के उस झरोखे की ओर दिलाया जो फर्श से घुटने की ऊँचाई पर पवित्र संगमरमर को काटकर बनाया गया था। वे बेपरवाह लगे। मैं अकसर सोचता हूँ कि क्या उन्हें इस बात का एहसास था कि वे उस पल ऐसे स्थान पर खड़े थे, जहाँ हमारे पचास से अधिक बहादुर जवानों को सचमुच मौत के घाट उतार दिया गया था। क्या उनका दिल इन जवानों के लिए नहीं तड़पा या फिर वे भी अन्य किसी चीज की तरह महज खपत की वस्तु थे?

जैल सिंह के दौरे से पहले जो कुछ मैंने अकाल तख्त में देखा था वह

आँखें खोलनेवाला था। पहली मंजिल का पूरा फर्श कोई नौ इंच की इस्पाती तह से (चलाए गए गोलों के खोल) से ढका हुआ था और इसमें से अभी भी सेक उठ रही थी। फर्श पर नजर मारते ही आदमी अंदाजा लगा सकता था कि जवानों पर कितनी भारी तथा जोरदार गोलीबारी हुई थी। बाद में हमने देखा कि बहुत सारी मशीनगनों की नलियाँ ऐसी निरंतर गोलीबारी के कारण सचमुच फूल गई थीं। यह सब कुछ उस इमारत में से हुआ था, जो हर रोज रात को पवित्र ग्रंथ साहिब को सुरक्षा देती थी। जैल सिंह ने मेरी यह पेशकश ठुकरा दी कि मैं उन्हें अकाल तख्त के अंदर चक्कर लगवा दूँ, मगर उनके प्रेस सेक्रेटरी त्रिलोचन सिंह समेत उनके सारे अमले के कुछ आदमी निचली मंजिल के मलबे से निकलकर सीढ़ियाँ चढ़ आए तथा उन्होंने अपनी आँखों से देखा कि हमारे जवानों पर कितनी जबरदस्त अग्नि-वर्षा की गई होगी।

ऐन उसी समय, अचानक ही ब्रह्म बूटा अखाड़े के व्यापक क्षेत्र से जैल सिंह की ओर अचानक ही गोली दागी गई। राष्ट्रपति की अगुआई करनेवाले कमांडो ने एकदम उनके इर्द-गिर्द घेरा बना लिया। जिस समय वे आखिर में मुख्य द्वार से बाहर निकल रहे थे, एस.एफ.एफ. दल के कमांडिंग अफसर, लेफ्टिनेंट कर्नल एम.पी. चौधरी को एक स्ट्रेचर पर डालकर ले जाते जवान उनके सामने से गुजरे। यह अफसर राष्ट्रपति को बचाने के लिए काररवाई करते समय जख्मी हो गया था। एक इमारत की छत पर अतिवादियों को देखकर चौधरी गोली चलाने की वाला था कि हल्की मशीनगन की गोलियों की एक बाढ़ उसकी बाजू पर आ पड़ी। बाद में यह अतिवादी जवाबी गोली द्वारा मारा गया और हम सभी ने चैन की साँस ली कि भारत के राष्ट्रपति सही-सलामत थे।

राष्ट्रपति की रवानगी के बाद एस.एफ.एफ. तथा 10 डोगरा की एक संयुक्त टोली (इस बटालियन की दो कंपनियाँ परिसर क्षेत्र में 9 कुमाऊँ के जवानों को फायरिंग करने के लिए लाया गया था, क्योंकि वे कैदियों के प्रबंधन में बुरी तरह से व्यस्त थे।) उस इलाके की सफाई का कार्य करते हुए, जहाँ से राष्ट्रपति पर गोली चलाई गई थी, जब बुरजों के निकट पहुँची

तो उस पर भी गोलियों की बारिश होने लगी थी। चार जवान जख्मी हो गए थे। बाकी के जवान समय इलाके की छानबीन कर रहे थे। 10 डोगरा का मेडिकल अफसर, कप्तान रामपाल मलहम-पट्टी करनेवाले अपने सहायकों के साथ जख्मियों को सँभाल रहा था कि अचानक ही नीचे सुरंग में छिपे अतिवादियों की एक टोली रामपाल तथा 10 डोगरा के दो अन्य जवानों को बाँहों में जकड़कर अंदर ले गई। सभी को खतरे से सचेत किया गया था और एस.एफ.एफ. तथा 10 डोगरा की ओर से सुरंग की सफाई करने के लिए काररवाई करने की योजना बनाई गई। अभी तक अँधेरा हो गया था और कई तरीकों के बावजूद कोई सफलता न मिली। अतिवादियों को चेतावनी दी गई कि यदि उन्होंने डॉक्टर तथा दोनों जवानों को न छोड़ा तो सुरंग उड़ाकर उन्हें पकड़ा जाएगा। उन्होंने अंदर से यह कहा कि ज्ञानी साहिब सिंह को लाकर उनके साथ बात करवाई जाए, उसके बाद ही पकड़े गए व्यक्तियों को छोड़ा जाएगा। मुख्य ग्रंथी को ढूँढ़ कर लाया गया। जब उनसे कहा गया कि ज्ञानी ग्रंथी जी आ गए हैं और वे जो भी बात करना चाहते हैं कर लें, तो अतिवादी इस बात पर अड़ गए कि उन्हें सुरंग के अंदर भेजा जाए। स्वाभाविक ही ग्रंथी जी अंदर जाने से झिझक व डर रहे थे और यह सवाल ही नहीं पैदा होता था कि हम उनकी जान को खतरे में डालते। अतिवादियों को बताया गया कि उनकी यह शर्त नहीं मानी जा सकती, मगर वे टस से मस न हुए। नतीजा यह निकला कि मुख्य ग्रंथी के चले जाने के बाद इस अड्डे को साफ करने के लिए सोची हुई योजना को कार्यान्वित किया गया।

1 पैरा के कमांडो तथा डोगरों की विस्फोट करनेवाली पार्टियाँ रेंगते हुए आगे बढ़ीं तथा गोलीबारी की मार के निशाने पर होने के बावजूद, सुरंग के प्रवेश पर बनी गलियों में विस्फोटक पदार्थ रखा और फिर इन गलियों को उड़ाकर रास्ता खोल दिया। वह तूफान के बवंडर की तरह अंदर चले गए और उधर से गोलियाँ दागने के बाद सभी के सभी अतिवादी खत्म कर दिए और देखा कि रामपाल तथा दो जवानों को तो अतिवादियों ने पहले ही मार दिया था। रामपाल को अतिवादियों ने वहशीपन से मारा था। उसकी लाश

को खोजा तो उसकी एक टाँग कटी हुई थी। तहखाने की लंबी-चौड़ी पड़ताल करने के पश्चात् बोरियों में सफाई के साथ बँधी हुई ढेर सारी नकदी हाथ लगी। फिर यह तो जाहिर ही था कि ये अतिवादियों के वे टोले थे जो इस मौके की ताक में पीछे रह गए थे कि यह अपार दौलत ले जाते और मौज करते।

जिस वक्त ब्रह्म बूटा अखाड़ा, बुंगा क्षेत्र में काररवाई हो रही थी, अकाल तख्त के पीछे एक और दिलचस्प घटना घट रही थी। हरिमंदिर के बाहर एक तंग गली से बचकर निकलने की कोशिश करता एक अकेला अतिवादी बिहारियों द्वारा की गई घेराबंदी के जाल में फँस गया। उसकी तलाशी ली गई तो उसकी पगड़ी में उसके द्वारा छिपाए हुए पचास हजार रुपए निकले। वह उन दंगाइयों में से वह था जो बहती गंगा में हाथ धोना चाहते थे। शायद ऐसे बहुत सारे अपराधियों में से वह एक था, जिन्होंने हरिमंदिर के अंदर दूसरों के साथ सुरक्षित स्थान पर पनाह ली हुई थी। मौके पर की गई पूछ-पड़ताल के फलस्वरूप उसने बताया कि वह घनघोर लड़ाई के समय अकाल तख्त के अंदर ही था और यह भी कि भिंडरावाला सहित उच्च स्तर के अधिकतर व्यक्ति 6 तारीख की सुबह ही मारे गए थे, जिसके बाद कमान तथा कंट्रोल का सारा ढाँचा ताश के महल की तरह ढह गया था।

उसके अनुसार, जो व्यक्ति बच गए थे, वे सभी हथियारों, नकदी, सोना, गहने तथा अन्य कीमती वस्तुओं को 6 तारीख की दोपहर में चुप्पी के दौरान अकाल तख्त के पीछे एक गहरे कुएँ में फेंकने में व्यस्त थे। इसके बाद, जो खिसक सके, वे खिसक गए और बाकी लोगों ने आत्मसमर्पण कर दिया।

यह जानकारी हासिल करने के पश्चात् 12 बिहार तथा इंजीनियर रेजिमेंट के जवान कुएँ में टाँका फेंकने लगे। हथियार तथा ट्रंक बाहर खींच लिये गए। 8 तारीख की शाम तक उन्नीस हथियार खोजे जा चुके थे। काररवाई 'कुआँ' 9 तथा 10 तारीख तक जारी रही। इसके अलावा कुएँ के तल तक पहुँचने में सहायता करने के लिए जल सेना के तैराकों को बुलाया

गया। 9 तारीख को 24 हथियार और बाहर निकाले गए तथा 10 तारीख को तकरीबन बीस (20) और। इसके अलावा, बीस लाख से अधिक के करेंसी नोट, प्लास्टिक के बोरों में अच्छे ढंग से भर कर एक ट्रंक में रखे मिले। प्रत्यक्ष था कि प्राप्त की गई अधिकतर नकदी बैंकों से लूटी गई थी। इसके अलावा, सोने की ईंटें, चाँदी, गहने तथा अन्य बेशकीमती वस्तुएँ, ट्रांसमीटर तथा रिसीवर बाहर निकाले गए। ये सभी वस्तुएँ लपेटकर अलग-अलग तरह के आकारों के डिब्बों में बंद किए गए थे। बाद में, जल सेना के तैराकों ने कुछ हथियार 'सरोवर' से भी बाहर निकाले।

9 तथा 10 तारीख को जाँच-पड़ताल तथा सफाई की कारवाई करते हुए एक चीज और मिली, वह थी हथियारों की एक फैक्टरी, जो परिसर के किनारे के पूर्वी प्रवेश पर ड्योढ़ी के एकदम ऊपर एक कमरे में बनी हुई थी। यहाँ बहुत बड़ी मात्रा में यहीं बनाए गए ग्रेनेड (ढुलाई के अलग-अलग पड़ाव पर), पिस्तौल, कार्बाइन बैरल तथा बीच ब्लॉक, हाथ गोले तथा विस्फोटक पदार्थ मिले थे। हैरानी की बात यह कि दोनों इमारतों के ऐन मध्य में इस प्रकार की सरगर्मी की ओर किसी का भी ध्यान क्यों नहीं गया था?

10 जून तक, सफाई का काम मुकम्मल हो गया और सैनिक कारवाई ब्लू स्टार समाप्त हुआ। जिस काम के लिए हमने सोचा था कि हमें अधिक से अधिक दो रातें लगेंगी, मगर चार लग गई थीं।

मरने तथा जख्मी होनेवालों तथा हिरासत में लिये जानेवालों की संभावित सही संख्या निम्नलिखित है—

(1) अपने घालयों व मृतकों की सूची

(i) **मृतक**—अफसर 4, जूनियर कमिशंड अफसर 4 तथा दूसरे रैंक 75, कुल—**83**

(ii) **घायल**—अफसर 13, जूनियर कमिशंड अफसर 16 तथा दूसरे रैंक 219, कुल—**248**

(2) अतिवादी तथा अन्य घायलों व मृतकों की सूची

(i) **मृतक**—492 (30 स्त्रियाँ तथा 5 बच्चों सहित)

(ii) **जख्मी**—86 (7 स्त्रियाँ तथा 4 बच्चों सहित)

(iii) **हिरासत में**—मर्द 1283 तथा स्त्रियाँ (बच्चों सहित) 309, कुल—**1592**

हथियारों की वसूली की सारणी निम्नलिखित है—

(i)	7.62 एम.एम. हल्की मशीनगनें	—	41
(ii)	7.62 एम.एम. सेल्फ लोडिंग रायफलें	—	84
(iii)	7.62 एम.एम. चीनी रायफलें	—	52
(iv)	असारटिड रायफलें—सभी प्रकार कीं	—	28
(v)	303 रायफलें	—	399
(vi)	कार्बाइनें	—	41
(vii)	सब मशीनगनें 5.56 एम.एम.	—	49
(viii)	पिस्तौल तथा रिवॉल्वर (टकसाली नमूने के)	—	84
(ix)	पिस्तौल (देसी)	—	67
(x)	12 बोर की गनें	—	78
(xi)	रॉकेट चालक ग्रेनेड लॉञ्चर (टैंक-मार)	—	2
	कुल जोड़	—	**927**

उपर्युक्त के अलावा, बड़ी मात्रा में टकसाली तथा देसी ग्रेनेड, बारूदी सुरंगें, विस्फोटक पदार्थ तथ टाइम फ्यूज भी हाथ लगे।

हरिमंदिर साहिब के अंदर अतिवादियों के असलहा-भंडार में मौजूद गोला-बारूद की शक्ति तथा घातक हथियारों के प्रसार से जैसा कि ऊपर बताया गया है, पाठकों को इस बात का कुछ अंदाजा हो जाएगा कि पवित्र हरिमंदिर साहिब को किसी हद तक सचमुच ही एक गढ़ी का रूप दे दिया गया था, जिसमें शायद अब तक के इतिहास की सबसे जबरदस्त लड़ाइयों में से एक

लड़ाई लड़ी गई। एक बात जिसको ध्यान में रखने की जरूरत है, वह यह है कि इस प्रकार की गढ़ी में पुराने हथियारों के साथ नहीं, बल्कि आधुनिक हथियारों के साथ ही लोहा लिया जाना था। यदि ऐसा न किया गया होता तो हमारे जख्मियों तथा मृतकों की संख्या शायद दस गुना अधिक होती।

यादें

इसमें कोई शक नहीं कि हमले के खिलाफ हरिमंदिर के बचाव के लिए बहुत सोच-समझकर योजनाएँ बनाई गईं और तैयारियाँ की गई थीं। यह एक अनुभवी जरनैल के चालबाज तथा तेज दिमाग की विलक्षणता थी। इस मामले में सुबेग ने हरिमंदिर क्षेत्र की मोरचाबंदी में जबरदस्त कला तथा कौशल का प्रदर्शन किया था। अकाल तख्त की इमारत, जहाँ भिंडरावाला का हैड-क्वार्टर तथा कमान मोरचा बनाया गया था, का एक केंद्रीय बचाव केंद्र के तौर पर बेहद होशियारी से चुनाव किया गया था। सैन्य भाषा में, यदि इसे 'दाँव-पेंच महत्ता वाला स्थान' या 'अत्यंत अनिवार्य स्थान' कहा जाए तो इसका मतलब है कि अकाल तख्त को बचाव-प्रणाली की धुरी स्वीकार करनी होगी। इसकी मोरचाबंदी तहखाने से ऊपर की ओर की गई थी। जिसमें हथियार टिकाने के स्थान निर्धारण का यह सिलसिला जमीनी स्तर, खिड़की स्तर, रोशनदानों से बनाते हुए पहली मंजिल से ऊपरी मंजिलों तक चलता गया था। दीवारों तथा संगमरमरों को काटकर पक्के मोरचे बनाए गए थे। अकाल तख्त तक आनेवाले सभी पहुँच मार्गों पर अकाल तख्त को गहराई तथा सुरक्षा मुहैया करने के लिए समूचे हरिमंदिर परिसर के साथ लगती कुल इमारतों की छतों पर तथा रेत की बोरियों से भरी खिड़कियों में गोलीबारी करने के लिए मोरचे बने हुए थे। बहुत ऊँची रामगड़ियाँ बुर्जों तथा लंगर हॉल के निकट ऊँची पानी की टंकी पर हथियार टिकाने के लिए ऊँचे भड़े बने हुए थे। जहाँ कहीं संभव था, परिसर के कुछ अनजाने कोनों तथा नुक्कड़ों में मशीनगनों के ठिकाने बहुत जुगत से बनाए गए थे। जमीनदोज सुरंगों तथा खानों को बहुत कारीगरी से मौत के फंदे के रूप में तैयार किया

गया था। इसके अलावा, हरिमंदिर के बाहरी चौगिरदा की किलेबंद इमारतों में अगली चेतावनी देने के लिए चौकियाँ बनाई गई थीं, जहाँ अतिवादी टुकड़ियाँ पहरे पर खड़ी थीं। पूरी बचाव-प्रणाली में विस्तृत संचार-प्रबंध स्थापित किया गया था तथा खाने-पीने की चीजों का इतना बड़ा भंडार जमा किया गया था, जो अधिक नहीं तो दो महीने तक चल ही सकती थीं।

हथियार, गोला-बारूद तथा विस्फोटक पदार्थ लंबे समय से अंदर गोदाम में लाए जाते रहे थे तथा इसे बहुत सावधानी से एक गहरा राज बनाकर रखा गया था। गुप्तचर विभाग इस प्रभाव में थे कि मूल रूप में 12 बोर की गनें, पुरानी किस्म की रायफलें तथा शायद थोड़ी-बहुत स्वचालित मशीनगनों समेत कुछ पिस्तौलें तथा रिवॉल्वर होंगे। इस प्रकार की गलत जानकारी के साथ सरकार की ओर से हरकत में आने का फैसला करने के बाद यदि अतिवादी फौज के बजाय पुलिस बलों को आकर्षित करने में सफल हो जाते तो अंतिम नतीजा सरकार की शांति व कानून व्यवस्था को एकदम तहस-नहस कर देता।

बहरहाल, परमात्मा के घर को लड़ाई के मैदान का रूप देकर सिख गुरुओं के सभी सिद्धांतों तथा विचारों को छिक्के पर टाँग दिया गया था। यह मानना चाहिए कि जिस दृढता के साथ अतिवादी मुकाबले पर डटे रहे, जिस शिद्दत तथा शूरवीरता से उन्होंने लड़ाई लड़ी और जो उच्च दरजे का विश्वास उन्होंने दिखाया वे प्रशंसा तथा मान्यता के हकदार हैं। नतीजतन, भिंडरावाला रातों-रात एक नायक बन गया, उनके लिए भी, जो उसकी दिलेरी से नफरत करते थे और उसके पहले कर्मों को घृणा की नजर से देखते रहे थे।

अंतिम रूप में योजना का कार्यान्वयन करने से पहले कई योजनाओं की जाँच-पड़ताल कर आखिरी फैसला लिया गया था। उस वक्त यही सबसे अधिक उपयुक्त लगा था। कोई और योजना आदर्श तब कहलाती अगर वह कुछ महीने पहले तथा धार्मिक पवित्र स्थान को गढ़ी बनाए जाने से पहले ही व्यवहार में लाई जाती। मगर अब यह इतिहास की बात है। जब लेफ्टिनेंट जनरल सुंदर जी ने श्रीमती इंदिरा गांधी से पूछा कि उन्होंने सेना को बुलाने में इतनी देर क्यों

की तो उन्होंने जवाब में कहा कि उन्हें लगातार यही सलाह दी जाती रही कि सिखों की भावनाओं को जख्मी करने तथा उन्हें और अलग-थलग करनेवाली कोई बात न की जाए। मगर अब, उनके पास और कोई विकल्प नहीं रह गया था। नि:संदेह सेना को तैयारी के लिए कम वक्त मिला और वह मुश्किल से जरूरत के जवान तथा साजो-सामान जुटा पाई थी। मेरा विश्वास है कि सेना के प्रधान ने और समय मिलने की बात कही थी, मगर कई कारणों से, जिनका पुस्तक में पहले ही जिक्र आ चुका है, यह बात संभव नहीं थी। इसलिए, आलोचकों द्वारा यह कहा जाना बहुत वाजिब नहीं कि, "जहाँ समझदार लोग पैर रखने से डरते हैं, वहाँ मूर्ख भागकर जाते हैं।"

भारतीय सैनिकों ने अपने विरुद्ध आई भारी मुसीबतों के सम्मुख शानदार सब्र तथा बहादुरी का प्रदर्शन किया है। दयानतदारी से लड़ाई लड़ने के लिए, इसमें कोई शक नहीं कि फौज ने जख्मियों-मृतकों के हिसाब से भारी कीमत अदा की, और इसके जवानों ने अत्यंत उत्तेजना के बावजूद, दिए गए आदेशों का कभी उल्लंघन नहीं किया। एक अफसर होने के नाते मुझे अपनी कमान के अधीन जवानों को कुछ अत्यंत अप्रिय आदेश देने पड़े। मैंने उनकी निर्विवाद तथा अडिग आज्ञाकारिता, उनके द्वारा संयम से काम करने तथा अपने राष्ट्र की अखंडता को कायम रखने के उत्तम उद्देश्य के कारण ऐसा किया। उनकी कुरबानी के लिए मैं उन्हें सलाम करता हूँ। एक सैनिक 'फर्ज, इज्जत तथा देश' आदि चीजों की सौगंध लेता है इस तथा इसके लिए ही जीता है। भारतीय जवानों ने ब्लू स्टार काररवाई के दौरान इस शिक्षा की भरपूर पुष्टि की है, ऐसा शायद पहले कभी नहीं दिखा था।

□

6

तूफान के पश्चात्

विद्रोहों तथा कुछ हालात में बगावतों पर आसानी से काबू पाया जा सकता था, यदि फौजी यूनिटों तथा दस्तों की कमांड, इनके सिर उठाने पर गंभीर व प्रत्यक्ष नाकामयाबी न दिखाती।

अमृतसर में अभी मुश्किल से धूल बैठी ही थी, जब हमें खबर मिली कि कुछ फौजी यूनिटों में सिख नौजवानों ने यह सुनकर बगावत कर दी थी कि हरिमंदिर साहिब पर 'हमला' किया गया था। यह अतिकथनीय सूचनाओं तथा गुमराह करनेवाली अफवाहों की तात्कालिक प्रतिक्रिया थी। झूठी कहानियाँ फैलाई गईं कि पवित्र धार्मिक-स्थान पर टैंकों द्वारा धावा बोला गया और उसे तोड़ गिराया गया है। अपने स्वार्थों में डूबी पार्टियों की ओर से प्रचारित सरसरी व झूठे आँकड़ों के अनुसार 'फौजी हमले' के फलस्वरूप मरनेवाले सिखों की संख्या दस से बीस हजार तक बताई गई थी। इस घटना को सनसनीखेज बनाने तथा जले पर नमक डालने के लिए कइयों के मन में यह बात बिठाई गई कि उस दौरान 'जलियाँवाला बाग' जैसी स्थिति जान-बूझकर पैदा की गई थी।

अफवाहों का स्वभाव यह होता है कि वे मौखिक तौर पर बहुत तेजी से फैलती जाती हैं और जितनी बार एक बात को दुहराया जाता है, उसमें

अतिकथनी व सनसनी की मात्रा बढ़ती जाती है। कई बार अतिवादी समूह खुद ही अफवाह छोड़ देते हैं और अपने उद्देश्य की पूर्ति के लिए काना-फूसी के सहारे इसका प्रसार करने लगते हैं। ऑपरेशन ब्लू स्टार के बाद कुछ इसी प्रकार का खेल खेला गया और स्वाभाविक ही इससे सिख जवानों के एक वर्ग में हलचल मच गई। इसे बहुत पहले ही भिंडरावाला की भड़काऊ तथा उकसानेवाली कैसेटों से प्रभावित भारतीय सेना में सभी सिख भाइयों को संदेश दिया गया था कि वे अपने लिए एक अलग सिख होमलैंड प्राप्त करने के लिए भविष्य में संग्राम में सहयोग दें। ये कैसेटें सिख गुरुद्वारों में, कुछ फौजी यूनिटों के गुरुद्वारों सहित, खुलेआम सुनी जाती थीं। इन सभी बातों ने भावनाओं को उत्तेजित करने का काम किया। इसके अलावा, कुछ सिख जवानों के पंजाब में रिश्तेदार-संबंधी तथा दोस्त-मित्र थे, जो अतिवादी समूहों में भरती हो चुके थे और जिनसे उनका बाकायदा पत्र-व्यवहार चलता रहता था। इस प्रकार कुछ जवानों को धीरे-धीरे अतिवादी संदेश प्राप्त हो चुका था। यह बात प्राप्त हुए कुछ उन पत्रों से भली-भाँति सिद्ध होती है, जिनसे यह संकेत मिलता है कि कुछ सिख बटालियनों में ऐसे जवानों का, जो अत्यधिक जुनूनी थे, भिंडरावाला के साथ पत्र-व्यवहार द्वारा संपर्क था।

जब वे छुट्टी मिलने पर अपने गाँव व घरों में जाते थे तो उनके आगे अकसर नाजायज व अनुचित माँगें रखी जाती थीं, जैसे राष्ट्रीय सेवा के प्रति अपनी वफादारी दिखाने के बजाय सिख उद्देश्य की लड़ाई में शामिल होकर इसकी सेवा करना। अपनी कमजोरी के पलों में इनमें से कुछ जवान पहले से ही चोर दरवाजे से हथियार, गोला-बारूद तथा विस्फोटक पदार्थ सप्लाई करने के साधन बने हुए थे। जो और भी अधिक जुनूनी थे, उन्होंने भिंडरावाला के जादूभरे प्रभाव में आकर 'अमृत छका' और गुरु ग्रंथ साहिब की 'हजूरी' में सिख आजादी के उद्देश्य के लिए कार्य करने का प्रण लिया था।

मैंने इस 'भावुक' पक्ष पर इस तथ्य को प्रमाणित करने के लिए जान-बूझकर जोर दिया है कि सेना अपने जवानों को उन बाहरी प्रभावों से जो

अकसर समाज इन पर डालता है, एकदम ही बेलाग नहीं रख पाती। इसलिए यह उम्मीद की जाती है कि ऑपरेशन ब्लू स्टार जैसी काररवाई के मौके पर अधिकतर जुनूनी सिख फौजियों की ओर से दिए गए विपरीत प्रतिक्रम को रद्द नहीं किया जा सकता।

इन विद्रोहों तथा कुछ स्थितियों में बगावतों को बदकिस्मती से उस समय बहुत ज्यादा उछाला गया था। वास्तविक तथ्य यह था कि जज्बात तथा गुस्से दोनों बहावों में बहकर सिख जवानों के सिर्फ तीन फीसदी हिस्से ने इस प्रकार का कदम उठाया था और इस तीन फीसदी में भी अधिक संख्या ऐरो जवानों तथा अल्हड़ों की थी, जो निकलनेवाले परिणामों को अनुभव किए बगैर आँखें मूँद अपने लीडरों के पीछे लग गए थे। परंतु इस प्रसंग में, अधिक परेशान करनेवाली बात यह है कि इस विद्रोह पर आसानी से काबू पाया जा सकता था यदि इन फौजी यूनिटों तथा दस्तों की कमांड, विद्रोह के लिए सिर उठानेवालों के समक्ष गंभीर तथा प्रत्यक्ष नाकामयाबी न दिखाती। सैनिक नेतृत्व, विशेषकर उच्च स्तर पर, सिख जवानों को भरोसे में लेने से असफल रहा। परिणामस्वरूप, जब इन जवानों ने अपने कुछ गुरुद्वारों के अंदर हुई काररवाई की खबर सुनी तो वे एकदम से हक्के-बक्के रह गए। होना तो यह चाहिए था कि इन धार्मिक स्थानों में हो रही हिंसा तथा अतिवाद की काररवाइयों से पैदा हुए हालात की असल हकीकत से इन सभी को परिचित करवाया जाता और यह समझाया जाता कि इन धार्मिक स्थानों का अतिवादियों द्वारा दुरुपयोग किया जा रहा है, बल्कि यह भी कि भिंडरावाला तथा उसके अनुयायी अपने अलगाववादी व्यवहार से राष्ट्रीय सुरक्षा के लिए खतरा पैदा कर रहे हैं। आखिरकार, इन्हीं जवानों ने गुरु ग्रंथ साहिब की मौजूदगी में देश के प्रति वफादारी की सौगंध ली थी। यह उचित होता यदि उन्हें बताया जाता कि क्या होनेवाला है और ऐसा करना क्यों अनिवार्य हो गया है।

आँकड़ों से संकेत मिलता है कि सारे विद्रोह पंजाब में नहीं, बल्कि दूसरे क्षेत्रों में हुए जो कि वहाँ से काफी दूर थे। जैसे पश्चिम में पूना में, पूर्व

में सिलीगुड़ी में, जहाँ जवान असल में ठोस हकीकत से एकदम अनजान थे।

उच्च स्तर पर हमें इस प्रकार की कारवाई से सिख जवानों पर पड़नेवाले प्रभावों का अंदाजा पहले ही लगा लेना चाहिए था। मेरे डिवीजन में तीन सिख बटालियनों में से एक भी सिख जवान ने विद्रोह नहीं किया और न ही कोई कार्य छोड़कर भागा। निःसंदेह, यह इस बात का परिणाम था कि मैंने उन्हें घटनेवाले घटनाक्रम के प्रति पहले ही तैयार किया हुआ था तथा उन्हें विस्तार से समझाया था कि जो कारवाई हम करनेवाले हैं, वह न तो सिख जाति के खिलाफ है और न ही सिख भावनाओं तथा धर्म के खिलाफ। मैंने इस बात पर जोर दिया था कि यह कारवाई अपने ही लोगों के एक गुमराह समूह के खिलाफ है, जो अपना होशो-हवास खो चुका है और धर्म-स्थान के अंदर शस्त्र-भंडार बनाने के अलावा, कौम को उजाड़ रहा है। इसके साथ ही उन विदेशी ताकतों से शक्ति प्राप्त कर रहा है जो हमारे राष्ट्रीय हितों के विरोधी हैं।

यह भविष्य के लिए एक चेतावनी है। कश्मीर, पंजाब तथा आसाम की तात्कालिक घटनाओं को नजरअंदाज नहीं किया जा सकता, जहाँ सेना अतिवाद तथा उन लहरों से मुकाबला करने का दंभ भरती है, जिन्होंने भारतीय सैनिकों को अपने ही लोगों के खिलाफ हल्की-फुल्की टक्कर लेने के लिए मजबूर किया है।

हरिमंदिर के कपाट फिर से खुले

आरंभिक सफाई के कुछ दिनों के पश्चात् तक हरिमंदिर के फाटक श्रद्धालुओं के लिए बंद रखे गए थे, क्योंकि उनकी सुरक्षा की गारंटी तब तक नहीं ली जा सकती थी जब तक अतिवादियों को पूरी तरह से बाहर न निकाल लिया जाता। कुछ जत्थों (श्रद्धालु-टोलियों) को नियंत्रण अधीन प्रवेश की अनुमति दी गई थी। ये लोग इस प्रकार की खबरें सुनकर कि हरिमंदिर साहिब को तबाह कर दिया गया है और तोड़ गिराया गया है, बहुत दूर-दूर से अपने गाँवों से असलियत अपनी आँखों से देखने के लिए आए

थे। उन्होंने पूरी स्वतंत्रता से परिसर में घूम-फिर कर देखा और पाठियों, ग्रंथियों तथा सेवादारों से बीते कुछ दिनों की खूनी घटनाओं के बारे में पूछताछ की। स्वाभाविक ही, ये श्रद्धालु सुनी-सुनाई कहानियों से व्याकुल तथा दुखी थे और वे वापस अपने गाँववासियों को अपनी कहानियाँ सुनाने के लिए मिली-जुली भावनाएँ लेकर लौट गए। मैंने शब्द 'मिली-जुली भावनाएँ' का इसलिए प्रयोग किया है, क्योंकि इनमें से अधिक समझदार लोगों ने यह अनुभव कर लिया था कि अतिवादियों ने सचमुच ही अपने स्वार्थहित के लिए धार्मिक स्थान की पवित्रता भंग की है।

दूसरी ओर, ऐसे लोग भी थे जो गुस्से से इसलिए भड़के हुए थे कि हरिमंदिर पर सैनिक कारर्रवाई की गई थी। बदकिस्मती से ये लोग पवित्र स्थान की मर्यादा को भंग करने की अतिवादियों की इन हरकतों की ओर से आँखें मूँदें ही रखना चाहते थे। अतिवादियों को अब 'सिख जाति के शहीद' कहा जा रहा था, मगर दिल को तसल्ली देनेवाली एक बात यह भी थी कि तकरीबन हर कोई चैन की साँस महसूस कर रहा था कि हरिमंदिर साहिब को आँच नहीं आई थी हाँ, हुए नुकसान के बारे में उड़ाई गई बेशुमार अफवाहों के विपरीत, हरिमंदिर साहिब का बाहरी ओर से मामूली तथा सतही नुकसान हुआ था। जब भी संभव हुआ, मैं इन जत्थों की खानगी से पहले इनसे बातचीत अवश्य करता था, ताकि ऑपरेशन ब्लू स्टार के बारे में उनके मन में जो भी कोई भ्रम या शंकाएँ हों, उन्हें दूर कर पाऊँ और मैंने देखा कि वे मेरी बातों को बहुत ध्यान से सुनते थे और इसका असर भी अच्छा होता था।

मेरा विचार है कि 21 जून का दिन था, जब नियंत्रण ढीला किया गया और श्रद्धालुओं के प्रवाह को मनमरजी से हरिमंदिर के अंदर आने की आज्ञा दी गई। अनुमान था कि उस दिन 10,000 से भी अधिक श्रद्धालु हरिमंदिर साहिब के दर्शन करने आए थे। प्रधानमंत्री श्रीमती इंदिरा गांधी स्वयं 30 जून को हरिमंदिर आईं और पिछले कुछ महीनों से हरिमंदिर के अंदर से चलाई जा रही हिंसा तथा दहशत के बदनसीब परिणामों पर अपना दु:ख व्यक्त

किया और अपनी श्रद्धा पेश की। चंद घड़ियों की अपनी यात्रा के दौरान उन्होंने अपना समय निकालकर हरिमंदिर साहिब के प्रधान ग्रंथी तथा अकाल तख्त के जत्थेदारों के साथ आवश्यक सुरक्षा-प्रबंधों संबंधी चर्चा भी की, ताकि इस धार्मिक स्थान का फिर से दुरुपयोग न किया जा सके, जैसे कि पिछले कुछ अरसे से होता रहा था।

भिंडरावाला की मौत पर रहस्य का परदा

ऑपरेशन ब्लू स्टार कारवाई के तकरीबन तीन हफ्तों के बाद पंजाब के गाँवों में ये कहानियाँ चलने लगीं कि भिंडरावाला सैन्य कारवाई आरंभ होने के तुरंत पश्चात् 5 जून की रात को ही सरहद पार कर पाकिस्तान पहुँच गया है। सीधे-सादे किसान तथा विशेषकर उसके पक्षधर, इस पर विश्वास करने को कतई तैयार नहीं थे कि वह मर भी सकता था, क्योंकि इनमें से अधिकतर उसे परा-मनुष्य समझते थे। पाकिस्तान की कुछ पार्टियाँ तथा गुट अपने हितों की खातिर इस अस्वाभाविक सिद्धांत को भरोसा दिला रहे थे, क्योंकि इससे उनके उद्देश्य की पूर्ति होती थी कि सिख जाति, अब नेतृत्वहीन होने के कारण, आजादी के लिए अपने संघर्ष को कहीं धीमा न कर दे। वे इस जोश को बनाए रखना चाहते थे, इस अकाट्य प्रमाण के बावजूद कि भिंडरावाला अब जिंदा नहीं रहा। बहुत सारे पढ़े-लिखे सिख भी चारों ओर घुमाई जा रही इन कहानियों पर विश्वास करने लगे थे।

हरिमंदिर साहिब में संरक्षण में ली गई भिंडरावाला की लाश की उसके अनुयायियों सहित अन्य बहुत सारे लोगों के अलावा उसके भाई ने भी शिनाख्त की थी। मुझे हैरानी हुई, जब कुछ बहुत ही सज्जन व्यक्तियों ने इस बारे में मेरी प्रतिक्रिया जाननी चाही कि पाकिस्तान टेलीविजन से ऐसी घोषणाएँ की जा रही हैं कि भिंडरावाला पाकिस्तान पहुँच गया है। वह जख्मी हो गया था और उसका इलाज किया जा रहा है। उसे 30 जून को रात के समय प्रोग्राम खत्म होने से पहले पाकिस्तान टी.वी. पर दिखाया जाएगा।

हमारे ग्रामीणवासी अधिकतर कानों के कच्चे होते हैं। वे 30 जून को

सारी रात टी.वी. के आगे इस आस में बैठे रहे कि वे अपने देवता के दर्शन कर पाएँगे, मगर व्यर्थ। मैं यह स्वीकार करूँगा कि महज उत्सुकतावश उस रात मैं भी टी.वी. के सामने बैठा रहा, क्योंकि अफवाहें ये भी उड़ाई जा रही थीं कि भिंडरावाला से मिलते-जुलते चेहरेवाले किसी व्यक्ति की प्लास्टिक सर्जरी की गई है, ताकि कहानी को अधिक मान्यता योग्य बनाया जा सके।

कार-सेवा—जबरदस्त वाद-विवाद

इस समय, विशेषकर जून के अंत में और जुलाई के आरंभ में जिस प्रश्न पर अकसर विचार-विमर्श होता रहा और जिस पर अभी तक कोई पुख्ता निर्णय नहीं लिया जा सका था, वह था, अकाल तख्त की मरम्मत तथा बहाली के लिए कार-सेवा का मसला।

दो विपरीत दृष्टिकोण थे, जो एक-दूसरे से टकरा रहे थे। सरकार इस बात पर जोर दे रही थी कि मरम्मत का कार्य फुरती से शुरू करना चाहिए तथा हरिमंदिर की पहलेवाली स्थिति को बहाल कर देना चाहिए। अस्सी वर्ष के बेहद सम्मानित बुजुर्ग बाबा खड़क सिंह द्वारा कार-सेवा आरंभ करवाना आदर्श चुनाव था। सिर्फ इसलिए नहीं कि उन्होंने पहले भी कई स्थानों पर कई वर्षों तक कार-सेवा करवाई थी, बल्कि इसलिए भी कि उनका बेहद आदर-सत्कार था और सिखों में उनके अनेक सेवक मौजूद थे। बेशक वह बेहद वृद्ध तथा कमजोर लगते थे, उनका स्वास्थ्य भी ठीक नहीं रहता था, तो भी एक सरकारी प्रतिनिधि ने उनसे बातचीत की और उस समय के हालात के अनुसार कार-सेवा का कार्य अपने हाथ में लेने के निर्णय में अन्यमनस्कता के बावजूद, मैं समझता हूँ, वह अंत में राजी हो गए थे कि यदि उनसे फिर कहा गया तो वे तुरंत हामी भर देंगे।

दूसरी ओर, अकाली दल सरकार की ओर से हरिमंदिर साहिब तथा परिसर क्षेत्र में सैन्य काररवाई का आदेश देने के फलस्वरूप अकाल तख्त के हुए नुकसान के कारण अधिक से अधिक लाभ प्राप्त करना चाहता था। अकाली चाहते थे कि अकाल तख्त अपनी बिगड़ी हालत में रहे और 'सैनिक

आक्रमण' की यादगार बन जाए। वे इसे सिख जनता, विशेषकर गाँव के लोगों के जज्बात तथा धार्मिक भावनाओं को उभारने के लिए एक उत्तप्रेरक के तौर पर इस्तेमाल करना चाहते थे। इस प्रकार अकालियों ने बाबा खड़क सिंह को यह मशवरा दिया कि यदि इस समय वे कार-सेवा करवाएँगे तो यह बेमौके की बात होगी तथा सिख भाईचारे के हित में नहीं होगा। वे निश्चय ही उतनी देर तक यह काम बिल्कुल न करें, जब तक सेना हरिमंदिर से नहीं निकलती। इसके बाद, जितनी भी संधि-वार्त्ताएँ हुईं, उनमें अकाल तख्त के प्रतिनिधि तथा एस.जी.पी.सी. के कर्मचारी, अकाली लीडरों की हिदायतों के अनुसार हरिमंदिर परिसर से सेना की मुकम्मल वापसी को कार-सेवा के मुद्दे पर विचार करते समय सख्ती से एक अनिवार्य शर्त बनाते रहे।

यह अनिवार्य शर्त स्वीकार करना संभव नहीं था, क्योंकि हरिमंदिर से सेना की वापसी का मुद्दा अन्य कई बातों पर निर्भर करता था। पहली बात सेना अभी भी हरिमंदिर क्षेत्र की विस्तार से तलाशी कर रही थी, जिसमें रोज इमारतों के कोनों, नुक्कड़ों से हथियार, गोला-बारूद तथा विस्फोटक पदार्थ हाथ लग रहे थे। दूसरे, एस.जी.पी.सी. की ओर से अभी तक इस बात की कोई गारंटी नहीं मिली थी कि वे भागनेवाले अतिवादियों को फिर से हरिमंदिर परिसर में शरण नहीं लेने देंगे और पहले की तरह की आतंकी कारवाइयों को फिर से शुरू नहीं करेंगे। यदि सेना मुक्कमल तौर पर निकल जाती, जैसा कि उस समय माँग की जा रही थी तो ये अपनी सारी शक्तियाँ तथा जिम्मेवारियाँ मंसूख कर देते जिससे हरिमंदिर परिसर में फिर से दाखिल होना झगड़े की जड़ बन जाता। इसलिए सेना का शारीरिक तौर पर मौजूद होना, बेशक प्रतीक तौर पर ही, एक निर्विवाद जरूरत थी।

हरिमंदिर के अधिकारियों के साथ कई मौकों पर हमारी बातचीत हुई, मगर वे किसी भी समझौते के लिए बिल्कुल भी तैयार न हुए। मेरा विश्वास था, यदि कार-सेवा तुरंत शुरू हो जाती तो बेशक सिख-प्रतिनिधियों को भी खुशी ही होती, मगर अभी वे डरे हुए थे और सख्त नीति अपनाने वालों के प्रवक्ता बने हुए थे। आखिर अभी अधिक समय भी नहीं हुआ था जबकि

85 वर्षीय भले मानुस तथा सम्मानित अकाल तख्त के जत्थेदार ज्ञानी प्रताप सिंह की हत्या कर दी गई थी, क्योंकि उन्होंने भिंडरावाला की कुछ गजबनाक सरगर्मियों के खिलाफ मुँह खोलने की हिम्मत की थी। हरिमंदिर साहिब के प्रधान ग्रंथी ज्ञानी साहिब सिंह तथा अकाल तख्त के जत्थेदार ज्ञानी कृपाल सिंह दोनों ही निरंतर भय की स्थिति में रह रहे थे। उनकी ओर से की गई विनम्र विनती पर, उन्हें हमने घर से गुरुद्वारे आने तथा जाने के समय सुरक्षा प्रदान की हुई थी। कार-सेवा के मसले पर कई मीटिंगों में मेरा सबसे अधिक कठोर नीति अपनाने तथा टस से मस न होनेवाली बीबी राजिंदर कौर से वास्ता पड़ा, जो बेहद रसूख वाले अकाली लीडर तथा मास्टर तारा सिंह की बेटी थीं। सरकार अब तक अपने उस फैसले पर डटी हुई थी कि फिलहाल सुरक्षा कारणों से सेना हरिमंदिर के इलाके में मौजूद रहेगी तथा इसके साथ ही कार-सेवा भी जल्दी-से-जल्दी शुरू होनी चाहिए।

इस प्रकार अर्द्ध जुलाई में बूढ़े दल के निहंग प्रधान बाबा संता सिंह अपने सेवकों तथा अनुयायियों को ट्रकों में लादकर बड़ी धूमधाम से अमृतसर पहुँचे और अकाल तख्त के निर्माण की कार-सेवा शुरू कर दी। इस बात से सिख और भी नाराज हो गए और जब बाबा संता सिंह ने मर्यादापूर्वक कार-सेवा शुरू कर दी तो हरिमंदिर के निकट सिखों का एक हुजूम खड़ा सरकार विरोधी नारे लगा रहा था। इसमें कोई शक नहीं कि संता सिंह के चोर दरवाजे से दाखिल होने का सिखों पर बहुत बुरा प्रभाव पड़ा। उन्होंने इसे सरकारी दखल समझा। बाबा संता सिंह ने खुले आम घोषणा की कि उन्हें कार-सेवा के मौके पर हरिमंदिर साहिब सेना की मौजूदगी पर कोई ऐतराज नहीं। उनका कहना था, आखिर यह हमारी अपनी सेना है, बाहर से आकर कब्जा करनेवाली कोई सेना तो नहीं?

बहुत बाद में, जैसा कि हम जानते हैं, पुनर्निर्मित अकाल तख्त को गिरा दिया गया था, क्योंकि सिख लीडरों के अनुसार, यह कार-सेवा नहीं सरकारी सेवा का नतीजा थी। बाद में, इस बात के लिए बाबा संता सिंह को सिख प्रतिनिधियों द्वारा जारी 'हुक्मनामे' द्वारा सिख पंथ से छेक दिया गया

तथा 'तनखैया' घोषित किया गया। तब भी क्या यह बात अजीब न थी कि उन्हीं धार्मिक लीडरों ने कभी भिंडरावाला को 'तनखैया' घोषित न किया, जिसका जुर्म कहीं बहुत बड़ा था। आज तक इस सवाल का कोई ठोस जवाब नहीं दिया गया कि अकाल तख्त से बाहर निकलने के लिए भिंडरावाला के खिलाफ 'हुक्मनामा' क्यों जारी नहीं किया गया और न ही कभी 'तनखैया' घोषित किया गया।

□

7

कल्पित कहानियों की सच्चाई का सामने आना

। सतिनाम करता पुरख निरमऊ निखैर अकाल मूरति अजूनी सैभं गुर प्रसादि।।

जपु।।

आदि सचु जुगादि सचु।। है भी सचु नानक होसी भी सचु।।

(श्री गुरुनानक मूलमंत्र)

पिछले आठ वर्षों में ऑपरेशन ब्लू स्टार के बारे में किसी-न-किसी प्रसंग में सरकार, सेना तथा इसके मुख्य अधिकारियों के खिलाफ कई प्रकार के गलत वक्तव्य, गलत व्याख्याएँ, गलत प्रचार तथा खोखले झूठ के साथ मेरा वास्ता पड़ा है। यह अध्याय मैं इस इरादे से नहीं लिख रहा कि अलग-अलग व्यक्तियों ने जो भूमिका निभाई, उनके व्यवहार को उचित साबित करूँ या उसकी सफाई पेश करूँ, क्योंकि यह बात मेरे लिए अभिमानी बनने जैसी होगी। इसके बजाय, मैं उन कुछ मसलों पर विचार करना चाहता हूँ, जो समय पाकर लगभग काल्पनिक कथा-कहानियों का रूप धारण कर गए हैं और उन पर आलोचनात्मक मगर निष्पक्ष ढंग से नजर मारना चाहता हूँ।

धार्मिक स्थान में सैन्य कारवाई उचित

इस मसले पर सरकार तथा सेना दोनों की ही आलोचना हुई। सरकार की इसलिए कि उसने कुछ लोगों के कहे अनुसार, बेतुका तथा अनैतिक आदेश दिया। सेना की इस कारण कि उसने इस आदेश को उचित माना और इसका कार्यान्वयन आवश्यक समझा। पहले भी इस बात पर चर्चा हो चुकी है कि जितनी देर तक हिंसा का सिद्धांत अपने शिखर को नहीं छू गया और कोई विकल्प बाकी न रह गया, तब तक सरकार ने हरिमंदिर में सेना भेजने का आदेश जारी करने का आखिरी कदम उठाने तक गुरेज किया। हरिमंदिर के अंदर कार्यरत अलगाववादी शक्तियों को, देश के टुकड़े होने से बचाने के लिए, वहाँ से बाहर निकलना या उनका खात्मा करना अनिवार्य था। इस बात की एक अटल आवश्यकता महसूस की गई थी कि वक्त के हाथ से निकल जाने से पहले इसे रोकना बेहद जरूरी था।

सेना की भूमिका, व्यापक अर्थ में, राष्ट्र की प्रभुसत्ता की बाहरी आक्रमण से रक्षा करना तथा देश के अंदर किसी विपरीत स्थिति को बहाल करने के दूसरे तरीके नाकाम हो जाएँ। नगर प्रशासन की भूमिका इसमें महत्त्वपूर्ण होती है। इस स्थिति में इस आदेश की उचितता के बारे में किसी भी संदेह की गुंजाइश कहाँ रह जाती है? सेना की अंतिम वफादारी के बारे में एक सवाल अकसर पूछा जाता है कि वह देश के प्रति वफादार है या सत्ताधारी सरकार के? साधारण हालात में इस विचार में कोई अस्पष्टता नहीं होनी चाहिए, क्योंकि सत्ताधारी सरकार लोकतांत्रिक ढंग से जनता का प्रतिनिधित्व करती है और इसलिए सरकार की ओर से लिया गया कोई भी फैसला स्वाभाविक ही राष्ट्र के लिए सबसे बेहतर हितों में होता है। अपवाद सिर्फ तब पैदा होता है, जब व्यक्ति के मन में दुविधा हो कि सरकार का आदेश 'राष्ट्रीय हित' के घेरे में आता है या नहीं।

मैं इस बारे में कल्पना ही नहीं कर सकता कि चीफ-ऑफ-आर्मी स्टाफ, स्वर्गीय जनरल ए.एस. वैद्य या तत्कालीन पश्चिमी सेना कमांडर, लेफ्टिनेंट जनरल के. सुंदर जी के किसी के मन में भी कोई दुविधा रही

होगी। जहाँ तक मेरा सवाल है, इस आदेश की उचितता के बारे में मेरे मन में निश्चय ही कोई दुविधा या संशय नहीं था।

विश्लेषण करने का अलग पक्ष है, एक धार्मिक स्थान में सेना के प्रवेश के औचित्य। मगर क्या भिंडरावाला तथा उसके अतिवादी गिरोह ने उस धार्मिक स्थान को, जिस पर लाखों लोग श्रद्धा रखते हैं, एक असलहाखाने में तब्दील कर हरिमंदिर साहिब की पवित्रता को पहले ही पतित नहीं कर दिया था? क्या इस धार्मिक स्थान को मुजरिमों तथा तोड़-फोड़ करनेवालों का शरण-स्थल नहीं बना दिया गया था? क्या इस पवित्र स्थान को एक सैनिक गढ़ी का रूप देकर इसका दुरुपयोग तथा निरादर नहीं किया गया था? हमें दो प्रश्न स्वयं से पूछने चाहिए—सेना रक्षक है या नाशक? दूसरा, क्या हमें सेना द्वारा की गई काररवाई का निरादर करना था या उसे शुद्ध व सफाई करना था? जहाँ तक मेरी राय व समझदारी का सवाल है, जवाब एकदम साफ व स्पष्ट है।

हरिमंदिर में हमारी काररवाई के बाद जल्दी ही राष्ट्रीय तथा अंतरराष्ट्रीय पत्रकारों को सूचना देते समय एक विदेशी पत्रकार ने मुझसे एक प्रश्न पूछा। उसने कहा था, 'जनरल, आप हरिमंदिर के अंदर फौजी काररवाई करने के लिए सहमत ही कैसे हो गए?' उसके पास कहने के लिए कुछ नहीं रहा था, जब मैंने जवाब में कहा, 'यदि सेंट पॉल चर्च का निरादर हो और इसे शस्त्र-भंडार बना दिया जाए तो आप क्या करेंगे?' यदि अतिवादी इसे एक सेना गढ़ी बना दें, जहाँ अलगाववादी शक्तियाँ आपके देश के टुकड़े कर देने के लिए कार्यरत हों तो और क्या-क्या किया जा सकता है? ऐसे मौकों पर यदि स्पष्ट सोच रहेगी तो अपनी भावनाओं को काबू में रखने की जरूरत है।

पवित्र स्थानों के अपवित्र उपयोग के विषय में इतिहास में बेहद प्रसिद्ध उदाहरण मिलते हैं, क्योंकि इन दोनों में ही धार्मिक स्थानों की सफाई करने के लिए सैन्य काररवाई करनी पड़ी थी। यह हैं—

(क) मक्के की शाही मसजिद

"सितंबर 1978 के मक्के के फसादों के बाद सऊदी अरब

की सरकार के खिलाफ पहली गंभीर घटना 20 नवंबर को तड़के, इसलामी कलैंडर के वर्ष 1400 में आरंभ हुई, जब लगभग 300 मुसलमान मूलवादियों ने मक्के की शाही मसजिद को कब्जे में ले लिया। इस घटना के, इसलामी जगत् में धार्मिक जुनून के वक्त तथा तेहरान में अमेरिकी दूतावास पर कब्जे से थोड़े ही समय बाद होने के कारण, इसलाम के सबसे अधिक पवित्र स्थान पर कब्जे से संबंधित अफवाहें फैल गईं कि इसमें ईरानी शिया अतिवादियों का हाथ था। परंतु, बाद में सऊदी अधिकारियों ने संकेत दिया कि विरोधी मुख्य तौर पर सऊदी ही थे, बेशक गैर-सऊदी मुसलमानों ने भी हमले में हिस्सा लिया था।''

''देश के धार्मिक लीडरों, उलेमाओं से यह आदेशात्मक निर्णय प्राप्त करने के पश्चात् कि कब्जा एक नीच कार्य और परमात्मा के घर में नास्तिकता का कर्म है। सऊदी सेनाओं ने धमाके करके मसजिद के दरवाजे खोले तथा विरोधियों पर चढ़ाई कर दी, मगर मसजिद को फिर से हासिल करने के लिए बंधक बनाकर रखे गए श्रद्धालुओं को ढूँढ़ने तथा मसजिद के नीचे कब्रिस्तान से हमला करनेवालों को निकालने के लिए, जहाँ अधिकतर लोगों ने शरण ली हुई थी। नेशनल गारद तथा सेना को एक हफ्ते से अधिक वक्त लग गया था। खबर थी कि लड़ाई में 156 लोग मारे गए थे। सऊदी विरोधी बदोयां उताईबाऊ कबीले के लोग बताए जाते थे, जिन्होंने अपने एक व्यक्ति को नई मुसलिम शताब्दी के मौके पर वाहदी (मसीहा) ऐलान कर दिया था।''

(ख) इटली में मांट कासीनो मठ

''दूसरे विश्वयुद्ध के समय कासीनो की लड़ाई में फरवरी 1944 को, आठवीं सेना की चौथी भारतीय डिवीजन को मांट कासीनो के मठ पर कब्जा करने का काम सौंपा गया था। इस

मठ को सैनिक गढ़ी का रूप दे दिया गया था। इसकी दीवारें 15 फुट ऊँची थीं और दीवारों के साथ भिक्षुओं की कुटिया बनी हुई थीं। दीवारों को मुनासिब तरीके से फाड़कर बड़े-बड़े छेद बनाए गए थे। मांट कासीनो एक आधुनिक किला था तथा इसे अजेय बनाने के लिए पक्के मोरचे, तहखाने तथा तोपें रखने के लिए बने धड़ों से मोरचाबंदी की गई थी।''

जिस पहाड़ी पर यह मठ बना हुआ था, वह लड़ाई के मैदान में सबसे ऊँचा स्थान था, जहाँ से कासीनो नदी पर चारों ओर से नजर जाती थी। जर्मनों ने राहदारी के स्थान पर छाए रहने के लिए मठ का इस्तेमाल किया तथा उनकी ओर से किसी भी लापरवाही का मतलब कुछ हद तक इत्तहादियों के लिए रोम का रास्ता खुल जाने के जोखिम में पड़ना था। एक बार जर्मनों ने मांट कासीनो पर स्थित मठ को अपनी बचाव प्रणाली में शामिल करने का फैसला कर लिया कि इसकी चोटी पर खड़ी इमारत एक जरूरी निशाना बन गई। इस प्रश्न पर कई बार बहस हुई कि मठ पर की गई बमबारी उचित थी या नहीं, क्योंकि मठ के अंदर तथा इसके आसपास एकदम सैनिक सरगर्मी चल रही थी, इसलिए इसकी सुरक्षा का दावा करना एकदम बेतुकी बात थी। काफी विचार-विमर्श के पश्चात् तथा 'निशाने की ताकत को घटाने' के लिए एक शक्तिशाली योजना बनाकर यह फैसला लिया गया कि आक्रमण की आरंभिक तैयारी के तौर पर मठ पर बमबारी की जाए।

रात-दिन लगातार हवाई तथा तोपखाने की निरंतर मार ने रक्षक सेना के होशोहवास उड़ाकर रख दिए। सहयोगी सेना जर्मनों के इस दावे पर बिल्कुल भी विश्वास नहीं करती थी कि मठ को लड़ाई से बाहर रखा गया है, क्योंकि उन्हें इस बात पर पूर्ण विश्वास था कि जर्मनवासी रोम की ओर जाती सड़क पर इसकी प्रबल स्थिति कारण अपने बचाव पक्ष में इसे अवश्य शामिल करेंगे।

14 फरवरी, 1944 को भारी तथा मध्यम बमबारी जहाजों द्वारा गोलीबारी

की गई, जिसका निशाना मठ की दीवारों में दरारें डालना था। कुल 142 भारी तथा 87 मध्यम बमबारों ने, 380 टन बम तथा 60 टन विस्फोटक पदार्थ फेंके। मठ को पहुँचे भारी नुकसान के अलावा, जर्मन तथा भिक्षु दोनों ओर से ही बहुत अधिक लोग मारे गए और कई जख्मी हुए।

बेशक यह कहा जा सकता है कि ऐसी बातों को दुश्मन के खिलाफ इस्तेमाल करने के लिए कानूनी आज्ञा होती है। उपर्युक्त घटनाएँ इस हकीकत का स्पष्ट उदाहरण है कि अपनी सरकारी सेना के हथियारबंद दखल से कुछ भी नहीं, यहाँ तक कि प्रभु का घर भी असीमित रूप में सुरक्षित नहीं।

कम-से-कम बल प्रयोग

अकसर कहा जाता है कि जब सेना नगर प्रशासन की सहायता के लिए बुलाई जाती है तो 'कम से कम बल प्रयोग' के उसूल पर ऑपरेशन ब्लू स्टार के मामले में अमल नहीं किया गया और हमने असल में अतिवादियों के खिलाफ टैंकों तथा तोपों का उपयोग कर इस वैधानिक स्वरूप का उल्लंघन किया है।

मैं मानता हूँ कि यह कारवाई किसी दुश्मन-राष्ट्र के नहीं, बल्कि अपने ही लोगों के खिलाफ थी। तब भी, जैसे कि अकसर होता है, सेना को शांति व कानून की साधारण समस्याओं से निपटने के लिए नहीं बुलाया गया था—जैसे भीड़ को नियंत्रित करना, सांप्रदायिक दंगे-फसाद या हिंसक प्रदर्शनों पर नियंत्रण करना, जिन पर अगर आरंभ से ही काबू न किया जाए तो भयानक स्थिति पैदा हो सकती है। इस मामले में यह स्थिति और भी अधिक गंभीर थी। हमें अच्छी तरह हथियार बंद, अपने लक्ष्य के प्रति अत्यंत गंभीर अतिवादियों के गिरोह के खिलाफ कारवाई करनी थी, जो अत्यंत बेहतर ढंग से मोरचाबंद गढ़ में पैर जमाए बैठा था। पिछले कुछ महीनों में इन अतिवादियों ने पवित्र धर्म-स्थान से उन्हें बाहर निकालने के सरकारी ताकत के प्रत्येक यत्न को विफल करने के लिए लंबी-चौड़ी योजनाबद्ध तैयारी की हुई थी। इस धर्म-स्थान को उन्होंने अपनी शरणस्थली तथा मुख्य अड्डा

बनाया हुआ था, जहाँ रोज बेधड़क हो कर कातिलाना जुर्म तथा देशद्रोही कारवाइयाँ की जा रही थीं।

जैसा कि हम जानते हैं कि जिन जवानों को यह अत्यंत मुश्किल तथा संवेदनशील कार्य सौंपा गया था, वे अत्यंत धैर्य की जकड़ में थे, क्योंकि उन्हें यह स्पष्ट आदेश दिए गए थे कि हरिमंदिर साहिब से गोलीबारी द्वारा अत्यंत भड़काए जाने पर भी उन्हें हरिमंदिर साहिब की दिशा की ओर कोई भी गोली नहीं चलानी है। जब व्यक्ति अपने साथियों को मौत के घाट उतारे जाते देखता है और जवाबी कारवाई नहीं कर पाता, तब अपने क्रोध पर काबू रखने के लिए उसे उच्च स्तर के नैतिक साहस की आवश्यकता होती है। जैसे कि मैंने एक आरंभिक अध्याय में एक से अधिक बार बताया है कि हमारे मन में इस बारे किसी प्रकार का कोई संदेह नहीं था कि हमें हरिमंदिर साहिब को कोई नुकसान नहीं पहुँचने देना है। और जहाँ तक अकाल तख्त का सवाल था, उस मामले में जहाँ तक संभव हो सके, उसे नुकसान से बचाने का यत्न करना था। यदि संभव हो तो अतिवादियों को सी.एस. गैस के गोलों से ही बाहर निकालने का यत्न करना था। टैंकों तथा तोपों के प्रयोग के बारे में विस्तार से चर्चा हो चुकी है और इन्हें आखिरी सहारे के तौर पर मैदान में लाने के बारे में आलोचकों ने बढ़ा–चढ़ाकर पेश करने की सभी हदों को पार कर दिया है।

हमारे जवानों पर लगाई गई पाबंदियों के चलते हरिमंदिर परिसर में घनघोर लड़ाई के दौरान भी उनसे उच्च धैर्य, अधीनस्थ नेतृत्व तथा उद्देश्यमुखी प्रेरणा की माँग की गई। मुझे इस महान् सेना का हिस्सा होने पर गर्व है, जिसने असली अर्थों में 'कम से कम बल प्रयोग' के नियम का पालन किया। ऐसा करने के लिए हमें इसकी भारी कीमत चुकानी पड़ी। इसका अनुमान, हमारे मारे गए जवानों के नुकसान से लग सकता है जिनमें 83 मरे तथा 248 जख्मी हुए और सर्वाधिक नुकसान लड़ाई की पहली रात ही हुआ।

एक और बात जो आँखों का परदा खोलनेवाली है, वह है हमारे अफसरों तथा जूनियर कमिशंड अफसरों के हुए नुकसान का अत्यंत असंतुलन।

किसी भी देश में लड़ाई या शांति की हालत में कोई ऐसी कारवाई मुझे याद नहीं, जहाँ अफसर, जूनियर कमिशंड अफसर (या इसके बराबरी के रैंक) के हुए नुकसान की संख्या, अनुपात अनुसार इतनी अधिक रही हो। इससे सिर्फ यही सिद्ध होता है कि उत्तरदायी लीडर इस बात की साक्षी के लिए हमेशा पहली कतार में थे, ताकि यह कार्य इस प्रकार पूर्ण किया जाए, जिससे जान-माल का नुकसान कम से कम हो। निःसंदेह राष्ट्र की भावनाओं के प्रति वफादारी निभाते हुए भी, पवित्र स्थान की इमारतों को नुकसान से बचाना भी मकसद था।

सिख लाइब्रेरी की कथित बेतुकी तबाही

हमारे जवानों पर यह इलजाम लगाया गया है कि उन्होंने दक्षिणी घंटाघर की ड्योढ़ी से जुड़ी परिक्रमा के दक्षिणी ओर की पहली मंजिल पर स्थित सिख लाइब्रेरी की बिना कारण तथा जान-बूझकर तबाही की। लाइब्रेरी को जान-बूझकर फूँके जाने के फलस्वरूप बहुत सारी अमूल्य पुस्तकें तथा पांडुलिपियाँ, जिनमें से कई गुरुओं के हस्ताक्षरों वाले हुक्मनामों की हस्तलिखित नकल शामिल थीं, जलकर राख हो गई बताई जाती हैं।

यह 6 जून के दोपहर बाद की बात है, जब सभी ओर से अतिवादियों के स्वचालित हथियारों से बरसती गोलियों के बवंडर में थोड़ा ठहराव आ गया था। तभी जवानों की एक टोली, पैर पक्के करने की प्रक्रिया में, हरिमंदिर के दक्षिणी किनारे की परिक्रमा के बरामदे में मिली राहत का लाभ उठा रही थी। कुछ अपने मृतकों तथा जख्मियों की संख्या का अनुमान लगा रहे थे। कुछ अपने प्रबंधक की जरूरतों की ओर ध्यान दे रहे थे, तभी ऊपर से कुछ ग्रेनेड आकर उनके निकट गिरे, जिससे एकदम हलचल पैदा हो गई। ठीक उसी समय जब जवानों ने आड़ ली और ऊपरी मंजिल पर प्रत्यक्ष रूप में अतिवादियों के बाकी बचे रह गए अड्डे को साफ करने का प्रयास कर रहे थे, ऊपर से उन पर गोलियाँ बरसाई गईं। इस अड्डे को चुप करवाने के लिए जवानों ने उस दिशा में कुछ ग्रेनेड फेंके, जहाँ से गोलियाँ आ रही थीं।

इसके पश्चात् दोनों ओर से थोड़े समय के लिए गोलियाँ चलीं और मिनटों में ही ऊपरी मंजिल पर आग की लपटें नजर आईं। पहली मंजिल पर सिख लाइब्रेरी को आग लग गई थी। दोनों ओर से करीब तीस मिनट तक गोलियाँ चलती रही थीं। इस दौरान अतिवादियों ने देसी ग्रेनेड फेंके थे, जिनके पलीतों को वे माचिस की सीखों से आग लगा रहे थे। संभव है कि माचिस की सीखों से ही यह आग लगी हो या यह फेंके गए ग्रेनेडों का ही नतीजा हो। आग बुझाने के लिए आग बुझानेवाली टोलियों को तुरंत भेजा गया, मगर अतिवादियों की अंधाधुंध तथा निरंतर गोलीबारी के कारण वे काफी नजदीक न जा पाईं। जिस समय तक अतिवादियों पर अंतिम रूप से काबू पाया गया या वे मारे गए, तब तक सारी लाइब्रेरी आग की लपटों से घिर चुकी थीं।

मुझे यह बात बेहद तर्कहीन प्रतीत होता है कि संयोग से लगी आग का इलजाम, जो अतिवादियों की काररवाइयों का नतीजा थी, जवानों के सिर पर कैसे मढ़ा जा सकता है, जबकि असल में इसे बुझाने के लिए पूरा जोर लगाया था। हरिमंदिर साहिब को बचाने के लिए अपने प्राणों की आहुति देनेवाले इन जवानों के सामने कारण क्या थे कि वे बेहूदगी से लाइब्रेरी को बरबाद करते? जो चीज मुझे और भी फिजूल लगती है, वे जिम्मेवार बुद्धिमानों के आलोचना भरे वक्तव्य हैं। उदाहरण के लिए—''जो सेना किसी कौम को तबाह करना चाहती है, वह इसकी संस्कृति को भी तबाह करती है। यही कारण है कि भारतीय सेना ने लाइब्रेरी को फूँक डाला।'' तो क्या इस शख्स को सचमुच इस बात पर विश्वास है कि भारतीय सेना कौम को बचाने के लिए नहीं, बल्कि इसे तबाह करने की कोशिश कर रही थी? यदि वह सचमुच ऐसे बेतुके झूठ पर विश्वास कर सकता है तो इसका खंडन करने के लिए मेरे पास कोई तर्क नहीं है।

पीठ पीछे हाथ बाँध कर कैदियों का कत्ल

विदेशी पत्रिका के एक संवददाता ब्रह्म चेलानी ने अपनी इस इलजाम भरी तथा जहरीली रिपोर्ट का बहुत फायदा उठाया, जिसमें उसने सेना पर

इलजाम लगाया कि इसने हरिमंदिर में हिरासत में लिए गए कुछ लोगों को निर्दयी ढंग से गोली से उड़ा देने से पहले उनके हाथ पीठ पीछे बाँध दिए थे। उसने इस बात का सबूत देने का दावा करते हुए यह तथ्य पेश किया कि लाशें इस हालत में पोस्टमार्टम के लिए भेजी गई थीं। हैरानी की बात यह है कि उसने अपनी रिपोर्ट भेजने की जल्दबाजी करने से पहले उत्तरदायी अफसर से अपनी जानकारी की पड़ताल करना अपना नैतिक फर्ज भी न समझा या उसके लिए शायद यह बात अधिक महत्त्वपूर्ण थी कि एक सनसनीखेज खबर का खुलासा कर वह अन्य पत्रकारों को मात दे सके।

एक जिम्मेवार संवाददाता के लिए यह बहुत ग्लानि की बात है कि वह अपनी कहानी की पुष्टि किए बगैर फैसला सुनाकर एक वफादार, धैर्यवान सेना को बदनाम करे। जब पंजाब से निकल जाने के आदेश को स्वीकृति देकर अन्य पत्रकार शहर छोड़कर चले गए थे ब्रह्म चेलानी तब भी पीछे रह गया और हरिमंदिर परिसर के निकट इलाके में छिपा रहा। युद्ध संवाददाता की सच्ची भावना से वह इधर-उधर से खबरों की सूझ तो लेता रहा, मगर उसने कभी इस बात की पड़ताल नहीं की कि खबर कहीं मनगढ़ंत या तोड़-मरोड़ कर तो पेश नहीं की गई। कुछ समय के पश्चात् उसे खालिस्तान के कार्यकर्ताओं की हिमायत में अपनी देशद्रोही काररवाइयों के लिए गिरफ्तार कर लिया गया, मगर अंत में पुख्ता सबूत न होने के एवज में रिहा कर दिया गया था।

जिस घटना की उसने खबर दी थी, उसके असली तथ्य एकदम अलग थे। ऑपरेशन के दिन जितने भी लोगों को कैदी बनाया गया था, उन्हें गुप्तचर विभाग की ओर से 'काले, भूरे तथा सफेद' में बाँटने की प्रक्रिया के समय संरक्षित टोलियों में रखा गया था। यह विभाजन उन अतिवादियों की श्रेणियों या मासूमियत से संबंध रखता था (श्रद्धालुओं को 'सफेद श्रेणी' में रखा गया था।)। कैदी जितने समय तक सैनिक कब्जे में रहे, पुलिस के हवाले नहीं किए गए। मरदों के हाथ कुछ समय के लिए पीछे बाँधे गए थे। यह बात उस समय इसलिए जरूरी समझी गई थी, ताकि वे लोग भाग न जाएँ। उन्हें हथकड़ियाँ नहीं लगाई गई थीं। थोड़ी-थोड़ी देर के बाद जब किसी कैदी को

टट्टी-पेशाब जाना होता या कुछ खाना-पीना होता, तब उसके हाथ खोल दिए जाते थे। एक खास मौके पर अचानक तब भगदड़ मच गई तब टोली के एक कैदी ने, जिसने पेशाब करने के बहाने अपने हाथ खुलवा लिये थे, अचानक ही संतरी का पकड़ने तथा उसका हथियार खोलने की कोशिश की। इसके साथ ही टोली के दूसरे कैदियों ने भी बचकर भागने की कोशिश की। यकायक प्रतिक्रिया में दूसरे संतरी ने जो उस समय थोड़ा परे खड़ा था, गोली चला दी, जिसके फलस्वरूप इस टोली के कुछ लोग मारे गए।

जिस बात को सही परिपेक्ष्य में देखने की जरूरत है, वह यह है कि वे मौतें एक व्यक्ति की तुरंत प्रतिक्रिया का नतीजा थीं, जिसने अपने मन में आए एक पल के विचारानुसार गोली चला दी थी। मैं मानता हूँ कि उस स्थिति में किसी दूसरे की प्रतिक्रिया अलग किस्म की भी हो सकती थी, मगर इसके साथ निश्चय ही यह आलोचना जायज/उचित नहीं मानी जा सकती कि कैदियों के हाथ पीछे बाँधकर जान-बूझकर उनको निर्ममता से कत्ल किया गया, जैसा कि छपी खबरों का भाव था। यदि कैदियों को इस तरीके से खत्म करने की कोई सोची-समझी योजना होती, तो यह कल्पना नहीं की जा सकती थी कि ये काम करने वाले इतनी ही सिधाई दिखाते कि उनके हाथ खोले बगैर ही लाशों को किसी अन्य विभाग को सौंप देते। असल में, इससे यही स्पष्ट होता है कि साधारण कृषि पृष्ठभूमि वाला भारतीय जवान इस हद तक भोला व सीधा है कि उस पर ऐसे वहशीपन का इलजाम लग सके। मगर फिर ऐसे मौकों पर एक कलम, अपने देश के लिए अपनी जानें न्योछावर करनेवाले जाँबाज जवानों को सूली चढ़ाने में एक तलवार से भी अधिक खतरनाक सिद्ध हो सकती है।

कहा जाता है कि जवानों ने सिख धार्मिक सिद्धांतों तथा भावनाओं की ओर पूरा ध्यान नहीं दिया

कुछ समय के पश्चात् अब हरिमंदिर के द्वार रोज सुबह दो-तीन घंटों के लिए श्रद्धालुओं के लिए खोले जाने लगे तो देखने में जो दृश्य आते थे, वे

साधारण समय में पवित्र धार्मिक स्थान से जुड़ी सरगर्मी से एकदम अलग तरह के होते थे। हजारों की संख्या में स्त्री-पुरुष हरिमंदिर आते, माथा टेकते, पर मन एकाग्र कर परिक्रमा में बैठकर कीर्तन सुनने के बजाय अधिकतर लोग इधर-उधर घूम-फिरकर यहाँ हुई लड़ाई से इमारतों को पहुँचे नुकसान की जाँच-पड़ताल अधिक करते। वे चारों ओर घूमकर एक-दूसरे से कानाफूसी करते और अपने रास्ते में आनेवाले फौजी को बुरी नजर से देखते। सेना को पहले ही 'खलनायक' घोषित कर दिया गया था, जबकि दंगाइयों तथा अत्याचारियों को, जो वास्तव में सामने आए परिणामों के लिए जिम्मेदार थे, उनकी करतूतों को माफ कर दिया गया था और अब उन्हें शहीद और मजलूम समझा जाने लगा था।

हरिमंदिर साहिब के बाहर चारों ओर की झाँकी देखकर ऐसे सैलानियों के दल की याद आती थी जो किसी पुरातन यादगार या किसी ऐतिहासिक महत्त्व वाले स्थान को पहली बार देखने आए हों और पुरातत्त्व संबंधी गाइड उन्हें वह स्थान दिखा रहा हो। वास्तव में, हो यह रहा था कि हर टोली को बारी-बारी से हरिमंदिर के बाहरी माथे पर लगे गोलियों के निशान दिखाए जाते थे। और हर निशान पर सिख प्रतिनिधियों ने चक्र का निशान बनाया हुआ था, ताकि आसानी से उन निशानों को पहचाना जा सके। भावुकता तथा पीड़ा से भरे स्वर में सिख प्रतिनिधि यह कहते हुए सुने जा सकते थे, 'ये देखो! क्या हाल किया है फौज ने। उन्होंने पवित्र-स्थान पर गोलियाँ चलाईं। इस काम के लिए सिख कौम हमेशा उन्हें जिम्मेवार ठहराएगी और जब आप अंदर जाएँ तो पवित्र ग्रंथ साहिब में गोली लगने से जो छेद हो गया है, उसे देखना न भूलें।' वक्त ही ऐसा था कि हम लाचार थे। हम बेशक कितनी भी सफाई पेश करते कि जवानों ने इस स्थान पर एक भी गोली नहीं मारी, उन पर इस बात का कोई असर न होता। ये बातें ऐसे बयान की जाती थीं, जैसे इन गोलियों के इन निशानों पर जवानों के हस्ताक्षर हों, उन जवानों के जिनमें से अधिकतर ने अपनी जानें इसलिए कुरबान कर दीं, ताकि परमात्मा के इस पवित्र घर को बचाया जा सके। इन लोगों को इस बात का रत्ती भर भी एहसास नहीं था कि

ये तो अतिवादी थे, जिन्होंने खुले स्थान पर खड़े जवानों पर अपना कहर बरपाते हुए इस बात की परवाह नहीं की थी कि हरिमंदिर साहिब उनकी निरंतर तथा अंधाधुंध गोलीबारी की सीधी रेखा में आ रहा था। यह अदालत में एक ऐसे जज के सामने अपना मुकदमा लड़ने की बात थी, जिसे आपने पहले ही मुजरिम करार दे दिया हो। हरिमंदिर साहिब का चक्कर लगाकर ये जत्थे अपने गाँवों की ओर लौट जाते और सैनिक अपमान की कहानियाँ दस गुना बढ़ा-चढ़ाकर दूसरे लोगों को बताते, जो अभी तक हरिमंदिर के दर्शन करने नहीं आए थे। इस प्रकार की खबरें गाँव-गाँव में फैलने लगीं और हर बार इन पर नए झूठ का रंग चढ़ता गया।

जैसे इतने से भी सब्र न आया हो, दुर्भावनावश इन कहानियों को प्रचारित किया गया कि सैनिक जवान हरिमंदिर परिसर के अंदर तंबाकू तथा रम पी रहे थे। यह जानते हुए कि इसमें कोई सच्चाई नहीं, मुझसे जब भी किसी संवाददाता, आनेवाले जत्थे या सिख प्रतिनिधियों ने यह सवाल पूछा, मैंने इन दोषों का खंडन किया। बेशक किसी भी धर्म को मानते हों, पर हमारे जवान एकदम धार्मिक हैं और यह बात सोची भी नहीं जा सकती कि उनमें से कोई भी सिख नियमों का उल्लंघन भी कर सकता है और सिख भाइयों की भावनाओं को ठेस पहुँचा सकता है। मगर फिर मैं उतना ही बदल जाता था, जब बार-बार कोई-न-कोई सिंह साहिब मुझे उस स्थान पर ले जाते, जहाँ कैंटीन सेवा विभाग में विशेष नशेवाली रम की खाली बोतल पड़ी होती, जिस पर लिखा होता, सिर्फ सैनिक कर्मचारियों के लिए। उनके अनुसार, यह सबूत काफी था और मैं यह अनुभव करता था कि रोज हरिमंदिर आनेवाले हजारों श्रद्धालुओं के मन में गुस्से तथा नफरत की लहर पैदा करने के लिए ऐसी कहानियों का शरारती प्रचार काफी था। मैंने शब्द 'शरारती' का उपयोग किया है और इसका कारण वह हकीकत है, जो अंत में सामने आई।

रम की खाली बोतलों के राज की तह तक पहुँचने के लिए मैंने कुछ अफसरों, जूनियर कमिशंड अफसरों तथा यहाँ तक कि कुछ जवानों को भी इस कार्य पर लगाया कि वे शहरी पहनावे में आम नागरिकों की तरह हरिमंदिर

के इर्द-गिर्द चक्कर लगाएँ। एक दिन, एक बड़ी उम्र की औरत परिक्रमा बरामदे की एक नुक्कड़ में खाली बोतल रखते हुए पकड़ी गई। उस महिला से बहुत बड़ी गलती हुई थी। जब रूबरू हुए तो हम यह देखकर दंग रह गए कि उसके पास उस विशेष निशान वाली एक बोतल थी। फिर ऐसी बोतलें तो आम कबाड़ियों के पास से ही मिल जाती हैं। हरिमंदिर के अंदर किसी प्रकार की खलबली मचाने का कोई तुक नहीं था, वरना सिख जनता तो परमात्मा के घर में एक श्रद्धालु को बदनाम करने की हिम्मत करने के लिए सेना को और भी अधिक कसूरवार ठहराती। जल्दी ही, इस शरारती टोले के काम करने की विधि को समझकर, हमारे सुरक्षा कर्मचारियों ने हरिमंदिर के प्रवेश-द्वार पर पहरे पर खड़ी दो और औरतों को देख लिया, जो शराब की खाली बोतलें छिपाकर हरिमंदिर के अंदर ला रही थीं। इस मामले को तुरंत हरिमंदिर के अधिकारियों के ध्यान में लाया गया। इसके बाद भ्रष्ट के इलजामों से हमारी खलाशी हुई।

समानताएँ तथा विभिन्नताएँ ऑपरेशन 'काली गर्ज'

ऑपरेशन ब्लू स्टार से तकरीबन चार साल के पश्चात् मई 1988 में हरिमंदिर साहिब अमृतसर में एक बार फिर वे मुजरिम तथा सिख अतिवादी जा घुसे, सरकार जिनकी तलाश में थी। उन्होंने इसे सुरक्षित शरणस्थली बना लिया, जहाँ वे कुछ हद तक बेखौफ रहकर काररवाइयाँ कर सकते थे। पुलिस तथा अर्द्धसैनिक बल, मुख्य रूप से राष्ट्रीय सुरक्षा गारद तथा सी.आर.पी.एफ. को यह कार्य सौंपा गया, ताकि वे अंदर छिपे हुए समाज-विरोधी तत्त्वों तथा अतिवादियों से पवित्र स्थान को मुक्त सकें। इस काररवाई को 'काली गर्ज' का नाम दिया गया। इसमें कोई शक नहीं कि इस काररवाई को बहुत तरीके से अमल में लाया गया और सचमुच ही एक भी गोली चलाए बगैर हरिमंदिर की सफाई करने में सफलता प्राप्त की गई।

बेहतर परिणाम प्राप्त होने पर इस काररवाई को अमल में लाने वालों की प्रशंसा हुई। यह बात तो समझ में आती है, मगर उदाहरण के लिए दो

एकदम ही असंबंधित स्थितियों के दरम्यान कोई समानता स्थापित करना निंदनीय है। यदि कोई व्यक्ति इन दोनों घटनाओं का समझदारी से जायजा ले तो असमानताएँ बेहद स्पष्ट हो जाएँगी।

काली गर्ज की तुलना में ऑपरेशन ब्लू स्टार एकदम ही अलग प्रकार की स्थिति थी। इस काररवाई के आरंभ होने तक, अतिवादियों को विश्वास था कि उन्हें हरिमंदिर के अंदर सेना से मुकाबला करने के खतरे का कभी सामना नहीं करना पड़ेगा। उन्हें विश्वास था कि सरकार इस प्रकार के कदम कभी नहीं उठाएगी, जिससे सिख जाति सदा के लिए अलग-थलग हो सकती हो और जब अनहोनी घटना अंत में घट गई तो अतिवादियों के लिए पीछे हटने का कोई रास्ता बाकी न रह गया। उन्होंने लड़ने का फैसला किया, क्योंकि वे अब अपनी मोरचाबंदियों तथा बेशुमार हथियारों की अंतरिम ताकत से सुरक्षित थे। मगर काली गर्ज के समय ऐसा कोई दृश्य देखने को नहीं मिलता था।

ब्लू स्टार के समय अतिवादी अत्यंत जुनूनी तथा पूरी तैयारी में थे। वे इस सच में विश्वास करते थे कि उन्हें हराया नहीं जा सकता। पचास के करीब हल्की मशीनगनों में से तीस गनें सिर्फ अकाल तख्त के इर्द-गिर्द ही थीं। साधारण तौर पर, एक सैन्य टुकड़ी हथियारों की मात्रा तकरीबन आठ किलोमीटर तक के क्षेत्र को अपने कब्जे में करने के लिए तैनात रखती है। अतिवादियों ने इस बात की कल्पना भी नहीं की होगी कि सेना के साथ घनघोर लड़ाई छेड़ने के बाद उन्हें मृतकों तथा जख्मियों के रूप में आखिर कितनी बड़ी कीमत चुकानी पड़ेगी? एक बार सबक मिल जाने तथा यह ज्ञान हो जाने के पश्चात् कि अगर जरूरत पड़ी, तो सेना अतिवादियों को बाहर निकालने के लिए एक बार फिर हरिमंदिर में दाखिल होने में झिझकेगी नहीं। वे काली गर्ज के समय अपनी गलत धारणा को दुहराने के लिए तैयार नहीं थे। उन्होंने आसानी से आत्मसमर्पण कर दिया।

दोनों दृश्यों में कुछ और बड़ी असमानताओं को भी समझने की जरूरत है। इन दिनों में अतिवादियों के पास न भिंडरावाला जैसी कोई शख्सियत थी,

जिसे कि देवता बनाकर खड़ा किया जा सकता, न ही सुबेग सिंह जैसा पेशावर जनरल था जो सैनिक नेतृत्व देता और शहीद होने तक मोरचे पर लड़ता, जैसा ब्लू स्टार के दौरान हुआ था। काली गर्ज के समय इस प्रकार का कोई डर भी नहीं था, जैसे ब्लू स्टार के समय था कि पाकिस्तान स्थिति का लाभ उठाना चाहता है और वह किसी–न–किसी प्रकार से सैनिक काररवाई की हिम्मत कर सकता है। फिर, हम भिंडरावाला की इस शानदार योजना को भी आँखों से ओझल नहीं कर सकते, जिसमें उसे उम्मीद थी कि यदि सेना ने हरिमंदिर साहिब पर हमला करने की जुर्रत की तो उसके लाखों अनुयायी हरिमंदिर साहिब की ओर चल देंगे और सुरक्षा बलों को सच में कुचल देंगे।

जून 1984 में उपर्युक्त बातें योजनाकारों के मन में सबसे प्रमुख थीं और वे समझते थे कि यदि भिंडरावाला की उम्मीदों पर पानी फेरना है और उसके सपने को मिट्टी में मिलाना है तो इसके अलावा अन्य कोई दूसरा चारा नहीं रह गया कि स्थिति के साथ सख्ती से निपटा जाए और इसे एक अंजाम तक पहुँचाया जाए।

□

8

अवलोकन

हमने भारत की हथियार बंद सेना के धैर्यवान, वफादार तथा समर्पित सदस्यों के तौर पर अपने कर्तव्य का पालन किया¨ (और) हम वफादार हैं राष्ट्र के, हथियार बंद फौज के, जिसके हम अंग हैं। वरदी के, जो हम पहनते हैं और जवानों के, जिन्हें हम आदेश देते हैं।

यह समय ऐसा है कि हम उस बीमारी की जड़ तक पहुँचने के लिए गहरा अवलोकन करें, जिस कारण जून 1984 में ऑपरेशन ब्लू स्टार ही नहीं हुआ, बल्कि आज आठ वर्षों के बाद पंजाब भी इस कगार पर खड़ा है। अतिवादियों को बाहर निकालने के लिए सेना को हरिमंदिर साहिब में दाखिल होने का हुक्म देने के बारे में केंद्र का फैसला ज्वलंत चर्चा का विषय रहा है और इस बात को आमतौर पर स्वीकार किया गया कि उस समय अन्य कोई विकल्प प्रतीत नहीं हो रहा था। दूसरी ओर आम लोग महसूस करते हैं कि यदि केंद्र हाँड़ी उबलने से पहले दृढता से हरकत में आया होता तो इस स्थिति से बचा जा सकता था। तो फिर गलती कहाँ हुई? यह आवश्यक है कि जिम्मेवारी निर्धारित की जाए जैसे किसी भी अन्य उथल-पुथल भरी घटना के समय निश्चित की जाती है, चाहे विवाह संबंध का टूटना हो या किसी फैक्टरी में आग लगना। इस विशेष मामले में अशांति कई असफलताओं

से पैदा हुई, जो केंद्रीय व प्रांतीय दोनों सरकारों के साथ, अकाली लीडरों के साथ, शिरोमणि गुरुद्वारा प्रबंधक कमेटी के साथ, धार्मिक प्रमुखों के साथ और खुद सिख भाईचारे के साथ जोड़ी जा सकती है। ये सभी पक्ष किसी-न-किसी रूप में कम या अधिक हद तक उत्तरदायी हैं।

केंद्रीय व प्रांतीय सरकार

केंद्र ने आनंदपुर साहिब समझौते को लागू करने में बहुत अधिक देरी की। इसके साथ ही, केंद्रीय सरकार भिंडरावाला के खिलाफ उचित समय पर कोई सख्त काररवाई न कर पाई। इसका परिणाम यह निकला कि जैसे-जैसे समय बीतता गया सिख जनता में वह और भी अधिक मजबूत होता गया और बड़ों-बड़ों पर हुक्म चलाने लगा। यह जानते हुए कि अप्रैल 1980 में निरंकारी गुरु बाबा गुरबचन सिंह के हुए कत्ल में उसका भी हाथ था, उसे अपने हथियार बंद अनुयायियों के साथ दिल्ली व मुंबई की सड़कों पर खुलेआम घूमने की आज्ञा दी गई। यहाँ तक कि सितंबर 1981 में लाला जगत नारायण के कत्ल के पश्चात् और पुलिस को भुलावा देकर गुरुद्वारा मेहता चौक में घुसने के पश्चात् भी सरकार ने इस मामले को आवश्यक महत्त्व न देकर उसे तब रिहा कर दिया जबकि उसे गिरफ्तार हुए अभी एक महीना भी पूरा नहीं हुआ था, क्योंकि सरकार बड़े पैमाने पर हिंसा भड़क जाने से डरती थी। इसके पश्चात् दो वर्ष तक भिंडरावाला ने अपनी ही मरजी चलाई।

तकरीबन रोज उसके हुक्म के साथ किसी-न-किसी रूप में मार-काट होती रही। जब वह गुरुनानक निवास में रह रहा था और सारे पंजाब में दहशत फैलाने के साथ ही अपनी राष्ट्र-विरोधी सरगर्मियों में लगा हुआ था, यदि उस समय भी उसे हिरासत में ले लिया गया होता तो अमृतसर की त्रासदी टाली जा सकती थी। हरिमंदिर साहिब की दहलीज में डी.आई.जी. अटवाल के कत्ल के समय भी एक आदर्श मौका हाथ से गँवा दिया गया था और एक बार फिर, सिख भावनाओं के और भड़क जाने के डर से उसे गिरफ्तार नहीं किया गया। केंद्र सरकार व प्रांतीय सरकार, दोनों का आखिरी स्थिति पर कोई बस नहीं

चल पा रहा था, जब भिंडरावाला ने 15 दिसंबर, 1983 को अकाल तख्त के अंदर जाकर डेरा लगाया और बात यहाँ तक पहुँच गई कि हरिमंदिर परिसर के ऐन बाहर एक इमारत की छत पर खालिस्तानी झंडा लहराया गया और सरकार लाचारी में चुपचाप यह सबकुछ देखती रही।

जनवरी से मई 1984 तक भिंडरावाला के आदमियों ने 150 से अधिक लोगों का कत्ल किया और सरकार एक बार फिर, अपनी नपुंसकता की दर्दनाक हालत में, एक ओर खड़ी यह सब देखती रही। उस समय तक भिंडरावाला पवित्र धर्म स्थान पर एक समानांतर सरकार चला रहा था। मुख्यमंत्री दरबारा सिंह के इस वक्तव्य ने कि शांति व कानून की शक्तियाँ हरिमंदिर के भीतर नहीं भेजी जाएँगी, उसकी स्थिति को और भी मजबूत कर दिया। मैं अकसर हैरान होता हूँ कि शांति व कानून के रखवाले ब्लू स्टार कारवाई से तीन महीने पहले, जब धीरे-धीरे हरिमंदिर की किलेबंदी की जा रही थी और इसे असलहाखाना बनाया जा रहा था, क्या करते रहे थे? क्या गंभीरता से इस बात पर यकीन किया जा सकता है कि गुप्तचर विभाग स्थिति की गंभीरता को केंद्र के समकक्ष लाने में असफल रहा? कोई भी तार्किक जवाब नहीं मिलता कि आखिरी मामले को इस हद तक आगे बढ़ने ही क्यों दिया गया।

आखिर में, केंद्र ने स्थिति को सँभालने के लिए हाथ-पैर मारने शुरू किए। दरबारा सिंह का मंत्रिमंडल भंग कर दिया गया और राज्य में राष्ट्रपति शासन लागू कर दिया गया। अकालियों के साथ किसी मुनासिब समझौते पर पहुँचने के लिए कई संधि-वात्ताएँ हुईं। अंत में केंद्र झुक भी गया और अपने देश की एकता व अखंडता से संबंधित माँगों को छोड़कर उनकी तकरीबन सभी माँगें मान लीं। मगर अब, अकाली अपनी माँगों में मामूली सी भी छूट स्वीकार करने के लिए तैयार नहीं थे। वे अपने पैरों पर पक्के तथा अडोल खड़े रहे। असल में, जब भी सरकार ने सुलह का कोई संकेत दिया, अकाली लीडरों ने इसकी खिल्ली उड़ाई और अवज्ञा की। आखिरकार, हिंसा को रोकने के लिए कठोर निर्णय लिया गया और आम शहरी लोगों में भरोसा

बनाए रखने के लिए सेना को आमंत्रित किया गया।

संक्षेप में, केंद्र तथा राज्य सरकार दोनों ने ही सदा स्थिति का बहुत गलत अंदाजा लगाया, जिसके परिणामस्वरूप यह संकट खतरनाक सीमा तक आ पहुँचा। निष्कर्ष रूप में जो कुछ सामने आया, निश्चय ही वह कोई संयोगात्मक घटनाक्रम नहीं था।

अकाली लीडर

अकाली दल में गुटबंदी इस दौरान दाल में कंकड़ समान बनी रही। अकाली गुटों को अपने-आपको जीवित रखने के लिए सदा ही प्रचार व नारे की तलाश रही है। यदि इस प्रकार की कोई चीज नहीं रही तो उसे गढ़ लिया गया। जब कभी भी किसी अकाली नेता को महसूस हुआ कि उसकी नेतागीरी खतरे में है, उसने हमेशा 'सिखों के साथ भेदभाव', 'पंथ को खतरा' आदि का झंडा उठा लिया। अकाली नेताओं ने असल में अपने आपको अतिवादियों की हाथ की कठपुतली बना लिया था और इस कारण नेतृत्व तथा नियंत्रण उनकी पकड़ से निकल गया। अकाली दल के अध्यक्ष संत हरचंद सिंह लोंगोवाल को यह मालूम था कि पवित्र धर्म स्थान के भीतर चोरी-छिपे हथियार जमा किए जा रहे थे और जिस जोर-शोर से हरिमंदिर साहिब की मोरचाबंदी हो रही थी, वह भी उनके सामने था, फिर भी उन्होंने कुछ न किया। बीमारी के लक्षण देखकर उनका माथा न ठनका?

अकाली लीडर इस लिहाज से असफल रहे कि वे भिंडरावाला को हरिमंदिर साहिब को एक गढ़ी बनाने से रोक न पाए। इसके अलावा उन्होंने न तो हरिमंदिर साहिब के दुरुपयोग के खिलाफ दो टूक आवाज भी न उठाई और न ही हिंसा तथा दहशत के खिलाफ, जिसके लिए आदेश यहाँ से दिए जाते थे और जिसके फलस्वरूप निर्दयी कत्लों की गिनती दिनों-दिन बढ़ती जा रही थी। इस दुर्व्यवस्था को न रोकने तथा खालिस्तान के नारे का खुलकर विरोध न करने के कारण अकाली नेताओं की भूमिका वास्तव में अतिवादियों को अपनी मूक स्वीकृति देने के समान रही। इसके अलावा, अकाली जुनूनी

अलगाववादी तथा सांप्रदायिक प्रचार का विरोध भी न कर पाए।

यदि अकाली नेता पंजाब को पटरी पर लाने के लिए सचमुच गंभीर होते तो यह कार्य वे आसानी से कर सकते थे। तब भी, जब किसी समझौते के आसार नजर आए, अकालियों ने अनावश्यक तथा अवास्तविक, दोनों प्रकार की नई माँगें पेश कर अपना पैंतरा बदल लिया। यहाँ तक कि जब सैन्य काररवाई हुई, तब भी उन्होंने किसी भी समझौते वाले समाधान का डर कर विरोध किया और राज्य को अराजकता की नाजुक हालत से बचाने के बजाय, गुरु अर्जुन देव के शहीदी पर्व (3 जून, 1984) पर अन्न मोरचा लगाने का ऐलान कर दिया, जिसके साथ ही अतिवादियों ने सांप्रदायिक हिंसा, लगान आदि की अदायगी न करने तथा पड़ोसी राज्यों को पानी व बिजली बंद कर देने की धमकी दी। इस बात ने सयानों के कहे अनुसार, रहती कसर भी पूरी कर दी।

यदि अकाली नेता इस आखिरी पल भी अपने फिजूल हितों से ऊपर उठ जाते तो हालात अभी भी सँभाले जा सकते थे और उनकी पिछली हरकतों को नजरअंदाज किया जा सकता था। 2 तारीख, जिस दिन सेना बुलाई गई और 5 तारीख तक के दौरान, अकाली नेताओं को तेजा सिंह को समुद्री हॉल में बैठे रहने के बजाय चाहिए था कि वे बाहर आते और आखिरी कदम को रोकने के लिए अंतिम पलों तक यत्न करना चाहिए था, क्योंकि वे पूरी तरह से जानते थे कि वह उनके लिए आखिरी मौका था। ऐसे समय में, उन्हें अपनी जानों का भय होने के बजाय हौसले तथा जिम्मेवारी से काम लेने की आवश्यकता थी। यदि वे ऐसा करते तो यकीनी तौर पर उनकी सिखों के संरक्षक होने के नाते प्रशंसा की जाती। बदकिस्मती से उन्होंने वह रास्ता चुना ही नहीं।

शिरोमणि गुरुद्वारा प्रबंधक कमेटी

शिरोमणि गुरुद्वारा प्रबंधक कमेटी पर गुरुद्वारों के दुष्प्रबंध का दोष लगता रहा है। सारी दुनिया के सिखों की ओर से उस कमेटी को यह

उत्तरदायित्व सौंपा गया है। क्या वे भी हरिमंदिर साहिब के दुरुपयोग तथा निरादर से परिचित नहीं थे? क्या यह बात ठीक है कि धर्मस्थानों को, जिनके लाखों श्रद्धालु होते हैं, असलहाखाना बनने की आज्ञा दी जा सकती है? जिम्मेवार व्यक्तियों की चुनी हुई संस्था स्वयं को उन कोताहियों से बरी नहीं कर सकती, जिस कारण सिख भाईचारे की ओर से इस संस्था में रखे भरोसे को धक्का लगा। कमेटी को सिर्फ इतना ही नहीं करना चाहिए था, बल्कि सिख प्रतिनिधियों पर प्रभाव डालकर समाज-विरोधी तथा गैर-कानूनी तत्त्वों को बाहर निकालने के लिए सहायता माँगनी चाहिए थी। वास्तव में उन्हें 15 दिसंबर, 1983 के दिन भिंडरावाला को अकाल तख्त में जाकर बैठने से रोकना चाहिए था। उनकी ओर से अतिवादियों के आदेशों को सिर-माथे पर रखने के कारण ही केंद्रीय सरकार ब्लू स्टार ऑपरेशन की समाप्ति के बाद हरिमंदिर से सेना को बाहर निकालने की जल्दबाजी करने से झिझकती थी कि कहीं अतिवादी एक बार फिर इस पवित्र धर्म स्थान को अपनी राष्ट्रीय विरोधी सरगर्मियों का अड्डा न बना लें।

सिख प्रतिनिधि

सिख प्रतिनिधियों ने अपनी बारी, अपने ओहदे की जिम्मेवारियों को एकदम कील पर टाँग दिया और लंबे समय तक सिख गुरुओं की ओर से स्थापित सिख धार्मिक नियमों तथा शिक्षाओं के हो रहे घोर उल्लंघनों की ओर से अपनी आँखें मूँद ली थीं। जब भिंडरावाला हरिमंदिर साहिब का निरादर कर रहा था और जब वह और उसके साथी हरिमंदिर साहिब के अंदर से सांप्रदायिक नफरत फैलाने के अलावा, कत्ल, फिरौती और दूसरी अनुचित काररवाइयों की योजनाएँ बनाकर इन पर अमल कर रहे थे, तब सिख प्रतिनिधि मूकदर्शक बन लाचारी से यह सबकुछ देखते रहे थे।

भिंडरावाला तथा उसके साथियों को अकाल तख्त में निवास करने की आज्ञा देने के लिए जहाँ पहले कभी किसी ने ऐसा नहीं किया था, तो ऐसे में सिख प्रतिनिधियों को भी इससे दोष-मुक्त नहीं किया जा सकता। इस बात

का कोई उचित कारण नहीं हो सकता कि वे भिंडरावाला को अकाल तख्त खाली करने के लिए 'हुक्मनामा' क्यों जारी नहीं कर पाए? इस बात की परवाह किए बगैर कि ऐसा करने की स्थिति में उन्हें भयानक परिणामों की धमकी दी गई थी। निस्संदेह, सिख प्रतिनिधि अंत में भिंडरावाले से जितना डरने लगे थे, उतना टौहड़ा नहीं डरता था, जो उनका सरपरस्त था।

यदि सिख प्रतिनिधियों ने उस प्रकार किया होता, जिस प्रकार उनसे उम्मीद की जाती थी तो सिख जनसमूह की बड़ी संख्या उनकी हिमायत करती और हो सकता है कि भिंडरावाला के लिए भाईचारे की विशाल भावनाओं को आँखों से ओझल करना अत्यंत कठिन हो जाता। मगर, उनकी इस ढील के कारण एक और मौका निकल गया था। बहुत बाद में, इन्हीं सिख प्रतिनिधियों ने लोगों के जज्बात भड़काने की कोशिश की, जब 1 अक्तूबर, 1984 को उन्होंने हरिमंदिर साहिब को आजाद करवाने के लिए, अमृतसर की ओर शांतमयी ढंग से कूच करने का आमंत्रण दिया। इस मामले में वह सबकुछ सँभालने-समेटने का आह्वान था जो बाबा संता सिंह तथा केंद्रीय सरकार ने किया था, जिन्होंने अभी तक अकाल तख्त बहाल कर लिया था। इस प्रकार एक बार फिर इस इमारत को व्यर्थ ही ढेर कर दिया गया।

सिख जनसमूह

एक करोड़ बीस लाख की तादादवाला सिख भाईचारा शिथिल हो, तमाशाई बन अपने अत्यंत सम्मानित धर्म-स्थान के होते अपमान को देखता रहा। यहाँ होते कुकर्मों और रोज-रोज के बेहूदा कत्लों की बढ़ रही संख्या के खिलाफ कोई आवाज न उठाई गई। क्या हम यह समझें या विश्वास करें कि सिख बुद्धिजीवियों को भिंडरावाला की फिलॉसफी में कुछ भी गलत नजर न आया, जो अपने उद्‌देश्य की पूर्ति के लिए दहशतवाद की वकालत करती थी? क्या उन्हें कभी इस बात का एहसास न हुआ कि वह हिंदू-सिख में सदा के लिए दूरी लाने का कार्य कर रहा था? यह अत्यंत बदकिस्मती की बात है कि हरिमंदिर का संगीन दुरुपयोग होते देख उनकी श्रद्धा-भावना को ठेस नहीं पहुँची थी।

ऑपरेशन ब्लू स्टार के बाद, अब वे लोग धार्मिक नफरत तथा गुस्से से लाल-पीले हुए फिर रहे थे। इन लोगों के लिए, हरिमंदिर के 'विनाशक' अचानक ही 'रक्षक' बन गए और अंदर से गंदगी दूर करने तथा सफाई करने के लिए जानें कुरबान करनेवाले जवान अब 'विनाशक' हो गए थे।

इज्जत तथा कर्तव्य

सेना के पवित्र धर्म-स्थान में दाखिल होने के लिए सरकार के आदेशों के औचित्य के बारे में अकसर सवाल पूछे जाते हैं। इस संबंध में मैं नहीं समझता कि कोई संदेह या विवाद होना चाहिए। विदेशी हमले से सरहदों की रक्षा करने के साथ-साथ, सेना को जब नगर-प्रशासन की सहायता के लिए बुलाया जाता हैं तो उसे महत्त्वपूर्ण भूमिका निभानी होती है। इस विशेष मामले में, पंजाब में सिर्फ शांति व कानून की गंभीर समस्या ही नहीं पैदा हुई थी, जिसमें नगर प्रशासन सचमुच ही धीमा पड़ गया था, बल्कि हरिमंदिर साहिब के अंदर खतरनाक देश-विरोधी लहर भी चलाई जा रही थी, जिसके फलस्वरूप राष्ट्र की अखंडता को गंभीर खतरा पैदा हो गया था।

ऐसे मौकों पर, जैसा कि मैं कह चुका हूँ कि सेना की सहायता लिए बगैर सरकार के पास कोई दूसरा रास्ता नहीं रह गया था। कुछ इससे संबंधित प्रश्न ये भी हैं कि यह बात सही थी या नहीं कि एक सिख होने के नाते यह उत्तरदायित्व मुझे सौंपा गया और क्या मुझे धार्मिक आधार पर इस उत्तरदायित्व के लिए इनकार नहीं करना चाहिए था?

ब्लू स्टार सैन्य काररवाई के मामले में मेरा यकीन है कि हममें से बड़े-से-बड़े अफसर से लेकर निचले जवान तक के लिए ऐसा कदम उठाने के लिए कोई उचित कारण नहीं था। हमने भारत की हथियार बंद सेनाओं के धैर्यवान, वफादार तथा समर्पित अंग के तौर पर अपने कर्तव्य का पालन किया है।

परंतु, यह बदकिस्मती की बात है कि कुछ गैर-जिम्मेवार तथा गुमराह लोगों ने अपने निजी फायदे तथा स्वार्थ की खातिर लोगों के मन में शक के बीज बोने का मार्ग अपनाया। उदाहरण के लिए, खबर है कि सिमरनजीत

सिंह मान ने, जिसने सैन्य काररवाई के कुछ समय बाद ही रोष में एक मुख्य पुलिस अफसर के पद से इस्तीफा दे दिया था, राष्ट्रपति जैल सिंह को कई चिट्ठियाँ लिखीं, जिनमें ऑपरेशन ब्लू स्टार से संबंधित सरकारी तथा सैनिक कर्मचारियों, दोनों के भिन्न-भिन्न कामों की आलोचना की गई है। एक चिट्ठी में, जो 'कत्ल के बाद' पुस्तक में छापी गई, उसमें लिखा है—

> "मेजर जनरल के.एस. बराड़, जिसने सैन्य काररवाई की जिम्मेवारी सँभाल ली, तुरंत ही अपने जवान तैनात न कर पाया, क्योंकि मेजर जनरल जे.एस. जमवाल, जिसे पहले यह कार्य सौंपा गया था, ने यह कहकर सिखों का कत्लेआम करने से इनकार कर दिया था कि एक पेशेवर जवान के नाते वह अपने ही लोगों में मार-काट नहीं कर सकता। जनरल बराड ने अपने जवान तैनात करने में दो दिन लगाए तथा इस प्रकार इतिहास का एक सबसे बड़ा कत्लेआम रुक गया, मगर फिर भी यह कत्लेआम ही था।"

इसके तुरंत बाद रक्षा मंत्रालय ने इस वक्तव्य का खंडन कर दिया। इस खंडित करनेवाले वक्तव्य में यह स्पष्ट किया गया कि जनरल जमवाल की ओर से इस कार्य को इनकार करने का सवाल ही नहीं था। जनरल जमवाल ने हिंद-पाक सरहद के एक हिस्से को सील करने की जिम्मेवारी पूरी तरह से निभाई थी।

मेरे लिए यह कल्पना करना मुश्किल है कि मान ने जो कुछ लिखा था, उसका उसे सचमुच विश्वास था, क्योंकि यह पूरी तरह से स्पष्ट था कि जिन्होंने यूनिटों की सैन्य काररवाई में हिस्सा लिया था, उनमें हर जाति तथा धर्म के जवान शामिल थे। चिट्ठी में छिपा संकेत कुछ व्यक्तियों पर इलजाम लगाने के अलावा, भारतीय हथियारबंद सेनाओं के धर्म-निरपेक्ष चरित्र, देशप्रेम तथा पेशे से प्रतिबद्धता को बदनाम करने की सोची-समझी चाल के अलावा और कुछ भी नहीं था।

पत्रकार वर्ग

हिंसा, दहशतगर्दी तथा बगावत के चलते माहौल में प्रचार-साधनों की भूमिका पर भी नजर डालना आवश्यक है। पंजाब के प्रसंग में यह अफसोस की बात है कि प्रचार-साधनों ने, भारत में भी तथा विदेशों में भी, राज्य भर में भय तथा दहशत का प्रचार करनेवाली भिंडरावाला की कारवाइयों का विशाल तथा अनावश्यक प्रचार किया। जिस समय वह अपनी प्रसिद्धि के शिखर पर पहुंचा हुआ था, देश के कोने-कोने से पत्रकार उससे मुलाकात करने आते रहे। इस प्रकार उसके इर्द-गिर्द एक पैगंबरी आभा मंडल खड़ा होता गया। सिख किसान उसे सिख मूलवाद की पुनर्जागृति लानेवाला एक तरह से गुरु ही समझने लगे थे, जैसे एक समय में अयातुल्ला खुमैनी को ईरानी जनता अपना बारहवाँ इमाम समझने लगी थी।

उसकी मौत के बाद भी प्रचार-साधनों ने कुछ इलाकों में इस कल्पित कहानी का प्रचार किया कि भिंडरावाला मरा नहीं और वह उचित मौका आने पर प्रकट होगा। इस प्रकार उसकी परा-प्राकृतिक शक्तियों तथा फैलाई गई कहानियों को और भी विश्वसनीय बनाया गया। इन सबके बावजूद, शायद ऑपरेशन ब्लू स्टार से थोड़ा समय पहले सभी पत्रकारों तथा संवाददाताओं को पंजाब से बाहर जाने आदेश देने का पंजाबी सरकार का फैसला तक नकारात्मक कदम था। इसका नतीजा यह हुआ कि सैन्य कारवाई से पहले, इसके दौरान तथा इसके तुरंत बाद में, स्वतंत्र रूप से खबरों का प्रचार-प्रसार निरंतर चलता रहा। मेरा विश्वास है कि सरकार की ओर से ऐसे आदेश जारी करने का बड़ा कारण, उसका यह संशय तथा डर था कि गैर-जिम्मेवार तथा सनसनीखेज खबरें भेजे जाने तथा छपने के फलस्वरूप सिख जनता में बगावत तथा सांप्रदायिक हिंसा जन्म ले सकती थी, जिस कारण सैन्य कारवाई में एक गंभीर रुकावट आ सकती थी।

केंद्रीय फैसले की मीन-मेख किए बगैर हमें अपने दिमाग से दूसरे विकल्प के बारे में सोचने-समझने की जरूरत है। यह एक निर्विवाद हकीकत है कि अफवाहों के खिलाफ सच्चाई सबसे मजबूत हथियार है और इसलिए

यदि पत्रकार मौके पर मौजूद होते तो सभी घटनेवाली घटनाओं को अपनी आँखों से देखते। तब कम-से-कम जो कहानियाँ खबरों के रूप में लोगों को प्राप्त हुईं, उनमें वे बिगड़े, भेद भरे संकेत तथा झूठ न होते जो लिखे गए थे और सिख जाति में और भी ज्यादा तल्खी तथा दुश्मनी को बढ़ावा न मिलता। खबरों पर आवश्यक नियंत्रण तथा सेंसर लगाने के बारे में एक व्यावहारिक समझौता हो सकता था, ताकि बुनियादी तौर पर सनसनीखेज खबरों के परिणामस्वरूप भावुक उथल-पुथल तथा बड़े पैमाने पर सांप्रदायिक हिंसा न पैदा हो।

कारवाई की समूची प्रक्रिया समाप्त होने के बाद स्थिति कुछ-कुछ बेहतर हो गई, जब सरकारी सुरक्षा के अधीन भारतीय तथा विदेशी पत्रकारों को एक-एक करके ब्लू स्टार कारवाई संबंधी ब्योरा दिए जाने के पश्चात् हरिमंदिर साहिब में जाकर स्वयं सबकुछ देखने की आज्ञा दी गई। परंतु इस समय फैल चुकी मनगढ़ंत तथा बेबुनियाद कहानियों ने जो नुकसान कर दिया था, उसकी अब भरपाई न होने की स्थिति कठिन ही थी। ऐसे नाजुक अवसरों पर अकसर दूरदर्शन पर कम भरोसा किया जाता है, क्योंकि उसे सरकारी पिट्ठू ही समझा जाता है, हालाँकि टी.वी. ने गोलीबारी की कान चीरनेवाली आवाजों के बंद होते ही खबरें देनी शुरू कर दी थीं। जितने समय तक प्रेस पर लगी पाबंदियाँ हटा नहीं दी गईं, लोग बेशक पूरी तरह से आकाशवाणी तथा दूरदर्शन पर निर्भर करते थे, तो भी अधिसंख्यक में लोगों ने भारतीय रेडियो व टी.वी. के सरकारी प्रसारण के बजाय बी.बी.सी. से प्रसारित होनेवाली सूचनाओं तथा खबरों पर अधिक विश्वास किया। यहाँ तक कि जब हरिमंदिर से बरामद किए गए हथियारों तथा गोला-बारूद को टी.वी. पर दिखाया गया तो अधिकतर लोगों की प्रतिक्रिया नकारात्मक ही थी। उनका कहना था, ''जो कुछ सरकारी साधनों द्वारा दिखाया जा रहा है, उस पर कैसे विश्वास किया जा सकता है? हो सकता है, ये हथियार ऑपरेशन के पश्चात् सेना ने स्वयं हरिमंदिर साहिब में रखे हों।'' उस समय स्थिति इतनी संशय भरी थी कि कई बुद्धिजीवी भी सच को देखने में असमर्थ रहे

और वे इलजामों से भरे प्रचार तथा फैलाई गई अफवाहों के आधार पर, जिसे कुछ हद तक विपक्षी पत्रकारिता की सहायता तथा समर्थन प्राप्त था, भारतीय जवानों पर इलजाम लगाने की हद तक चले गए थे।

इन सबसे स्पष्ट तथा प्रमुख नतीजा यह निकलता है कि ऐसे ज्वलंत मामलों पर नियंत्रण करने के लिए किसी समझौते द्वारा किया जाने वाला समाधान अति आवश्यक है। सर्वप्रथम सैन्य काररवाई की घटनाओं की तुरंत तथा आँखों देखी घटनाओं के प्रचार-प्रसार की जरूरत है तथा दूसरे, यदि 'सूचना की सुरक्षा' की आवश्यकता को कम महत्त्व दिया जाए तो इससे काररवाई की सफलता के लिए संकट पैदा हो सकता है, जिसका प्रसार अकसर तीखा व तल्ख रह सकता है।

इससे सीखे जाने वाला दूसरा सबक यह है कि जिस प्रकार की स्थिति पंजाब में थी, उसमें अतिवादी इस दाँव में रहते थे कि प्रचार-साधनों को अपने फायदे के लिए इस्तेमाल किया जाए, ताकि वे लोगों में खौफ तथा घबराहट पैदा कर सकें। सैनिक मामलों की सूचनाएँ प्रसारित करते समय कम अनुभवी तथा कम सूझ-बूझवाले पत्रकार इसकी जटिलताओं तथा दाँव-पेचों को आसानी से समझ नहीं पाते। इसलिए ऐसे मौकों पर आवश्यकता है कि मीडिया द्वारा आम नागरिकों को बाकायदा सूचनाएँ दी जाएँ तथा सैन्य काररवाई का प्रयोजन समझाया जाए।

इसके साथ ही, अतिवादियों या दहशत गर्दों की ओर जरूरत से अधिक ध्यान देते समय पत्रकारों को यह बात समझ लेनी चाहिए कि ब्लू स्टार जैसी सैन्य काररवाई करते समय जवानों को किस प्रकार के प्रयोजन भरे दबाव, खींचतान तथा तनाव से गुजरना पड़ा होगा।

□

9

तीस वर्ष के पश्चात्

गुस्सा! नफरत! बदला

एक और अध्याय मैंने अपनी पुस्तक में शामिल किया है। इसमें ब्लू स्टार कारवाई के पश्चात् घटी घटनाओं तथा देश-विदेश में सिख अतिवाद के उभरने तथा खालिस्तान के पक्ष में चली लहर के खतरनाक मुद्दों पर चर्चा की है।

सिखों के एक बहुत बड़े हिस्से ने सैन्य कारवाई को बेहद अनुचित माना था और सिखों की उच्चतम राजनीतिक संस्था अकाल तख्त की ओर से भिंडरावाला को 21वीं सदी का सबसे महान् सिख शहीद कहा गया था। बेशक सैन्य कारवाई, अतिवादियों द्वारा एक धार्मिक स्थान को कब्जे से मुक्त करने की एक जायज कारवाई थी, मगर अधिकतर सिखों ने इसे पवित्र गुरुद्वारे की बेअदबी समझा था। इसके बाद कुछ त्रासदिक घटनाएँ घटीं, जिनकी प्रतिध्वनि उस कारवाई के कई वर्ष बाद भी सुनाई देती रही।

31 अक्तूबर, 1984 को तत्कालीन प्रधानमंत्री श्रीमती इंदिरा गांधी को उसके सुरक्षागार्डों सतवंत सिंह तथा बेअंत सिंह ने गोलियाँ मारकर मौत के घाट उतार दिया। इस घटना को ब्लू स्टार ऑपरेशन का आदेश देने तथा हरिमंदिर साहिब में सेना भेजने के लिए बदले की कारवाई करना कहा गया। श्रीमती इंदिरा गांधी के कत्ल के तुरंत पश्चात् हिंदुओं की ओर से सिखों के कत्लेआम

ने सिख भाईचारे में गुस्से की जलती आग में तेल डालने का काम किया। अत्यंत सम्मानित फौजी जनरल ए.एस. वैद्य, जो उस समय सेना का प्रमुख था, के कत्ल ने सारे देश में गम तथा सदमे की लहर पैदा कर दी। उसका कत्ल खालिस्तान कमांडो फोर्स के दो अतिवादियों सुखदेव सिंह सुखा तथा हरजिंदर सिंह जिंदा के द्वारा 10 अगस्त, 1986 में पुणे में किया गया, जहाँ वे रिटायर होकर चैन की जिंदगी बसर कर रहे थे।

इसके बाद सिख अतिवादियों की ओर से कई और घिनौनी कारखाइयाँ की गईं, जैसे 1995 में एक कार-बम के द्वारा पंजाब के मुख्यमंत्री बेअंत सिंह का कत्ल। मगर मैं इन सभी पर कोई चर्चा नहीं करूँगा, क्योंकि इनके बारे में बहुत कुछ लिखा जा चुका है और इनका ब्लू स्टार ऑपरेशन से कोई संबंध भी नहीं है।

अभी हाल ही में ब्रितानिया स्थित कट्टर खालिस्तानी अतिवादियों की ओर से 30 सितंबर, 2012 को लंदन में मुझ पर जानलेवा हमला किया गया। यह रात के करीब 10.30 बजे की घटना है, जब भीड़भाड़ वाली ऑक्सफोर्ड सड़क तथा मार्बल आर्क के निकट एक सँकरे फुटपाथ पर दाढ़ीवाले चार व्यक्तियों ने (बाद में जिनकी पहचान सिखों के रूप में हुई) मुझ पर कातिलाना

हमला किया। मैंने मुकाबला किया, फिर भी वे मेरी गरदन को चीर डालने तथा मुझे छुरा मारने में कामयाब रहे, मगर मैं मरने से बच गया। मेरा बेतहाशा खून बहते देख और शायद यह समझकर कि उन्होंने मुझे मार दिया है, हमलावर भाग गए। यह भी हो सकता है कि वे घबरा गए हों, क्योंकि आसपास से कुछ लोग घटनास्थल की ओर बढ़ने लगे थे।

लंदन की पुलिस ने कई व्यक्तियों को हिरासत में लिया, जिन पर अभी भी मुकदमा चल रहा है। दिलचस्प बात यह है कि ये सभी नौजवान तीस की उम्र के हैं। जिसका तात्पर्य यह है कि जिस समय ब्लू स्टार ऑपरेशन हुआ तब वे शायद तीन या पाँच वर्ष की उम्र के रहे होंगे। जाहिर-सी बात है कि ये नौजवान उस ऑपरेशन के विशेष उद्‌देश्य से बनाई गई टेपों तथा अन्य प्रचार सामग्री द्वारा प्रभावित होकर इस बात के लिए प्रेरित हुए होंगे, जो आज भी खुलेआम विदेशों में बसते प्रवासी सिख भाईचारे में बाँटी जाती हैं। परेशान करनेवाली बात यह है कि नौजवान पीढ़ी के कुछ लोगों ने सिखों की पुरानी पीढ़ी से, जो 1984 की मानसिक पीड़ा से गुजरी है, उससे उस ऑपरेशन संबंधित संवेदनशील तथा क्रोध भरी भावनाएँ विरासत में ग्रहण की हैं।

मैं भी जनरल सुंदर जी तथा रणजीत सिंह दयाल की भाँति, जो आज जीवित नहीं हैं, कई सिख अतिवादियों की हिटलिस्ट में शामिल हूँ। कई वर्षों से मुझे लगातार धमकियाँ तथा नफरत भरी चिट्ठियाँ मिल रही हैं। इसी कारण मुझ पर लंदन में हमला होना कोई हैरानी की बात नहीं है। दरअसल, हमले के तुरंत बाद कनाडा के यूनाइेड सिख मीडिया चैनल पर प्रोग्राम रोककर इस खबर को प्रसारित किया गया कि 'जनरल कुलदीप सिंह बराड को केंद्रीय लंदन में छुरा मारा गया। हम अकाल पुरख वाहेगुरु के आगे अरदास करते हैं कि यह नस्लघाती जालिम जल्दी ही मौत के मुँह में जाए।' कितनी बड़ी बदकिस्मती की बात है कि जिस सैनिक ने अपने राष्ट्र की प्रभुसत्ता की रक्षा करते हुए अपना फर्ज निभाया, उसे एक जालिम कहा गया। इस प्रकार का गुस्सा तथा क्रोध सात समुद्र पार कनाडा तथा ब्रिटेन में बसते बहुत सारे सिखों में तीन दशक बीत जाने के बाद भी भरा हुआ है।

परंतु यह हमला पश्चिमी देशों में काम कर रहे अलगाववादियों तथा अतिवादियों की नई पीढ़ी के सरोकारों को उभारता है। यह जगजाहिर है कि पश्चिमी देशों में सिख अतिवादी दल खालिस्तान की लहर को पुनर्जीवित करने की कोशिश कर रहे हैं। फ्रांस, नार्वे तथा स्वीडन की तरह कनाडा, ब्रिटेन, अमेरिका तथा जर्मनी भी वे देश हैं जहाँ खालिस्तानी प्रचार करनेवाले कार्यशील हैं। मगर अफसोस की बात यह है कि इन देशों की अधिकृत संस्थाएँ उनके क्रियाकलापों से परिचित होने के बावजूद लापरवाही बरत रही हैं। अलगाववादियों की नई पीढ़ी का संबंध बब्बर खालसा इंटरनेशनल, खालिस्तान कमांडो फोर्स तथा इंटरनेशनल सिख यूथ फैडरेशन जैसे दलों के साथ है। ये दल नारेबाजी तथा फंड इकट्ठा करने से बहुत आगे निकलकर अब हिंसक काररवाइयाँ कर रहे हैं, जिसे पाकिस्तान की आई.एस.आई. का समर्थन प्राप्त है, जो पंजाब में अस्थिरता पैदा करने की पूरी कोशिश कर रही है। इन शक्तियों ने उपर्युक्त पश्चिमी देशों में कार्यशील सैल बना रखे हैं और पंजाब में भी वे ऐसा ही कुछ करने के यत्न में लगे हुए हैं।

यह सभी को ज्ञात है कि पाकिस्तान की आई.एस.आई. एजेंसी इंटरनेशनल सिख यूथ फैडरेशन को विशेष कर तथा अन्य दलों को भी फंड मुहैया कराने, प्रशिक्षण कैंपों की सुविधाएँ देने तथा इन आतंकवादी दलों के सदस्यों को हथियार तथा बारूद आदि भेजने में सहायता कर रही है। आई.एस.आई. कश्मीर तथा पंजाब के अतिवादियों को संयुक्त प्लेटफार्म पर लाने के लिए कार्यबद्ध है। कश्मीरी अलगाववादी लीडर सैयद अली शाह गिलानी ने कुछ महीने पहले जो कुछ कहा था, उससे इस बात का पता लगता है। उसने कहा कि, 'सिख और कश्मीरी एक साथ हो गए हैं, क्योंकि ये एक संयुक्त दमनकारी के हाथों जुल्म सह रहे हैं।'

इस बात के लिए ये सिख भाईचारा के बधाई के पात्र हैं, जिसने ब्लू स्टार ऑपरेशन तथा श्रीमती इंदिरा गांधी की हत्या के बाद हुए दिल्ली में सिख दंगों के बावजूद अतिवादियों को इन हालात का फायदा नहीं उठाने दिया। इसी कारण सिखों तथा अन्य कौमों के धार्मिक क्षेत्रों में किसी प्रकार के वारदात

को अंजाम नहीं दिया जा सका।

1990 के दशक से खालिस्तानी लहर इसलिए धीमी पड़ने लगी, क्योंकि नर्म विचारों वाले सिखों ने उग्रवादियों से दूरी बनाए रखी। यह एक बढ़िया बात रही।

मगर अभी हाल ही में जो कुछ घटित हुआ उससे चिंता बढ़ने लगी। धक्का लगने का कारण पंजाब में शिरोमणि गुरुद्वारा प्रबंधक कमेटी तथा अकाली दल की ओर से धर्म तथा राजनीति को आपस में सम्मिलित करना भी है। इसका मकसद राजनीतिक लाभ के लिए कट्टरपंथियों को आकर्षित करना है।

इस प्रकार की सारी हरकतों से एक बार फिर पंजाब में अतिवाद की बागी आँधी आ सकती है। उदाहरण के लिए ब्लू स्टार कारवाई में मारे गए भिंडरावाला तथा उसके सशस्त्र साथियों के सम्मान में यादगार बनाना तथा 'शहीद' कहकर उनका गुणगान करना इस बात की ओर इशारा करते हैं। भिंडरावाला के सम्मान में यादगार निर्मित करने के लिए नींव-पत्थर अभी पिछले वर्ष ही 6 जून, 2012 में हरिमंदिर साहिब परिसर क्षेत्र के अंदर ही रखे गए हैं। यह दिन ब्लू स्टार कारवाई की वर्षगाँठ है, जो प्रत्येक वर्ष 'घलुगारा दिवस' (Ghallugara Diwas) (सिख धर्मपात दिवस) के तौर पर मनाया जाता है और खालिस्तान के पक्ष में बैनर तथा भिंडरावाला तथा दूसरे लोग, जिन्हें शहीद कहा गया, की तसवीरें लेकर जुलूस निकाला जाता है। भड़काऊ भाषण दिए जाते हैं तथा प्रशंसा के पुल बाँधे जाते हैं।

नींव-पत्थर रखने की रस्म के समय 3000 से अधिक स्त्री-पुरुष मौजूद थे। भिंडरावाला तथा उसके मारे गए सहयोगी भाई अमरीक सिंह के पुत्र भी मौजूद थे। श्रीमती इंदिरा गांधी के एक कातिल सतवंत सिंह की माँ भी मौजूद थी। यादगार निर्मित करने का विचार शिरोमणि गुरुद्वारा प्रबंधक कमेटी के दिमाग की खोज है, जिसे अकाली दल की स्वीकृति हासिल है तथा अतिवादी सिख दलों ने इसका स्वागत किया है। खतरा यह है कि यादगार मुकम्मल हो जाने पर यह भड़काऊ भावनाओं तथा गुमराह नौजवानों के लिए एकत्रित होने

का स्थल बन सकता है, जहाँ भिंडरावाला के सदस्यों तथा अनुयायियों की प्रशंसा की जाएगी और खालिस्तान समर्थक भावनाओं को भड़काया जाएगा।

इसके अलावा श्रीमती इंदिरा गांधी तथा जनरल वैद्य के कातिलों को भी शहीद होने का सम्मान दिया जा रहा है। अभी हाल ही में जनवरी 2013 को गुरुद्वारा प्रबंधक कमेटी की ओर से श्रीमती गांधी के कातिल सतवंत सिंह तथा केहर सिंह के बच्चों का सम्मान किया गया। इस दिन उनकी चौबीसवीं बरसी थी और साथ ही हरिमंदिर साहिब में अरदास की गई और उन्हें 'सरोपे' भेंट किए गए। यह बदकिस्मती की बात है कि शिरोमणि गुरुद्वारा प्रबंधक कमेटी अतिवादियों का सम्मान करके तंग नजरिए का प्रदर्शन कर रही है और असल में कातिलों को शहीद कहकर सम्मान दे रही है।

ब्लू स्टार कारवाई से तीस वर्ष के बाद भी कातिलाना हिंसा सिख उग्रवादी हल्कों में संस्थागत रूप धारण किए बैठी प्रतीत होती है। यह उग्रवादी विचार तथा सिख प्रवासियों के खालिस्तानी तथा गैर-खालिस्तानी हिस्सों में व्यापक दरार उतना ही हानिकारक सिखवाद है, जितना वह जो कुछ 1984 में घटित हुआ था। यह बात दिलचस्प है कि लंदन में मुझ पर हुए हमले से ब्रिटेन में बसनेवाले सिख बिरादरी के भिन्न-भिन्न दृष्टिकोण सामने आए। जब घटना के तुरंत बाद ट्रिब्यून के संवाददाता साउथ-हॉल आए तो स्पष्ट हुआ कि सिखों की राय बँटी हुई थी। जहाँ नर्मवादी विचार के सिखों को यह हमला भयानक तथा घिनौना लगा था, वहीं भाईचारे के गर्म विचारों के हल्कों की राय इसके विपरीत थी और वह इसे बदले की उचित कारवाई समझते थे। मुझे याद आता है कि कुछ समय पहले 'द हिंदू' अखबार में एक खबर छपी थी, जिसमें कहा गया था, ''ये हवा में उड़ते तिनके हो सकते हैं, मगर कहा नहीं जा सकता कि ये कहाँ जाकर टिकेंगे।''

मेरा दृढ निश्चय है कि समय आ गया है कि भारत सरकार इन परेशान करनेवाली प्रवृत्तियों के विरुद्ध सख्त कदम उठाए, वरना हमारा देश अराजकता की ओर बढ़ सकता है। इस समय तो यही लगता है कि सरकार कुछ करने में न समर्थ है और न ही इच्छुक। शिरोमणि गुरुद्वारा प्रबंधक कमेटी पर पाबंदी

लगाना एक कदम हो सकता है, जैसे लिट्टे के मामले में किया गया था। उसे राष्ट्र विरोधी कहा गया था और इसी कारण उस पर पाबंदी लगाई गई थी।

यह लाचारी भी हो सकती है कि केंद्र की किसी भी सरकार ने हरिमंदिर साहिब में निभाई जानेवाली इन वार्षिक रस्मों पर रोक नहीं लगाई। शायद बदले की हिंसक कारवाई के किसी डर ने सरकार को कोई मजबूत कदम उठाने से रोके रखा है।

अलिखित नीति यह प्रतीत होती है कि जो कुछ घटता है, उसे आँखों से ओझल रखो तथा आस रखो कि समय बीतने के साथ भाईचारे का गुस्सा दूर हो जाएगा।

मैं पाठकों को कुछ याद दिलाना चाहता हूँ कि जो 30 अप्रैल, 1983 के 'इंडिया टुडे' के अंक में छपा था, जब पंजाब में अतिवाद अपने शिखर पर था। यह ब्लू स्टार कारवाई से पहले की बात है। उसमें लिखा गया था, ''केंद्र और दुविधा में नहीं रह सकता। वक्त बलवान होता है और सत्तारूढ़ पार्टी अपने हाथ से आखिरी मौका नहीं गँवा सकती, वरना हिंसा की उठती लहर सांप्रदायिकता की आँधी से पंजाब को छिन्न-भिन्न कर देगी। अकालियों को अतिवाद की ओर सरकना बंद करना चाहिए, जो आखिर उन पर ही पलटकर वार करेगा। किसी भी समाधान को सदा समय की कसौटी पर परखकर देखना चाहिए कि सिख व हिंदू सदियों से एक साथ इकट्ठे होकर रहते आए हैं और पंजाबी भौतिक, सांस्कृतिक तथा अध्यात्मिक रूप में भारतीय हैं। सिख भारतीय परिवार का हिस्सा हैं। अलग होकर उनके लिए कोई जीवन नहीं है, जैसे सिखों के बगैर भारत की कल्पना नहीं की जा सकती।''

अंत में मैं यह उत्साहवर्धक उम्मीद तथा प्रार्थना ही कर सकता हूँ कि अतिवादियों तथा उग्रवादी विचारों को प्रबुद्ध समझदारी मिले और वे इस बात को महसूस करना और समझना शुरू करें कि अमन-शांति तथा प्रेम-प्यार में रहने का समय आ गया है।

□

10

अंतिका

पंजाब में राजनीति खतरनाक तरीके का खेल बनी रही। धर्म के बुरके तले खेले गए इस खेल के जितने मनहूस परिणाम निकले हैं, उतने कभी नहीं निकले। बुनियादी हकीकतों के आधार पर लगता यही है कि जितनी देर तक अकालियों की सूझ-बूझ में परिवर्तन नहीं आता या उग्रवादियों को एकदम ही बेअसर नहीं किया जाता, पंजाब की राजनीतिक झाँकी चौराहे पर ही खड़ी रहेगी।

ऑपरेशन ब्लू स्टार सैन्य काररवाई की कहानी एक ऐसी त्रासदी है जिसका कारण मुख्य तौर पर वह निरंकुश तथा घमंडी व्यक्ति था, जो अपनी प्रसिद्धि की चोटी पर ऐसी ताकत का स्वामी बन गया कि उसका एक स्वर ही पंजाब भर में तूफानी झटके लाने में समर्थ था। जनरैल सिंह भिंडरावाला ऐसा जादुई आकर्षणवाला व्यक्ति था कि वह अपने उद्‌देश्य से लाखों सिखों को आकर्षित करने में समर्थ था। इसी कारण रातों-रात उसके अनेक समर्थक व अनुयायी बन गए और उन्होंने स्वतंत्र खालिस्तान राज्य के संघर्ष की पूर्ति में उसकी सहायता करने की प्रतिज्ञा कर ली। सीधे-सादे किसानों ने बड़ी संख्या में अपने पवित्र धर्मग्रंथ, श्री गुरु ग्रंथ साहिब की मौजूदगी में 'अमृत छका' तथा हिंसा व दहशत फैलानेवाले उसके समूह में शामिल हो

गए। उसने पवित्र हरिमंदिर साहिब अमृतसर को एक संपूर्ण असलहाखाना तथा मोरचाबंद किले का रूप ही नहीं दिया, बल्कि उसने पवित्र धर्म स्थान के रक्षकों को आँखें दिखाकर तथा अपने सिख भाइयों की भावनाओं की परवाह न करके अपनी सनक में सभी धार्मिक नियमों तथा सिद्धांतों का उल्लंघन किया। सैन्य काररवाई के दौरान अपने सैनिक पैंतरेबाज जनरल सुबेग सिंह के साथ अपनी कमांड चौकी में पूरी तरह से डटा रहा। मौत के पश्चात् भी उसकी दंत-कथाएँ पंजाब के तकरीबन प्रत्येक गाँव में जीवित हैं।

दूसरी ओर केंद्रीय सरकार ने अंत में हरिमंदिर साहिब में अच्छी तरह से डटे हुए भिंडरावाला तथा उसके अनुयायियों से निपटने के लिए सैनिक विकल्प के प्रयोग। की स्थिति में पड़ने से पहले, प्रत्यक्ष बिगड़ती नजर आती पंजाब की शांति व कानून की स्थिति को इस हद तक लटका दिया था कि वह विस्फोट के शिखर तक पहुँच गई। सेना के प्रयोग का अंतिम फैसला अत्यंत असमंजस में तब किया गया जब शांति स्थापित करने के सभी ढंग असफल हो गए थे तथा देश की अखंडता गंभीर खतरे तथा संकट में पड़ गई थी।

अकाली नेताओं तथा सिखों की उच्चतम धार्मिक संस्था ने यदि सूझ-बूझ तथ हिम्मत से काम लिया होता तो इस स्थिति से छुटकारा पाया जा सकता था। उनके पास हरिमंदिर साहिब की पवित्रता की सुरक्षा करने की ताकत थी, मगर बदकिस्मती से वे दबाव तथा डर के कारण डाँवाँडोल रहे और इस प्रकार अपने अत्यंत पावन तथा सम्मानित धर्म-स्थान की बेअदबी में दुरभि-संधि के भागी बने। उन्होंने जो लचकहीन व्यवहार किया, उस कारण उन्हें न तो माफ किया जा सकता है और न इसकी गंभीरता को कम करके देखा जा सकता है।

जैसे मैं पहले बता चुका हूँ, ब्लू स्टार सैन्य काररवाई मेरी राय में दुनिया की किसी भी सेना की ओर से की गई एक अत्यंत असाधारण तथा संवेदनशील काररवाई थी। कम काररवाइयों में ही कभी जवानों ने ऐसी हालत में गोली न चलाने के आदेश का पालन किया, जबकि वे खुद दुश्मन की ओर से अचूक अंधाधुंध तथा तबाह करने वाली गोलीबारी का निशाना

बन रहे हों। ऐसा कर पाना बहादुरी पूर्वक निडर प्रदर्शन से कम नहीं, विशेषकर जब एक ओर की बेहूदा किस्म की स्वार्थ की लड़ाई में, आसपास गोलियों से भूने जा रहे अपने साथियों को देखकर निस्स्वार्थ काम कर रहे जवानों के रोम-रोम में आग लगी हो। मैंने जिंदगी में कभी इतना गर्व महसूस नहीं किया, जितना अपनी आँखों से यह देखकर हुआ कि भारतीय जवान किस मिट्टी का बना हुआ है। जाहन मैसान ने अपनी पुस्तक 'A matter of Honour' (इज्जत का सवाल) में भारतीय जवान का जिक्र करते हुए उसके इन गुणों को उभारा है कि वे अपने किए प्रण में वफादार हैं, अपनी वरदी तथा अपने साथियों के प्रति वफादार हैं और तनाव की हालत में भी हौसला बुलंद रखते हैं। इन बातों में सच्चाई कूट-कूटकर भरी हुई है। मेरा निश्चय है कि ये भारतीय जवान ही थे, जिन्होंने अंत में अपने कर्तव्य को कर्तव्य से अधिक निभाकर अपनी जान की बाजी लगाई। अपनी इज्जत की रक्षा की और ऐसा करते हुए समकालीन भारतीय इतिहास में एक बहुत बड़ी तबाही को टाल दिया।

□□□